도둑맞은
한국사

오늘날 우리가 잃어버린 진짜 역사 이야기

도둑 맞은 한국사

이덕일 지음

다산
초당

`

1.

2025년부터 사용할 중학생용 역사 교과서와 고등학생용 한국사 교과서 9종이 2024년 9월 교육부의 검정을 통과했다. 그간 한국사 교과서에 남아 있는 식민 사관에 꾸준히 문제를 제기한 필자는 이번 교과서에는 이러한 내용이 얼마나 해소되었을까 관심을 갖고 살펴보았다.

세계 각국이 교과서를 채택하는 방식은 셋으로 나눌 수 있다. 먼저 국가에서 한 종류의 교과서를 채택하는 국정 교과서 체제로서 중국과 북한 등 공산주의 국가에서 주로 사용하고 있다. 두 번째는 검정 교과서 체제로서 여러 출판사에서 제출한 교과서 중에 정부에서 몇 종을 합격시켜서 사용하는 체제이다. OECD 국가 중에서는 일본과 한국 등이 채택하고 있다. 그런데 국정과 검정은 큰 차이가 없다. 정부에서 제시한 기준에 맞추어 서술하지 않으면 탈락하기 때문에 그 내용이 천편일률이다. 박근혜 정권 때의 국정 교과서 파동을 거쳐서 문재인 정권 때 검정 교과서 체제로 회귀했지만 그 내용은 크게 다르지 않았던 것이 이를 말해 준다.

세 번째는 자유 발행제로서 한국과 일본을 제외한 대부분의 OECD 국가들이 채택하고 있다. 학자들이 자신들의 역사관에 따라서 서술한 교과서를 각 학교에서 선택해 사용하는 체제이다. 학문의 다양성이나 상대성의 관점에서 볼 때 가장 바람직한 체제이다.

2025년도부터 사용할 고등학교 한국사 교과서는 160여 쪽 남짓의 얇은 두 권으로 구성되었다. 그런데 목차를 보고는 일순 당황했다. 이런 목차를 본 적이 없었기 때문이다.

1권은 크게 세 장으로 나뉘어졌는데, 'Ⅰ 근대 이전 한국사의 이해, Ⅱ 근대 이전 한국사의 탐구, Ⅲ 근대 국가 수립의 노력'이었다. '근대·근대·근대'의 반복으로 마치 근대사 교과서 같았다. 'Ⅰ 근대 이전 한국사의 이해'는 약 30여 쪽에 불과했는데 70만 년 전의 구석기시대부터 19세기 말 흥선대원군의 집권까지 서술하고 있다. 놀라운 축약 능력이라고 하지 않을 수 없다. 'Ⅱ 근대 이전 한국사의 탐구'도 조선 후기까지 서술하고 있어서 Ⅰ과 무슨 차이가 있는지 분명하지 않다.

그다음이 'Ⅲ 근대 국가 수립의 노력'인데 첫 장이 '국제 질서의 변동과 개항'이었다. 서구 제국주의 세력이 아시아로 밀려들어 오고 일본이 조선을 강제로 개항시켰다는 내용이다. 결국 일제에 강제 개항당한 것이 '근대의 시작'이라는 이야기였다. 일제시대가 좋았다는 뉴라이트의 '식민지 근대화론'의 역사관이 한국사에 관철된 것이었다.

① 2014~2024 사용 검정	② 2025 사용 예정 검정	비고
I 우리 역사의 형성과 고대국가의 발전	1권 I 근대 이전 한국사의 이해	①은 구석기부터 고려 말까지 70여 만 년의 역사를 420여 쪽 중 100여 쪽으로 1/4분량으로 축소 서술했다고 비판받음
II 고려 귀족사회의 형성과 변천	1권 II 근대 이전 한국사의 탐구	
III 조선 유교사회의 성립과 변화	1권 III 근대 국가 수립의 노력	②는 구석기부터 고려 말까지 70여 만 년의 역사를 330여 쪽 중 20여 쪽으로 1/11 분량으로 더 축소 →한국 고대·중세사를 사실상 삭제
IV 국제 질서의 변동과 근대국가 수립운동	2권 I 일제 식민통치와 민족운동	
V 일제 강점과 민족운동의 전개 VI 대한민국의 발전과 현대 세계의 변화	2권 II 대한민국의 발전 2권 III 오늘날의 대한민국	①에 비해 ②는 독립운동사를 대폭 축소 서술

2025년 사용 예정 교과서와 이전 교과서의 비교

국사편찬위원회에서 제시하는 이 시기 구분에 따라 서술하지 않으면 검정 탈락이 되기 때문에 9종의 교과서는 모두 '근대·근대·근대'를 기준으로 시기 구분해서 썼다.

시기 구분만이 아니라 그 내용도 문제다. 2025년 검정 교과서는 기왕의 교과서들처럼 우리 역사를 대폭 축소했고 선조들의 강역도 상당수 축소했다. 중국 하북성 일대에 있었던 낙랑군이 지금의 북한 평양에 있었다는 지도를 다수 게재해 중국의 동북 공정에 동조했다. 9종의 교과서는 모두 고려 북방 강역의 서쪽은 압록강, 동쪽은 함경남도까지라고 그려 놓았다. 고려·조선의 북방 강역이 서쪽은 지금의 요령성 심양 남쪽이고, 동북쪽은 두만강 북쪽 700리라는 사실이 『고려사』·『태종·세종실록』·『세종실록지리지』 등의 우리 사료는 물론 중국의 『명사明史』 등에도 명백히 나와 있다. 하지만 아직도 우리 교과서는 일본인 식민 사학자 이케우치 히로시, 이마니시 류, 쓰다 소키치 등이 반도 사관으로 축소 조작한 강역도를 싣고 있다.

2.

이런 상황에 큰 문제의식을 가진 필자는 독자들에게 올바른 역사의식을 전하기 위해 이 책 『도둑맞은 한국사』를 집필했다. 이 책의 '고려 땅 2000리를 잘라먹은 한국사 교과서'와 '요령성 심양 남쪽은 고려·조선 땅이었다'를 읽으면 2025년 검정 교과서가 우리 선조들의 강역을 얼마나 축소시켰는지 잘 알 수 있다. 압록강부터 두만강까지 북쪽 강역은 고구려는 물론 대신라(통일신라), 대진(발해)을 거쳐 고려와 조선 때도 우리 역사 강역이었다. 한국의 외교권을 강탈한 일제가 1909년 청에 불법적 간도협약으로 팔아넘기기 전까지 말이다. 그러나 2025년의 검정 교과서는 물론 광복 후 지금까지 사용했던 모든 교과서는 일본인 식민 사학자들의 반도 사관을 추종해 고려는 한반도의 2/3밖에 차지하지 못한 볼품없는 나라로, 조선은 세종 때 겨우 압록강부터 두만강까지 강역을 확장했다고 서술해 왔다. 이 논리에 따르면 고려·조선 1000년 이상 우리 땅이 아니다. 그래 놓고는 식민 사관을 추종한다는 비판을 모면하기 위해서 "간도를 일본이 청에 팔아먹었다"고 비판해 왔다. 앞에서는 "간도는 우리 땅이 아니었다"라고 써 놓고 뒤에서는 "일본이 간도를 청에 팔아먹었다"는 형용 모순을 반복해 왔다. 언제까지 이런 교과서로 우리 2, 3세들을 가르쳐야 하는가?

필자를 비롯한 여러 학자들은 2024년 4월 자유 발행제를 표방하고 『온 국민을 위한 대한민국 역사교과서』를 출간했다. 현재 사용하는 검정 한국사 교과서와 『온 국민을 위한 대한민국 역사교과서』의 내용은 사뭇 다르다. 둘 중 하나는 거짓이다. 무엇이 진실이고 무엇이 거짓인지는 당대에 쓰여진 1차 사료가 말해 줄 것이다.

3.

역사 공부란 다른 말로 1차 사료 공부이다. 사료는 크게 1차 사료와 2차 사료로 나누는데 1차 사료는 당대에 쓰여진 사료를 뜻한다. 2차 사료는 1차 사료를 보고 쓴 논문이나 저서를 뜻한다. 앞의 논의를 예로 들면 고려나 조선의 북방 강역에 대한 1차 사료는 우리 측의 『고려사』·『태종·세종실록』·『세종실록지리지』와 중국의 『명사』 등이다. 이런 사료들은 고려·조선의 북방 강역이 지금의 요령성 심양 남쪽부터 두만강 북쪽 700리까지라고 말하고 있다. 정상적인 역사학자라면 당연히 이런 1차 사료를 기준으로 고려·조선의 북방 강역을 연구한다. 그러나 한국의 역사학자들은 일본의 이케우치 히로시, 이마니시 류, 쓰다 소키치 같은 식민 사학자들이 '반도 사관'으로 조작한 2차 사료를 1차 사료인 것처럼 높이면서 교과서를 서술해 왔다.

비단 고려·조선의 북방 강역만이 아니다. 이 책에서 비판하고 있는 것처럼 민족의 시조인 단군을 지우고, 동이족을 지우고, 사도세자를 정신병자로 조작했다. 뿐만 아니라 사육신 유응부를 김문기로 바꿔치기하는 데 교육부 장관을 역임하고 유수 대학 총장을 역임한 이 나라의 쟁쟁한 역사학자들이 총동원되었다.

이런 반역사적 행태를 알게 된 국민들이 많아지면서 한국은 현재 자국사를 사랑하는 국민들과 대학 및 역사 관련 국가기관을 장악한 역사학자들이 대립하는 전 세계 유일한 국가가 되었다. 일제 때부터 따지면 110여 년, 광복 후부터 따져도 80여 년 동안 역사를 조작해도 처벌을 받기는커녕 승승장구하다 보니 이제는 국가기관이 국제기구에 역사를 팔아먹는 경지에 이르렀다. 가야 고분군을 유네스코에 세계 문화유산으로 등재 신청하면서 이마니시 류가 조작한 대로 전북 남원을 『일본서기』의 기문국으로 조작하고, 경남 합천을 『일본서기』의 다라국으로 조작해서 신청했다. 그러다가 일부 학자들과 전국의 역사 시민운동가들이 나서서 '기문국'과 '다라국'이란 임나일본부설을 삭제한 가야 고분군을 유네스코에 등재시킬 수 있었다. 뿐만 아니라 전북·광주·전남의 지방비 24억을 들여서 편찬한 『전라도천년사』는 전라도를 고대부터 야마토왜의 식민지라고 서술했다가 호남 지역의 역사 시민운동가들의 지난한 노력 끝에 발간이 중지되기도 했다. 이제는 역사 시민운동가들을 중심으로 점차 많은 국민들이 식민 사학의 가스라이팅에서 벗어나 자신들의 눈으로 역사를 바라보게 되었다.

『도둑맞은 한국사』는 여러 외부적 요인들에 의해 훼손되기 이전의 한국사의 원형을 되찾는 것을 목표로 삼고, 1차 사료를 바탕으로 서술한다는 원칙을 견지했다. 부디 이 책의 내용을 두고 활발한 토론이 일어나 우리 역사의 원형을 되찾는 데 조금이나마 일조하기를 바란다.

2025년 2월 한가람역사문화연구소에서

이산夷山 이덕일 기記

차 례

1장

누가 단군을 지웠는가

단군은 허구라는 대학생들

한가람역사문화연구소 연구위원인 김명옥 교수는 2019년 대학교 수업 도중 대학생 90명에게 단군신화에 대한 인식을 물었다. 그중 단군신화는 역사적 사실이라고 답한 학생은 6명으로 6.6퍼센트에 불과했다. 단군신화는 허구라고 답한 학생이 84명으로서 93퍼센트에 달했다.

그런데 서울대학교 법대 학장을 지낸 최태영 박사는 만 100세 때인 2000년 『문화일보』와 특별 대담에서 "내가 젊었을 때만 해도 한국 땅에서 단군을 부정하는 사람은 거의 없었습니다"라고 말했다.

최태영 학장은 105세까지 장수한 인

최태영 박사

물인데, 그가 말하는 "내가 젊었을 때"는 언제일까? 자신이 젊었을 때는 보통 청년 시절을 말하는데 그의 청년 시절은 대일 항전기였다. 일제강점기 때는 단군을 부정하는 사람은 거의 없었다는 것이다. 그의 말을 좀 더 들어보자.

> 내가 젊었을 때만 해도 한국 땅에서 단군을 부정하는 사람은 거의 없었습니다. 실증 사학을 내세워 단군을 가상 인물로 보기 시작한 것은 이승만 정권 때부터지요. 그리고 이미 세상을 떠난 친구지만 이병도 박사의 잘못이 크다고 생각합니다. 이 박사는 말년에 건강이 나빴는데 어느 날 병실에 찾아갔더니 죽기 전에 옳은 소리를 하겠다며 단군을 실존 인물로 인정했어요. 그 사실을 후학들이 모르고 이 박사의 기존 학설에만 매달려 온 것입니다. (『문화일보』 2000년 1월 3일 특별 대담)

최태영 학장은 "단군을 가상 인물로 보기 시작한 것은 이승만 정권 때부터"라고 말했다. 이승만 정권이 들어선 1948년 전까지는 단군을 부정하는 사람이 거의 없었다는 것이다. 이승만 정권이 정권 차원에서 단군을 부정했다는 뜻이 아니다. 이승만 정권은 '단기檀紀'를 사용했다. 단군을 우리 역사의 기원으로 삼는 단기란 단군왕검이 조선을 개국한 서기전 2333년을 원년으로 삼아 그해의 순서를 매기는 것을 뜻한다. 서기는 예수 탄생을 기원으로 삼는 것이고 단기는 단군 건국을 기원으로 삼는 것이다. 서기 2024년은 단기 4357년이 된다.

1948년 9월 25일에 공포한 대한민국 법률 제4호가 '연호에 관한 법률'인데, "대한민국의 공용 연호는 단군 기원으로 한다"라고 규정했다. 그 부칙에서 "본 법은 공포한 날로부터 시행한다"라고 해서 서기 1948년은 단기 4281년이 되었다. 국가에서 법률로 제정했으니 모든 공공기관과 각급 학교도 모두 단기를 사용했다.

최용신이 그린 단군

단기가 폐지된 것은 1961년 5.16 군사 쿠데타로 장면 정권을 무너뜨린 후 국가재건최고회의에서 1961년 12월 2일 '연호에 관한 법률'을 다시 정하여 "대한민국의 공용 연호는 서력西曆 기원으로 한다"라고 규정한 때였다. 또한 "본 법은 서기 1962년 1월 1일부터 시행한다. 법률 제4호에 관한 법률은 이를 폐지한다"라고 규정하면서 서력을 기원으로 사용하게 된 것이다.

최태영 학장의 말 중에 "실증 사학을 내세워"라는 전제가 중요하다. 이는 단군을 가상 인물로 여긴 것이 이승만 정권 자체가 아니라 이른바 '실증 사학'이라는 것이기 때문이다. 실증 사학은 조선총독부 황국 사관, 즉 식민 사학이 해방 후 이름을 '실증 사학'으로 바꾼 것을 뜻한다. 그 이전까지 우리 역사에서 단군의 실존성을 부정한 세력은 없었다.

고려 · 조선의 단군

고려 시대부터 살펴보자. 『고려사高麗史』 「지리지」는 서경유수관西京留守官 평양부平壤府에 대해서 이렇게 말하고 있다.

> 본래 3조선의 옛 도읍이다. 당요唐堯 무진년戊辰年에 신인神人이
> 단목檀木 아래에 내려오니 나라 사람들이 임금으로 삼고 평양을
> 도읍으로 삼아 단군이라고 부르니 이것이 전前조선이 되었다.

당요는 요堯임금을 뜻하고, 무진년은 서기전 2333년을 뜻한다. 이 때 신인 단군이 단목 아래 내려와서 단군조선을 개국했다는 것이다. 단군조선이 개국한 평양은 지금의 북한 평양이 아니라 만주에 있던 고구려의 옛 수도 평양이었다. 이는 고려 사람들도 단군조선을 인정했다는 뜻이다.

조선은 어땠을까? 이성계李成桂가 왕위에 오른 것은 1392년 7월 17일이다. 이성계는 그 전까지 앉지 않고 서서 보고를 받다가 8월 11일 여러 신하들의 요청으로 최초로 앉아서 조회를 받는데, 이날 첫 번째 보고가 예조전서典書 조박趙璞의 단군과 기자箕子에 대한 내용이었다.

> 조선의 단군은 동방에서 처음으로 천명을 받은 임금이고, 기자
> 는 처음으로 교화를 일으킨 임금이니 평양부에서 때에 따라 제

사를 드려야 할 것입니다. (『태조실록』 1년 8월 11일)

단군은 동방에서 처음 하늘의 명을 받아 나라를 세운 첫 임금이고 기자는 처음으로 교화를 일으킨 임금이니 국가에서 제사를 지내야 한다는 보고였다. 그래서 조선은 매년 철마다 단군과 기자의 사당에 제사를 지냈다. 조선 초의 권근權近(1352~1409)은 『삼국사략 서문三國史略序』에서 이렇게 말했다.

아! 우리 해동海東에 나라가 있었던 것은 단군조선에서 비롯되었다.

우리 해동에 나라가 있은 것은 '단군조선'에서 비롯되었다는 것이다. 『삼국사략』은 『동국사략東國史略』이라고도 하는데 단군조선부터 삼국시대까지 서술한 역사서이다. 이는 조선의 유학자들도 단군을 나라의 첫 개국 임금으로 인식하고 있었다는 뜻이다.

명 태조 주원장이 노래한 단군

단군을 나라의 첫 시조로 인식한 것은 고려, 조선의 학자들뿐만이 아니었다. 권근은 태조 6년(1397) 명 태조 주원장朱元璋이 직접 쓴 어제시를 받아왔는데 그 시에 이런 구절이 있었다.

단군이 가신 지 오래이니 몇 번이나 경장更張하였는가?

경장更張은 '해현경장解弦更張'의 준말로 거문고 줄을 가는 것을 뜻하는데, 사회제도를 대대적으로 고칠 때 사용하는 용어였다. 명나라를 개창한 홍무제 주원장이 쓴 경장이라는 말은 새 왕조 개창을 뜻한다. 단군이 조선을 연 후에 몇 번의 왕조가 들어섰느냐는 뜻이다. 가난한 농민 출신의 주원장이 어떻게 동방의 개국시조가 단군임을 알았는지는 알 수 없지만 이처럼 단군이 첫 번째로 나라를 연 시조라는 인식은 명의 개국시조도 알던 사실이었다. 명나라 동월董越(1430~1502)은 「조선부朝鮮賦」에서 이렇게 말했다.

대개 단군을 그 땅을 열어서 나라를 세운 인물로 높인다.

단군이 개국시조라는 사실은 고려·조선은 물론 명나라 지식인들에게도 상식이었다. 그런데 이런 상식을 처음으로 부인하고 나선 것은 일본인 식민 사학자들이었다.

일본인 식민 사학자들의 단군 부정

일본 메이지明治 시대 식민 사학자인 나카 미치요那珂通世(1851~1908)는 1894년에 쓴 『조선고사고朝鮮古史考』에서 이렇게 말했다.

(단군) 전설은 불교가 전파된 뒤에 중들이 날조한 망령된 이야기로서 조선에서 전부터 전해 오던 이야기가 아닌 것은 한눈에 분명하다.

나카 미치요

단군은 불교가 전해진 다음에 승려들이 날조했다는 주장이다. 즉 일연—然이 『삼국유사三國遺事』에서 단군 이야기를 날조했다는 것이다. 이후 여러 일본인 식민 사학자들이 단군 조작에 가세했다. 시라토리 구라키치白鳥庫吉(1865~1942)라는 인물이 있다. 지금도 한국 역사학자들에게 많은 영향을 끼치는 인물이다. 그는 1894년 일본의 학습원대학에서 발간하는 『학습원

시라토리 구라키치

보인회잡지普仁會雜誌』에 「단군고檀君考」라는 논문을 써서 "대저 단군의 사적은 원래 불설에 근거한 가공의 선담仙談에 지나지 않는다"라고 주장했다.

시라토리 구라키치는 나카 미치요의 제자이자 한국의 사학과 교수들이 존경해 마지않는 쓰다 소키치津田左右吉의 스승이다. 시라토리는 동경대 사학과를 나와서 「단군고」를 쓸 때는 학습원대학의 교수였다.

러일전쟁 당시 노기 마레스케를 묘사한 삽화

학습원대학은 일본의 왕족과 귀족을 가르치는 화족 학교華族學校로서 일본 극우 세력의 정신적 본산이었다. 학습원대학의 원장(총장) 중에 노기 마레스케乃木希典란 인물이 있다. 대학 총장이니 학자일 것으로 여기지만 육군 대장 출신으로 1904년의 러일전쟁 때는 제3군 사령관으로 여순旅順을 공격했던 인물이었다.

학습원 시절의 노기에 대해서는 영친왕 이은李垠(1897~1970)의 부인이었던 나시모토노미야 마사코梨本宮方子의 회고가 있다. 영친왕은 고종의 일곱째 아들로 귀비 엄씨 소생이다. 1907년 명성황후가 낳은 순종이 즉위한 후 귀인 장씨 소생의 고종의 다섯째 왕자 의친왕義親王 이강李堈을 제치고 황태자가 되었고 1907년 일본으로 건너갔다. 나라를 빼앗긴 후 이왕세자로 격하되었다가 일본의 육군유년학교와 육군사관학교를 졸업하고 1920년 일본 왕족인 마사코(한국명 이방자李方子)와 혼인했는데, 이방자 여사는 회고록『세월이여 왕조여』에서 「학습원시절」 원장이던 노기의 일화에 대해서 이렇게 회고했다.

1912년 7월 30일, 무척 더운 날이었다. 궁성으로 들어가는 이

중교의 광장에 수천 명의 사람들이 몰려와서 통곡했다. (…) 명치明治 천황이 45년이란 긴 재위 기간을 마치고 서거한 것이다. (…) 명치 시대는 이렇게 막을 내렸다. 부모님은 장지인 교토까지 따라가셨으므로 나와 동생은 할머니 집에서 그 밤을 샜다. 다음 날 아침에 야나기자와柳澤에 사는 숙모가 급히 문을 두드렸다.

"노기 장군 부처가 죽었어요."

하얗게 질린 얼굴로 숙모는 외쳤다. 우리는 깜짝 놀랐다. 노기 장군은 우리 학습원 원장이다. 그 엄격하던 원장님 부처가 명치 천황의 뒤를 따라 자결했다는 것이다. 천황의 영구차가 궁성을 떠났다는 예포가 울리자 그 순간 그들은 생명을 죽은 천황에게 바쳤다고 한다.

이방자의 회고록은 학습원대학의 분위기에 대해서 잘 말해 주고 있다. 일왕을 따라서 목숨을 끊는 현대판 순장이 자연스러운 곳이 학습원대학이다. 시라토리 구라키치는 노기 원장 때 학습원대학 교수로서 세자 히로히토裕仁에게 역사학을 가르쳤다. 노기가 쓴 「단군고」에는 이런 말도 있다.

단군과 삼국 사이에 조선 반도는 기자의 조선과 위씨衛氏의 조선이 있었고 마침내 중국 한나라의 영토가 되었다. 따라서 조선이라고 칭하기보다는 중국 한나라 땅의 일부분이라고 보는

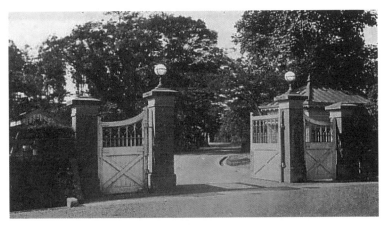

학습원대학 정문

것이 온당할 듯하다.

한漢의 영토가 되었다는 말은 한사군을 뜻하는 것이다. 이를 두고
조선이 아니라 한의 일부라고 칭해야 한다는 말이다. 지금도 한국 역
사학계를 장악한 식민 사학자들이 한사군을 그토록 칭송하면서 그 중
심인 낙랑군이 지금의 평양에 있었다고 우기는 그 뿌리가 시라토리
같은 일본 극우 역사학자들이다.

그런데 나카 미치요나 그 제자 시라토리 구라키치가 단군을 부정
하는 글을 썼던 때가 1894년이라는 점을 주목해야 한다. 이해에 전라
도 고부의 전봉준을 필두로 동학농민혁명이 발생하자 민씨 척족 정권
은 청나라 군사를 빌려 진압하고자 했다. 갑신정변 이후 청일 두 나라
가 체결한 천진조약에는 '앞으로 조선에 출병하면 문서로써 연락한다'

는 조항이 있었다. 청이 파병하면 자동적으로 일본도 파병한다는 뜻
이었다. 고종이 청에 파병하자 일본군은 청군보다 먼저 조선에 진주
했다. 일본의 식민 사학자들은 1894년에 이미 일본의 조선 점령을 기
정사실로 삼고 단군을 부정하는 글을 썼던 것이다.

사료 조작의 달인 이마니시 류의 단군 부정

　일본인 식민 사학자들 중에 단군 부정에 열을 올린 인물을 꼽으라
면 이마니시 류今西龍(1875~1932)를 빼놓을 수 없다. 이마니시 류 역
시 아직도 한국 역사학계에 큰 영향력을 끼치는 인물이다. 이마니시
는 1903년 동경제대 사학과를 졸업한 후 한국사 왜곡을 필생의 과업
으로 삼고 역사 조작에 매진했다. 그는 고고학을 통한 역사 왜곡을 착
안해서 1906년에 이미 경주 일원을 고고학적으로 조사했고, 일제가

한국을 강점한 후인 1913년에는 평안남
도 용강군(현재의 온천군)에서 2000년 전
낙랑군에서 세운 점제현 신사비를 발견
했다고 조작했다. 그는 1926년부터 일
제가 서울에 설치한 경성제국대학과 교
토제국대학 교수를 겸임하면서 한국사
왜곡에 열을 올리다가 1932년 56세에
뇌출혈로 사망한 인물이다.

이마니시 류

점제현 신사비

이마니시 류가 세상을 떠난 후인 1933년 그가 쓴 논문들을 묶어서 『신라사연구』, 1934년 『백제사연구』 등의 서적을 출간하는데, 이런 책들은 1988년 일본 극우파들이 모인 국서간행회國書刊行會에서 재간행했다. 그는 일제가 한국을 점령한 1910년에 「단군의 설화에 대하여」를 써서 단군은 가짜라고 주장했다. 그는 1929년 『청구설총靑邱說叢』에 「단군고檀君考」를 썼는데 그 첫머리에 글을 쓰는 목적을 분명하게 밝히고 있다.

(…) 조선인 사이에 단군을 숭배하여 받들고 높여서 믿는 것이 근대에 들어와 급격히 번성하였고, 이를 조선 민족의 조신祖神(조상신)으로 삼는 단군교 또는 대종교로 칭하는 교도들이 생겨나게 되었다.

대표적인 일본인 식민 사학자 이마니시 류는 한국 독립운동이 거세게 일어나는 뿌리에 단군이 있었고, 이를 조직화한 것이 대종교라고 보았다. 그래서 단군을 국조로 섬기는 단군교와 그 후신인 대종교가 한국 독립운동의 강력한 구심점 역할을 하는 것을 크게 우려해서

「단군고」를 썼다는 것이다. 일제는 한국의 종교를 둘로 분류해서 관장했는데, 일본의 국교인 신도神道와 기독교, 불교는 종교로 분류해 총독부 학무국 종교과에서 관장했다. 반면 대종교, 천도교, 미륵불교, 보천교 등 민족 해방을 추구하는 민족 종교는 독립운동가들을 체포하고 고문하던 경무국 보안과에서 관장하게 했다.

일제는 독립운동가들을 체포해서 고문하거나 사형시키는 반면 식민 사학자들을 이용해 단군 부인에 열을 올렸다. 이마니시 류는 1920년 조선총독부의 다카하시 도오루高橋亨와 경성제대의 오다 쇼고小田省吾가 단군을 부인하는 글을 썼다면서 "다카하시 도오루, 오다 쇼고 양씨의 연구 발표가 단군교도에 미친 영향은 상당히 큰 것 같다"라고 말했다. 조선총독부와 경성제대는 단군 부인에 사활을 걸었다고 해도 과언이 아닐 정도로 단군 부인에 열을 올렸다.

이마니시 류는 목적을 위해서라면 사료 조작도 서슴지 않은 인물인데 그는 「단군고」에서 일연이 『삼국유사』 「고조선」조에서 인용한 『위서魏書』를 부인하는 것을 목적으로 삼았다. 『삼국유사』 「고조선」조는 이렇게 말하고 있다.

> 『위서』에 이르기를 "지금부터 2000여 년 전에 단군왕검이 있어서 아사달에 도읍해서 나라를 열고 국호를 조선이라고 했는데, 요임금과 같은 시대이다."(『삼국유사』)

일연은 자신이 창작한 내용을 적은 것이 아니라 『위서』라는 책에

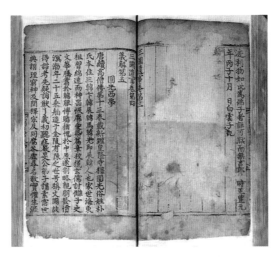

「삼국유사」의 모습, 문화재청 소장

나오는 단군조선을 인용한 것이었다. 이마니시 류의 논리를 간단하게 정리하면 일연이 인용한 『위서』가 가짜라는 것이다. 그는 이렇게 주장했다.

『위서』는 북제北齊의 위수魏收가 찬한 것으로 그것이 완성된 것은 문선제文宣帝 천보天保 5년(554)이다. 그런데 『위서』에는 이 기사가 전혀 전하지 않을 뿐만 아니라 기타 지나支那(중국)의 고사적에도 원나라 때 이전의 사서에는 이 기사가 전혀 없다.

이마니시의 이야기는 일연이 본 『위서』가 북제의 위수가 편찬한 책이라는 주장이다. 그러나 이는 그의 주장에 불과할 뿐이다.

『삼국유사』 속 위는 어느 나라인가?

이마니시 류가 주장하는 『위서魏書』는 선비족이 세운 북위北魏의 역사를 기록한 위서다. 그러나 중국사에는 이 외에도 위魏를 국호로 쓴 나라가 많다. 먼저 춘추시대 위魏가 있는데, 서기전 661년 진晉 헌공獻公에게 멸망했다. 전국시대 위魏도 있는데 서기전 403년 건국했다가 서기전 225년에 진秦에 멸망했다. 역사상 가장 유명한 것은 조조曹操가 세운 위魏로서 서기 220년부터 266년까지 손권孫權의 오吳, 유비劉備의 촉蜀과 다투었다. 선비족의 북위와 구별하기 위해서 조조의 위를 조위曹魏라고도 한다.

뿐만 아니라 16국 시기에 염민冉閔이 세운 위魏가 있는데 이를 염위冉魏라고 한다. 적위翟魏도 있는데 16국 시기에 적요翟遼가 세웠다. 또한 서위西魏와 동위東魏도 있다. 이 외에도 수나라 말기와 당나라 초기에 군중 봉기를 일으킨 위도아魏刀兒가 세운 위魏가 있고, 같은 시기 이밀李密이 세운 위魏도 있다. 간략하게 정리해도 위나라는 11개나 있었다. 이 중에 일연이 어느 위나라의 역사를 쓴 『위서』를 인용했는지는 알 수 없다.

우리는 소설 『삼국지연의三國志演義』를 그냥 '삼국지'라고 말하지만 중국에서는 소설과 서진西晉의 학자 진수陳壽가 쓴 정사 『삼국지三國志』를 구분해서 쓴다. 진수의 『삼국지』에는 『위략魏略』이란 책이 많이 인용된다. 이 『위략』은 위의 낭중郎中 벼슬에 있던 어환魚豢이 편찬한 역사서로서 중원 삼국시대 위魏의 역사를 기록했다. 『위략』의 원본은 전

해지지 않지만 진수는 『삼국지』에 우리 동이東夷 국가들에 대한 「동이
열전」을 쓰면서 『위략』을 인용했는데, 그 분량이 전체의 40퍼센트가
량이나 된다. 『위략』이 지금 전해지지 않는다고 진수가 쓴 『삼국지』
「동이열전」을 가짜라고 볼 수 없는 것처럼 『위서』가 지금 전하지 않는
다고 『삼국유사』 「고조선」을 가짜라고 말할 수 없다.

최남선의 대치욕

최남선

일제는 총독부와 경성제대를
내세워 단군 부인에 열을 올렸
지만 우리 역사에서 단군을 말
살하려던 계획은 완전히 실패했
다. 이를 말해 주는 사례가 「독립
선언서」를 작성한 최남선의 경
우이다. 최남선은 1949년 2월 친
일 지식인으로 분류되어 반민특
위, 곧 반민족행위특별조사위원
회에 체포되어 마포형무소에 수
감되었다. 그는 1939년 5월 일
제가 세운 만주 건국대학 교수로 취임한 이래 학생들에게 학도병 출
전을 권유하는 글을 여러 편 써서 친일의 길을 걸었다. 총독부 기관지

『매일신보』의 1943년 11월 5일자에 「보람 있게 죽자」, 11월 20일자에 「나가자 청년 학도야」, 1944년 1월 1일자에 「아시아의 해방」, 1945년 3월 7일자 「승리엔 젊은이의 힘」 등의 친일 논설을 기고했고, 1945년 1월에는 『방송지우放送之友』 제3권 제1호에 「특공대의 정신으로 성은聖恩에 보답합시다」 같은 친일 글을 썼다.

그는 옥중에서 반민특위 위원장에게 자신의 행위를 변명하는 「자열서自列書」를 작성해 제출했는데, 여기에서 그가 단군을 부인했다는 혐의에 대해서 강하게 반박했다. 최남선의 「자열서」 첫 문장은 이렇게 시작한다.

> 민족의 일원으로서 반민족의 지목을 받음은 종세終世(죽을 때까지)에 씻기 어려운 대치욕이다.

「자열서」에서 최남선은 조선사편수회에 가담한 일, 만주 건국대에 근무한 일, 학병을 권유한 일 등 자신이 반민족이라는 지목을 받게 된 이유를 들었다. 이런 혐의들에 대해서도 나름대로 반박했지만 단군을 무함했다는 혐의에 대해서는 강한 어조로 반박했다.

> 이상의 밖에 나에게 총집叢集(떼를 지어 모임)한 하나의 죄목은 국조國祖 단군을 무함하여 드디어 일본인의 소위 내선일체론에 보강 재료를 주었다 함이다. 위의 몇 항목은 일이 다만 일신의 명절名節(명예와 절의)에 관계될 뿐임에 그 동기·경과 내지 사실

실태에 설사 진변陳辯(변명)할 말이 있을지라도 나는 대개 인묵忍默(참고 침묵함)하고 만다. 그러나 이 국조 문제는 그것이 국민정신의 근본에 저촉되는 만큼 일언의 변호를 용인치 못할 것이 있는가 한다. (『자유신문』, 1949년 3월 9일)

자신이 비판받는 다른 항목에 대해서는 변명할 것이 있어도 참고 침묵할 수 있지만 단군을 무함했다는 한 가지 혐의만큼은 결코 받아들일 수 없다는 것이다.

대저 반세기에 걸치는 나의 일관한 고행이 국사 연구·국민 문화 발양에 있었음은 아마 일반의 승인을 받을 것이요 또 연구의 중심이 경망한 학도의 손에 말살 폐각廢閣(폐하여 버려짐)되려 한 국조 단군의 학리적 부활과 그를 중핵으로 한 국민정신의 천명에 있었음은 줄잡아도 내 학구 과정을 보고 아시는 분이 부인치 아니할 바이다. (『자유신문』, 1949년 3월 9일)

자신이 반세기에 걸쳐 연구한 것이 모두 '국조 단군의 학리적 부활과 그를 중핵으로 한 국민정신의 천명'에 있었다는 것이다. 최남선은 자신이 만든 불함문화론不咸文化論을 가지고 자신이 단군을 무함하지 않았다고 설명했다.

내가 왕년에 '불함문화론'이란 것을 발표하여 동양의 문화는 남북 양계兩系에 구분되고 그 북구北區의 문화는 단군의 고도古都를 중심으로 발전한 것이요 이 단군 문화는 실로 인류 전 문화의 중요한 일부를 형성하는 것을 주장한 일이 있다. 그중에는 자연히 일본도 단군 중심 문화의 일익一翼(한 날개)임을 언급하였었다.

최남선은 1920년대 이래 식민 사학이 왜곡한 한국사를 비롯한 동아시아사를 바로잡기 위해서 동방 문화의 연원을 추구했다. 동방 문화의 원류가 붉Pårk 사상이고, 붉의 가장 오랜 자형字形이 『산해경山海經』에 나오는 '불함不咸'이라는 것이다. 붉을 숭상하던 문화가 불함문화인데 그 문화권의 중심이 조선이라는 것이다. 동이족이 거주하던 곳에 여럿 분포해 있는 '백산白山'은 우리 민족이 태양신을 제사 지내던 성소인데, 이 중 태백산(백두산)이 가장 중심이라는 것이다. 백두산에서 비롯된 한민족이 동방 문화의 중심인데 여기에 만주족·일본족도 포함된다는 것이 불함문화론의 핵심이다.

요컨대 최남선은 자신의 다른 친일 행위에 대해서는 개인의 명예와 절의에 관한 것이라서 장황하게 변명하지 않겠지만 자신이 단군을 무함했다는 혐의만큼은 받아들일 수 없다고 주장했다. 친일 반민족행위자로 구속된 최남선이 "단군만큼은 부인하지 않았다"라고 부정하는 형편이니 일본인 식민 사학자들의 '단군 부인론'은 완전히 실패한 것이었다. 그래서 최태영 학장이 "내가 젊었을 때만 해도 한국 땅에서 단군을 부정하는 사람은 거의 없었습니다"라고 말할 수 있었던 것이다. 즉 대일 항전기 때 일본인 식민 사학자들의 단군 말살 시도는 완전하게 실패로 끝났다. 그런데 반전이 일어났다.

해방의 수혜자: 한국인 식민 사학자들

1945년 8월 15일 일왕의 무조건 항복 선언으로 이 나라는 해방되었다. 그간 일제를 조국으로 삼고 같은 동포를 억압하던 친일 매국노들은 망연자실했다. 그러나 해방과 동시에 미국과 소련이 이 땅을 분할 점령하면서 외세에 의해 분단이 되었다. 미 군정은 친일 세력들을 처단하기는커녕 이들을 그대로 중용하는 큰 정책적 오류를 범했다. 이것이 해방 공간이라고 불리는 1945~1948년까지 발생했던 혼란의 가장 큰 원인이었다.

지방 면 단위 행정기관에서 호적을 정리하는 일 따위를 하던 말단 행정 관료들을 재등용하는 것은 그렇다고 칠 수 있다. 그러나 두 부류의 친일 매국 세력들은 재등용해서는 안 되었다. 첫째는 사법기관에 근무했던 친일 세력들이었다. 총독부의 판사·검사와 경찰들은 배제해야 했다. 일제의 앞잡이가 되어 독립운동가들을 체포해 고문하고, 기소하고 사형을 비롯한 유죄 판결을 내리는 데 관여한 인물들은 재등용되는 것이 아니라 반민족 행위로 처벌받아야 했다. 대한민국 임시정부의 여당이었던 한국독립당은 1945년 8월 28일 중국 중경重慶에서 '제5차 대표자 대회'를 개최하고 귀국 후 추진할 당책, 곧 행동 강령을 선포하면서 "매국 적과 독립운동을 방해한 자(친일파)를 처벌하겠다"고 명시했다. 그러나 미 군정은 친일파를 다시 중용했다.

둘째는 조선 총독 직속의 조선사편수회에 근무하면서 한국사를 왜곡한 친일 매국 역사학자들은 배제해야 했다. 일제 사법기관에 근무했던 친일파들이 한국인의 몸을 유린했다면 이들은 한국의 정신을 유린했기 때문이다. 그러나 미 군정은 이들을 모두 등용했다.

어떻게 보면 해방의 가장 큰 수혜자들은 이 친일 세력들이었다. 그들이 주인으로 섬기던 일본인 식민 사학자들이 일본 본토로 쫓겨 가면서 그 수하들이 주인의 자리를 차지했다. 조선사편수회 출신의 이병도는 해방 후 서울대학교 사학과 및 학술원을 장악하고 교육부 장관까지 역임하면서 국사학계의 태두로 군림했다. 조선사편수회 출신의 신석호는 고려대학교 사학과와 국사편찬위원회를 장악했다. 해방 후 이들이 일제 때 식민 사학에 부역했던 행각을 자성하면서 우리 역사 바로 세우기에 나섰다면 이들은 지금 칭송의 대상이 되어 있을 것이다. 그러나 이들은 해방 후 일제 식민 사학을 한국 역사학계의 하나뿐인 정설定說로 승격시키고 독립운동가들이 주창했던 민족 사학을 억압했다.

미 군정과 이승만 정권은 물론 그 이후에도 식민 사학자들은 역사학계의 중추가 되었다. 이런 현상이 계속되니 이들은 이제 자신들의 친일 역사학을 정당화하는

이병도

신석호

경지까지 이르렀다.

이병도가 세상을 떠난 후 그 제자들은 『역사가의 유향』이라는 추모 문집을 냈는데, 이른바 국사학계의 쟁쟁한 학자들이 최상의 언어로 칭송을 쏟아 냈다. 인류에 역사학이 존재한 이래 다수의 역사학자들이 한 개인에 대해 이렇게 칭송하는 글을 집단적으로 쓴 것은 유례가 없을 것이다. 이 책에는 이병도가 일본인 식민 사학자들에 대해서 평가한 내용이 나온다.

> (와세다)대학 3학년 때 교수인 쓰다 소키치 씨와 그의 친구인 이케우치 히로시池內宏(동경대 조선사 교수)씨의 사랑을 받아 졸업 후에도 이 두 분이 자신의 논문이나 저서들을 보내 주어 내 연구에 많은 도움이 되었습니다. (…) 일본인이지만 매우 존경할 만한 인격자였고, 그 연구 방법이 실증적이고 비판적인 만큼 날카로운 점이 많았습니다. (이병도, 『역사가의 유향』, 253쪽)

쓰다 소키치는 가야가 곧 임나라는 임나일본부설을 주장했던 식민 사학자였다. 이케우치 히로시는 두만강 북쪽 700리까지였던 고려 북방 강역을 1700여 리 잘라서 함경남도 원산만 부근으로 조작했던 식

민 사학자였다. 해방 후 국사학계
의 태두로 불리던 이병도는 이런
식민 사학자들의 "사랑"을 받았다
고 자랑하면서 이들이 "매우 존경
할 만한 인격자"였다고 평가하고
있다. 가야를 임나일본부로 조작
하고, 고려 북방 강역 1700여 리를
잘라먹은 연구 방법이 "실증적이고
비판적"이라는 것이다.

쓰다 소키치

최태영 학장은 이병도와 관련해서 의미심장한 말을 했다.

이미 세상을 떠난 친구지만 이병도 박사의 잘못이 크다고 생각
합니다. 이 박사는 말년에 건강이 나빴는데 어느 날 병실에 찾
아갔더니 죽기 전에 옳은 소리를 하겠다며 단군을 실존 인물로
인정했어요. 그 사실을 후학들이 모르고 이 박사의 기존 학설
에만 매달려 온 것입니다.

이병도는 단군을 실존 인물로 인정했다. 최태영 박사가 병상의 이
병도에게 단군에 관한 각종 자료를 제시하며 설득하자 단군을 실존
인물로 인정한 것이다. 그러자 놀라운 현상이 발생했다. 그 전에는 이
병도의 말이라면 죽으라면 죽는 시늉도 하던 제자들이 반발한 것이
다. 이들은 "이병도가 노망들었다", "최태영이 협박했다"는 등의 말로

단군을 인정한 이병도를 보도한 조선일보

이병도의 단군 인정을 부인했다. 왜 이런 현상이 발생했을까?

이들이 속한 집단을 회사로 비유하면 대일본제국역사학주식회사
였다. 이들에게 한국사는 대일본제국사의 한국 지방사였다. 이들에
게 이병도는 대일본제국역사학주식회사의 한국 지사장에 지나지 않
는 존재였다. 그런데 대일본제국역사학주식회사의 주요한 사업 목표
중 하나가 단군 부인이었다. 지사장이 단군을 인정한다는 것은 본사
의 사업 목표에 배치되는 것이었다. 그래서 '노망', '협박' 등의 용어를
써 가면서 이병도의 단군 인정을 부인했다.

이병도가 인정한 단군, 신석호는 부정

그나마 이병도는 만년에 단군을 인정했다. 신석호는 달랐다. 신석호는 평생 동안 단 한 번도 일제 식민 사학을 거스르지 않았다. 신석호는 이렇게 말했다.

> 내가 (경성제국대) 본과 때 주로 가르침을 받았던 선생은 이마니시今西 박사라는 일본인이었다. 그는 비교적 학자적 입장에서 사실을 왜곡하지 않은 것으로 생각한다. (「나의 인생 노트」, 『신석호 전집』하下)

사료 조작의 달인 이마니시 류가 '학자적 입장에서 사실을 왜곡하지 않았다'는 것이다. 이마니시 류는 1922년 전북 남원을 야마토왜의 식민지 기문국 자리였다고 조작했다. 최근에 『전라도천년사』에서 이마니시 류의 가르침을 따라서 전북 남원을 기문국이라고 서술했다가 전라도민들을 비롯해서 전국의 역사 운동가들이 크게 비판하면서 출간이 무산되기도 했다. 『전라도천년사』는 한국 역사학계가 1945년 8월 15일 이전에 머물러 있는 집단임을 보여 주는 책이었다. 그런 증거는 『전라도천년사』 외에도 많다.

신석호는 또 이렇게 말했다.

> 단군의 건국 연대는 실제보다 약 2000년 올라가 있으므로 5.16

혁명 이후 단기를 폐지하고 세계 공통으로 사용하는 서기를 연호로 사용하게 된 것이다. (「단군과 우리 민족」, 『신석호 전집』 하下)

단군의 건국 연대는 서기전 2333년인데 이 연대가 실제로 약 2000년 올라가 있다는 것이다. 무려 2000년이 조작이라는 것이니 단군조선 자체가 가짜라는 것이다. 신석호는 또 이렇게 단언했다.

나도 단군을 국조로 믿고 단군의 역사를 연구해 보았으나 불행히도 단군의 기록은 모두 신화로 점철되어 있고 건국 연대도 우리 민족의 실제 연대와는 너무나 거리가 먼 것이다. (…) 『삼국유사』와 『제왕운기帝王韻紀』는 사람으로 화신化身한 웅녀와 혼인하여 단군을 낳았다 하며, 단군 당요唐堯 25년 무진戊辰 (2333 B.C.)에 즉위하여 처음으로 조선을 개국하고 왕험성(평양)에 도읍을 정하고 1000여 년 동안 나라를 다스리다가 주무왕周武王 기묘己卯(1122 B.C.)에 무왕이 은殷나라 유신遺臣 기자를 조선 왕으로 봉하자 단군은 아사달阿斯達(구월산)에 들어가 산신이 되었다는 것이다. 이것을 역사적 사실로 믿는 사람이 어디 있단 말인가? 삼척동자도 믿지 아니할 것이다. (「단군신화 시비」 『신석호 전집』 하下)

단군이 실존 인물이라는 내용은 삼척동자도 믿지 않을 것이라는 극언이다. 최태영 학장의 말처럼 일본인 식민 사학자들의 단군 부정은 완전히 실패로 돌아갔다. 그러나 해방 후 육체는 한국인이지만 정신은 일본인에 가까운 식민 사학자들이 사학과 교수라는 직함을 가지고 "단군은 가짜다"라고 주장하자 한국인들의 믿음이 흔들리기 시작했다. 해방된 나라에서 국사학과 교수들이 가짜라고 하면 무슨 근거가 있을 것이라고 막연히 믿었던 것이다. 당시 국사편찬위원회의 위원장은 교육부 장관이 겸임했기 때문에 사무국장이던 신석호가 사실상 위원장이었다. 그런 신석호가 "삼척동자도 믿지 아니할 것이다"라고 단언하자 "단군은 가짜인가?"라고 의심하게 되었다.

단군의 이야기는 『삼국유사』에 처음 나오는 것도 아니다. 『삼국사기三國史記』 고구려 동천왕 21년(247년)조에는 동천왕이 평양성을 천도한 이야기가 나오는데, "평양성은 본래 선인仙人 왕검王儉의 땅이다"라는 구절이 있다. 이때의 평양성은 지금의 북한 평양이 아니라 만주에 있던 옛 고조선의 수도이며 '선인 왕검'은 곧 단군왕검이다. 고구려 사람들도 단군왕검에 대해서 알고 있었던 것이다.

신석호가 근무했던 국사편찬위원회는 1990년에 『국사편찬위원회사』라는 책을 편찬했다. 국사편찬위원회의 역사를 기술하면서 부록에 역대 퇴직자 명단을 수록했다. 첫 번째 수록 인물이 신석호인데 재직 기간을 1929년 1월 22일~1965년 1월 21일까지라고 썼다. 1929년에 있었던 조선 총독 직속의 조선사편수회가 국사편찬위원회라는 것이다.

교사들을 배출하는 한국교원대 교수 송호정은 2014년에 『단군, 만들어진 신화』라는 책을 써서 단군이 후대에 만들어진, 곧 조작된 인

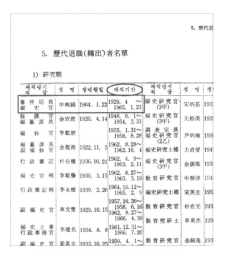

1990년에 편찬된 『국사편찬위원회사』
신석호의 재직 기간이 1929년 1월 22일~1965년
1월 21일로 기재되어 있다.

물이라고 썼다. 이 송호정에게 배운 교사들이 어린 학생들에게 역사를 가르치는 나라가 대한민국이다. 필자가 "대한민국의 몸은 1945년 8월 15일 해방되었지만 정신은 아직도 해방되지 못했다"고 말하는 근거는 차고 넘친다.

역사학 분야는 한국 사회에서 거의 유일하게 보수, 진보의 구별도 없다. 대부분 일제 식민 사학에게 가스라이팅을 당한 결과 자신이 식민 사학을 추종하고 있다는 사실조차도 모르는 경우가 많다. 어떤 사실에 대해서 심판 역할을 해야 할 대부분의 언론이 식민 사학 측의 선수가 되어 운동장에서 뛴 지는 오래다.

신석호는 "내가 경성제대 사학과를 졸업하고 사회에 첫발을 내디딘 곳이 조선총독부 조선사편수회였다. 내가 일제 치하의 대학에서 아무 희망도 없는 조선사학을 전공한 것은 항일 정신에서 나온 것"(「야사-나의 중심 개념」)이라고 주장했다. 만주 군관 학교에 들어가기 위해서 '혈서'를 썼다고 비판받는 박정희 전 대통령조차 놀랄 정도의 발언이 아닐 수 없을 것이다. 박정희 전 대통령이 "내가 만주 군관 학교에 들어간 것은 항일 정신에서 나온 것"이라고 말했다면 어떤 일이

발생했을까? 수많은 비판이 뒤따랐을 것이다. 그러나 신석호의 이 놀라운 말이 비판받았다는 소식은 아직 듣지 못했다.

신석호의 제자인 고려대학교 교수 강만길은 2010년에 편찬한 자서전『역사가의 시간』에서 신석호와 자신의 관계에 대해서 이렇게 썼다.

> 이런 지도 교수(신석호)를 만나지 않았다면 아마 학문 생활을 하기 어려웠을 것이라는 생각이다. (…) 이 같은 은사님들의 교육자로서의 충정과 학자로서의 폭넓은 학문관이 뒷받침되어 역사학 연구자로서의 길을 걸을 수 있었다고 생각하면, 그 같은 뜻 높은 뒷받침에 부응할 만한 결과가 되었는지 자성하지 않을 수 없다.

2005년~2009년까지 존속했던 '친일반민족행위진상규명위원회'의 위원장이었던 강만길은 신석호에 대해서 '교육자로서의 충정과 학자로서의 폭넓은 학문관'을 가진 인물이라고 높이 평가했다. 이 위원회는 3대 독립운동가였던 벽초 홍명희 선생의 집에 '당신 집안이 친일 반민족 행위 대상자 집안'으로 선정되었다는 공문을 보냈다. 홍명희의 아버지 홍범식은 일제가 한국을 강점한 해에 자결 순국한 순국 지

벽초 홍명희

사다. 홍명희는 민족 협동 전선 신간회의 부회장이었고, 그 아들 홍기문도 일제 감시 대상 카드에 이름이 오른 독립운동가였다. 그러나 홍범식의 아버지 홍승목이 총독부 중추원 찬의였다는 이유로 '친일 반민족 행위 대상자 집안'으로 선정되었다는 공문을 보냈다는 것이다.

그러나 이병도와 신석호가 '친일 반민족 행위 대상자' 심사 명단에 올라오자 큰 소동이 일어났다는 것이다. 강만길은 또 이렇게 말했다.

> 사학과를 지망해 신석호 선생님 같은 분을 만나지 못했다면 학문의 길에 들어서지 못하지 않았을까 생각한다. (…) 그러던 어느 날 신석호 선생님이 국편 근처의 다방에서 전화를 걸어서 좀 나오라기에 무슨 일인가 하고 급히 나갔더니, "고려대학교에 사의를 표했더니 총장이 후임을 준비하라기에 자네를 추천했으니 다음 학기 강의를 준비하라"는 것이었다. 정말 귀를 의심했다. (…) 이제 모교의 전임 교원까지 되었으니 사람의 일이란 참으로 알 수 없구나 하는 생각이 들었다. (『역사가의 시간』)

필자는 사학과에서 학사·석사·박사 학위까지 취득하면서 많은 경험을 했다. 특히 석사·박사 수료자들이 전임 교수 자리에 목을 매는 것을 목도한 것은 수를 셀 수도 없다. 다른 학과와 달리 사학과는 박사 학위를 취득해도 갈 곳이 마땅치 않다. 그래서 더욱 전임 자리에 목을 맨다.

식민 사학에서 벗어나지 못한 한국 역사학계

해방 직후부터 이 나라의 거의 모든 대학교 사학과의 교수 자리는 이병도·신석호 두 사람이 선정했다고 해도 과언이 아니다. 이 두 사람의 눈 밖에 나면 교수 자리는 포기해야 하는 것이 부인할 수 없는 현실이었다. 이런 상황에서 거의 유일하게 식민 사학을 비판하면서도 부산대 교수를 역임했던 이재호 선생은 필자에게 "한 서울대 사학과 교수가 이병도와 대립했다가 부산대에 쫓겨 와서 쓸쓸하게 지내는데 보기 안쓰러웠다"고 말해 주었을 정도였다. 현직 서울대 교수가 지방대로 쫓겨나는 판국에 석·박사생들이야 말할 것이 없을 것이다.

이는 일제강점기 이후에 생긴 풍토였다. 역사학은 그런 학문이 아니다. 연산군 때의 무오사화 때 사형당한 김일손金馹孫·권경유權景裕가 이를 말해 준다. 선비들이 화를 입었다는 뜻의 사화士禍를 사관이 화를 입었다는 뜻의 사화史禍라고도 부르는 것처럼, 김일손·권경유는 수양대군의 왕위 찬탈과 단종을 시해한 것이 잘못이라는 사초史草를 실록에 실으려다가 화를 입었다. 금부도사가 체포하러 오자 김일손은 "만약 내가 잡혀가는 것이 사초 때문이라면 큰 화가 일어날 것이다"라고 말한 것처럼 자신의 행위가 드러나면 죽임을 당할 것임을 알고 있었다.

선비들이 만든 한국 역사학의 이런 전통은 지금 찾아보기 힘들다. 두계 이병도를 기리는 '두계학술상'이 있고, 치암 신석호를 기리는 '치암학술상'이 있다. 과거와 달리 지금은 그 수상자를 공개하지 않는다.

그만큼 우리 사회가 발전한 것이다. 두계학술상이나 치암학술상은 을사오적인 일당—堂 이완용을 기리는 '일당정치상'이나 향운響雲 이지용을 기리는 '향운정치상'과 다를 바가 없기 때문이다. 그러나 아직도 한국 역사학계는 일본인들이 만든 식민 사학의 손아귀에서 크게 벗어나 있지 못하다. 그 대표적인 사례가 단군이다. 우리의 국조 단군이 일본인 식민 사학자들이 난도질에서 여전히 벗어나지 못하고 음지에서 신음하고 있는 것이, 한국 역사학계가 아직도 일제 식민 사학에서 벗어나지 못했다는 좋은 증거다.

2장

동이족 역사까지
빼앗아 가려는 중국

동이족의 역사를 편입시키려는 중국

중국인들은 우리 민족을 동이족이라고 불렀다. 동이족은 신석기시대에 나타나는데 현재의 중국 산동반도를 중심으로 살던 동이족과 현재의 내몽골·하북성·요령성 등지에 살던 동이족으로 크게 나눌 수 있다. 우리 민족 외에도 현재 남아 있는 몽골족과 만주족이 동이족이지만 동이족의 전통을 이은 것은 우리 민족이다.

중국의 명나라를 세운 홍무제 주원장은 조선 태조 이성계에게 보낸 국서에서 "고려는 산과 바다로 막혀 있는데 하늘이 동이東夷를 만들었으니 우리 중국이 다스릴 수 없다"(『태조실록』 1년 11월 27일)라고 말했다. 이성계는 조선이라는 국호를 사용하기 전까지 고려라는 국호를 그대로 사용했다. 주원장은 조선을 동이의 나라라고 말한 것이다. 고려 인종 1년(1123) 고려에 사신으로 온 송나라 사람 서긍徐兢도 "고려 사람들은 동이의 나라이다"라고 말했다.

중국이 남북조로 갈라졌을 때 남조의 송나라의 범엽范曄(398~445)
이 쓴 『후한서後漢書』라는 역사서가 있다. 중국 역사서에서 '동이족'을
따로 항목을 정해 쓴 역사서는 위·촉·오 삼국의 역사를 다룬 『삼국지』
와 『후한서』가 있다. 우리는 유비와 조조의 쟁패를 다룬 소설책을 『삼
국지』라고 부르는데, 중국에서는 이를 『삼국지연의』라고 부른다. 소
설 삼국지라는 뜻이다. 동이족이 나오는 『삼국지』는 정사正史 『삼국
지』인데, 여기에 「동이열전」이란 항목으로 동이족 국가들에 대해서
서술했다. 『후한서』 「동이열전」도 마찬가지인데 '부여, 읍루, 고구려,
동옥저, 예, 삼한, 왜'의 일곱 나라를 동이족의 나라라고 서술하고 있
다. 이때의 동이족 국가들은 원래 동이족의 무대였던 산동성 등지에
서 지금의 발해 북방으로 이주한 동이족들이 세운 나라들이다.

중국에서 우리를 동이족으로 부른 것처럼 우리 스스로도 동이라고
불렀다. 신라에서 당나라에 보낸 국서인 「숙위 학생을 신라로 돌려보
내 달라는 국서〔奏請宿衛學生還蕃狀〕」에서 신라가 자국을 '동이'라고 불렀
다는 사실이 이를 말해 준다. 현재의 중국인들과 현재의 한국인들을
민족으로 나눌 때 중국은 하화족夏華族, 우리는 동이족이라고 해왔다.
그런데 최근 중국에서는 동이족의 역사를 하화족의 역사로 편입시키
기 시작했다. 하화족과 동이족으로 구분하던 역사를 부인하고, 하화
족의 역사 속에 동이족의 역사를 편입시켜 지우려는 시도이다.

중원 한복판의 동이족 국가 중산국

중국의 역사 왜곡은 결론이 뚜렷하다. 모든 역사는 중국의 역사가 된다는 것이다. 동이문화박물관은 "동이족이 주周나라 때 화하족에 융합되어 편입되었다"고 설명하고 있다. 동이족이 실제로 주 때 하화족에 편입되어 사라졌을까?

주나라는 서주西周(서기전 11세기~서기전 771년)와 동주東周(서기전 770~서기전 256년)로 나눈다. 동주는 춘추시대(서기전 770~서기전 403)와 전국시대(서기전 403~서기전 221)와 같은 시대로서 나라는 이름뿐이고 전국 각지를 장악한 제후국들이 패권을 추구하던 시대다.

그런데 춘추전국시대 중산국中山國이라는 나라가 있었다. 수도는 지금의 하북성河北省 평산현平山縣에 있었는데, 동이족의 일파인 선우족鮮虞族이 세운 나라다. 동이족 국가이기 때문에 중국에서 방치하다시피 해서 언제 건국되었는지 불분명하다. 서기전 774년부터 있었다는 말도 있고, 서기전 507년에 시작되었다는 말도 있다. 멸망한 시기도 서기전 380년이라는 말도 있고 서기전 296년이라는 말도 있어서 정확하지 않다. 중국은 전국시대를 '전국 7웅'이라고 말한다. 7개 큰 나라가 있었다는 뜻인데 과거에도 중산국을 넣어서 '전국 8웅'이라고 해야 한다는 주장이 있을 정도로 큰 나라였다.

1974년 중산국의 후기 수도였던 하북성 평산현 삼급향三汲鄉에서 도굴되지 않은 중산왕릉이 발굴되어 비상한 관심을 끌었다. 2024년 1월 필자는 물론 필자와 함께 이곳의 중산국박물관을 답사했던 일행

중산국의 청동 유물   중산국의 금은동 소

중산국의 동검

들은 큰 충격을 받았다. 중원 한복판에 이런 거대한 동이족 왕국이 있었던 것을 우리는 왜 몰랐던가? 한가람역사문화연구소 연구 위원인 송기섭 박사가 『역사와 융합』15집(2023년 6월)에 실은 「중산국고찰」이 중산국의 역사에 대한 유일한 논문일 것이다. 그전에 강윤옥과 제유미라는 두 연구자가 중산국의 청동기에 새겨진 문자를 고찰한 논문을 쓴 적은 있었다. (강윤옥, 「전국시대 중산국 명문銘文에 나타난 음운 현상 고찰」, 『중어중문학』, 한국중어중문학회, 1995, 제17집/ 제유미, 「전국 중산국과 그

문자 연구」, 숙명여자대학교 대학원, 1996)

　이 유적에 당황하기는 중국도 마찬가지였다. 중원 한복판에 이런 동이족 국가가 있는데, "동이족이 주나라 때 화하족에 편입되었다"고 말할 수는 없기 때문이다. 그러나 역사 왜곡이 국책 사업 중 하나인 중국에 불가능은 없다. 중산국박물관의 소개 글에는 이 발굴로 전국 제8웅의 휘황한 문화가 드러났다면서 북방 유목 민족과 화하 농경 민족 문화가 융합해서 중산국이 화하화華夏化되었다고 설명하고 있었다. 박물관 경내에는 '주뢰鑄牢중화민족공동체의식'이라는 커다란 입간판을 세워 놨다. '주뢰鑄牢'라는 말은 쇠붙이를 거푸집에 녹여서 철을 만든다는 '주조鑄造'와 비슷한 뜻인데, 그보다 더욱 강하게 만든다는 뜻으로 중국 국가 주석 시진핑習近平이 요즘 부쩍 강조하는 말이다.

중산국박물관에 서 있는 '주뢰鑄牢중화민족공동체의식' 입간판

중국의 국가 주석이 '중화민족의 공동체 의식을 주조하자!'고 강하게 주문하고 있는 것이다.

중국은 자고로 역사를 모르면 정치를 할 수 없고 고위 관료가 될 수 없는 나라다. 그런데 우리는 어떤가? 역사에 밝은 정치가나 관료보다 역사에 무지한 정치가들과 관료들이 더 많은 것이 우리 현실이다. 이에 대한 가장 큰 책임은 역사학자들에게 있다. 정치가·관료를 막론하고 우리 국민들이 올바른 자국사를 알려면 혼자 따로 공부하는 수밖에 없다. 다른 나라는 역사학자들의 책을 보면서 올바른 자국사를 익히면 되지만 우리나라 역사학계는 아직도 총독부 식민 사관을 따르는 학자들이 지배하고 있기 때문에 사정이 다르다.

중국은 "현재 중화인민공화국 영역 내에서 발생했던 모든 역사는 중국사"라는 목표를 가지고 각종 역사 왜곡 공정을 진행 중이다. 중국은 2002년부터 5년간 고조선·부여·고구려·발해의 역사를 중국사로 둔갑시키는 '동북 공정'을 진행했다. 중국의 역사 왜곡 및 일본의 독도 침탈 등에 제대로 대응하지 못하고 있다는 비판이 많다. 이에 대한 큰 우려와 함께 자국사를 직접 공부하고 역사 운동까지 하는 시민들이 늘어나고 있는 것은 다행한 일이다.

자신들의 선조들이 쓴 『후한서』·『삼국지』·『구당서舊唐書』 등에서 외국 열전으로 분류한 부여·고구려·발해의 역사를 중국사라고 우기는 나라에서 중원 경내에 있는 중산국의 역사를 중국사로 포함시키고, 동이족의 역사를 중국사로 포함시키는 것은 놀라운 일이 아닐 것이다.

2024년 1월에 가본 '동이문화박물관'은 많이 정돈되어 있었다. 정돈되어 있다는 말은 '국가 차원에서 진짜 동이족의 역사를 빼앗으려 하는구나!'라는 느낌이 들었다는 말이다. '고조선·부여·고구려·발해'를 중국사로 편입시키려는 중국 동북 공정의 가장 큰 모순은 이 국가들이 모두 동이족 국가들이라는 사실이다. 그런데 동이족의 역사를 빼앗으면 '고조선·고구려·발해'의 역사를 자국사라고 우길 필요도 없어진다. 동이족의 역사가 중국사라면 '고조선·고구려·발해'뿐만 아니라 '신라·백제'의 역사도 중국사가 되고, 그 이후 고려·조선의 역사도 중국사가 된다.

"중국에서 간헐적으로 '백제사도 중국사다', '신라사도 중국사다'라는 내용의 책들이 출간된 것이 우연이 아니었구나"라는 자각이 절로 들었다.

양사영의 삼첩층 이론과 중국사의 고민

중학교 때인지 정확하지는 않지만 '세계 4대 문명'의 이름을 외웠던 기억이 있다. '이집트문명, 메소포타미아문명, 인더스문명, 황하문명'이 4대 문명이다. '세계 4대 문명'은 서양학자가 아니라 1900년 중국의 개혁 사상가 양계초梁啓超(1873~1929)가 1900년 자신의 저서 『20세기 태평양가太平洋歌』에서 분류한 개념이다. 이 개념을 기마민족설로 유명한 일본의 고고학자이자 도쿄대 교수였던 에가미 나미오江上波夫가 받아들이면서 동아시아에서 널리 사용되었다. 중국학자와 일본학자가 사용했으니 한국도 그대로 채용해 교과서에 실려 있었던 것이다. 요즘은 중국의 황하 외에도 장강長江에서도 고대 문명이 발견된다는 점에 착안해 '중국 문명'이라고 부르기도 하지만 황하문명이 중국 고대 문명의 주류라는 사실은 변하지 않는다.

황하문명의 핵심은 용산문화龍山文化다. 그런데 용산문화가 동이문화라면 이야기는 전혀 다른 방향으로 흘러가게 된다. 용산문화가 동이문화라면 황하문명이 동이문명이 되기 때문이다. 즉 황하문명이 중심인 고대 중국 문명이 동이문명이 되는 것이다.

중국의 고대 문명이 동이문화라는 사실을 밝혀낸 것은 중국학자들이었다. 중국에서는 유적을 발굴하는 고고학을 '전야田野 고고학', 즉 '들판 고고학'이라고 부른다. 중국 전야 고고학의 아버지가 4대 문명을 명명한 양계초의 둘째 아들 양사영梁思永(1904~1954)이다. 양사영은 1930년 미국 하버드대학교 대학원에서 고고학과 인류학을 전공해 석사 학위를 받고 귀국해서 중앙 연구원에 근무하면서 미국에서 배운 고고학을 활용해 중국 각지의 발굴에 나섰다. 그가 발굴한 유적 중 하나가 산동성 역성현歷城縣 용산진龍山鎭 성자애城子崖 유적인데, 용산문화라는 명칭은 '용산진'에서 딴 것이다. 현재는 산동성 제남시 장구구 소속이다. 그 후 양사영은 고대 동이족 국가 은의 수도였던 하남성 안양시安陽市 은허殷墟 발굴에 참여했다. 그 전까지 중국인들은 하夏·상商·주周의 삼대 중에서 마지막 주만 실재 존재했던 국가로 인정하고 그 전의 하·상은 전설상의 국가로 믿지 않는데, 은허에서 수많은 갑골문이 쏟아져 나오면서 은殷도 실제 존재했던 국가라는 사실을 인정하게 되었다.

중국 전야 고고학의 아버지 양사영이 천명한 중요한 이론 중에 '삼첩층三疊層 문화'라는 것이 있다. 첩疊 자는 서로 겹쳐진다는 뜻인데, 서로 겹쳐진 세 문화가 계승 관계에 있다는 이론이다. 앙소仰韶문화와 용산문화와 은허가 서로 계승 관계에 있는 삼첩층 문화라는 것이다. 앙소문

중국 전야 고고학의 아버지 양사영(오른쪽)의
1935년 모습

화의 계승자가 용산문화이고 용산문화의 계승자가 은나라 수도 은허라는 것인데, 결국 이 세 문화는 모두 동이족 문화라는 뜻이다. 앙소문화는 황하 중류 유역 중심의 신석기 문화로서 서기전 5000년~서기전 2700년의 문화이다. 황하의 물줄기를 막은 삼협댐으로 유명한 하남성 삼문협시三門峽市 민지현澠池縣 앙소촌仰韶村에서 유적이 발굴되

성자애박물관에 소장되어 있는
용산문화 도분陶盆

성자애박물관에 소장되어 있는 용산문화 도배陶杯

용산문화 시기 사람들의 생활을 재현한 모습

앙소문화의 부엉이상 도기

면서 이름을 땄다. 현재 중국에서는 삼황오제 중 염제炎帝와 황제黃帝 집단이 함께 공존했던 시기의 문화라고 해석하고 있다.

용산문화의 존속 시기에 대해서는 학자들마다 의견이 조금 다르지만 대략 서기전 3000년~서기전 1900년까지 존속했던 문화라고 설명하고 있다. 용산문화는 검은색 도자기인 흑도黑陶가 대표적인데, 그중에는 두께가 0.3밀리미터에 불과한 것도 있어서 지금 기술로도 재현하기 힘들 정도이다. 또한 용산문화에는 한자 이전의 글자도 발견되었다. 1992년 산동대학의 고고학발굴단은 산동성 추평현鄒平縣 정공丁公 유적에서 글씨가 새겨진 도자기를 발견했는데, 현재 중국에서도 최

용산문화의 글자들

성자애박물관에 소장되어 있는
용산문화 세발솥

초의 중국 문자라면서 동이인이 사용하던 글자였을 것이라고 인정하고 있다. 중국의 저명한 학자인 고힐강顧頡剛이 용산 흑도 문화를 만든 사람들은 상나라 사람들이며 동방의 조이족鳥夷族이라고 말한 것처럼 용산문화는 곧 동이문화다. 고대 중국인들은 동이를 아홉으로 분류해 구이九夷라고 했는데 조이는 그중 하나로서 중국의 동쪽 바닷가에서 살던 민족을 이른다.

은허는 하남성 안양시에 있는 상나라 도읍이다. 이 지역의 옛 이름이 은殷이기 때문에 상을 은이라고도 부른다. 상의 중흥 군주가 하를 멸망시킨 상탕商湯인데 그 9대 후손 반경盤庚이 서기전 1300년경 지금의 산동성 곡부의 엄奄에서 은으로 천도했다. 그 후 은의 마지막 군주 제신帝辛, 곧 은 주왕紂王이 주 무왕武王에게 멸망당할 때까지 273년 동안 수도였다.

은허에서 갑골문이 쏟아져 나왔는데 중국인들은 수천 년 동안 한

**갑골문이 한자의 원형이라는
사실을 밝힌 왕의영**

자를 사용해 왔으면서도 갑골문이 한
자의 원형이라는 사실을 알지 못했다.
거북의 껍질이나 소의 어깨뼈 등에 쓰
인 갑골문은 용골龍骨이라고 불리면서
북경의 한의약방에서 비싼 값으로 팔
리고 있었다. 청의 국자감國子監 좨주祭
酒를 역임했던 금석학자 왕의영王懿榮
(1845~1900)이 1899년 병에 걸리자 가
족들이 용골을 사 왔는데, 그가 용골에
새겨진 글자를 연구해서 갑골이 한자의
원형이라는 사실을 알게 되었다. 왕의영은 1900년 서양의 8개국 연
합군이 북경을 점령하자 가족들의 만류를 무릅쓰고 자결 순국한 우
국지사였다.

갑골문을 통해 상이 실제 존재했던 국가이자 동이족 국가라는 사
실은 아무도 부인할 수 없는 사실이 되었다. 양사영이 앙소문화와 용
산문화와 은허가 서로 계승 관계에 있는 '삼첩층 문화'라고 말한 것은
앙소문화, 용산문화, 은허가 모두 동이족 문화라는 뜻이다. 다시 말하
면 중국에서 세계에 자랑하는 황하문명이 동이문화라는 의미이다.

양사영 등이 주도하던 중국의 고고학 발굴은 1935년 이후로 주춤
하게 된다. 일본이 1937년 본격적인 중일전쟁을 일으켰기 때문에 고
고학에 전념할 여유가 없었다. 일본이 패퇴한 1945년 이후에는 중국
국민당과 공산당 사이의 국공내전으로 전 중국이 내전 상태에 돌입하

면서 여전히 고고학 발굴에 전념할 여유가 없었다. 1949년 중국공산당이 국공내전에서 승리하고 중화인민공화국이 수립되면서 비로소 다시 고고학 발굴이 시작되었지만 1958년 모택동毛澤東이 주도하는 대약진운동이 시작되면서 중국은 다시 혼란 상태에 접어들었다. 게다가 1966년부터 약 10년간 모택동이 유소기劉少奇 등 당내의 정적들을 제거하기 위해서 홍위병들을 이용한 문화대혁명이 발발하면서 고고학은 다시 침체될 수밖에 없었다. 이런 와중에도 고고학 발굴이 완전히 멈춘 것은 아니었지만 온 사회가 혁명의 광풍에 휩쓸린 와중에 나 홀로 유물을 발굴하겠다고 땅을 파고 있기는 쉽지 않았다.

1976년 모택동이 사망하고, 이른바 문혁 4인방이 실각한 후 등소평鄧小平(1904~1997)이 정권을 잡아서 1978년의 3중전회에서 개혁 개방을 추진하면서 고고학도 다시 활성화되었다. 그 결과 앙소문화, 용산문화, 은허 이외에 수많은 동이족 신석기 및 청동기 유적들이 곳곳에서 모습을 드러냈다.

중국사 만들기의 고민들

중국인들의 전통적인 역사관을 화이관華夷觀이라고 한다. 중국인들을 뜻하는 화華와 그 주위 이민족을 뜻하는 이夷로 나누는 역사관이다. 이런 역사관을 처음 만든 인물은 공자孔子다. 공자는 주나라를 임금의 나라로, 다른 나라들을 제후국으로 보는 역사관을 주창했는데 이를 '주나라를 높이는 큰 의리'라는 뜻의 '존주대의尊周大義'라고 한다.

그런데 화이관이 존재하기 위해서는 '화'가 먼저 존재해야 한다. 현재 중국인들은 자신들을 한족漢族이라고 부른다. 유방劉邦(서기전 247?~서기전 195)이 세운 한漢을 중시하기 때문인데, 그 이전의 중국 민족을 화하족이라고 한다. 바로 이 화하족이 있어야 화이관이 형성되는 것이다.

그런데 중국사 연구의 가장 큰 문제이자 수수께끼는 화하족의 실체가 모호하다는 점이다. '화이관'으로 화와 이를 구분하려면 '화'가 먼저 있어야 하는데, 고대부터 지금까지 그 어느 중국학자도 '화'의 실체를 정확하게 설명한 사람이 없었다.

'화'가 없는데 '화'와 '이'를 구별할 수 있을까? 옥석玉石을 가린다는 말이 있다. 옥은 좋은 것이고 돌은 나쁜 것이라는 전제에서, 좋은 것과 나쁜 것을 구분한다는 뜻으로 사용된다. 화이관도 마찬가지로 '화'는 좋은 것이고 '이'는 나쁜 것이라는 전제에서 모든 설명이 출발한다. 그러나 좋은 '화'를 찾을 수 없다면 나쁜 '이'도 있을 수가 없다.

필자가 강연에서 '이夷'의 뜻을 물어보면 어김없이 '오랑캐'라는 답변이 돌아온다. 실제로 현재 한국에서 사용하는 한자 자전들은 이夷를 '오랑캐 이'라고 설명하고 있다. 그다음에 '동방의 종족'이라고 설명하고 있고, 그다음이 '잘못'이라는 뜻이 있다고 설명하고 있다. 국어사전에서 오랑캐를 살펴보면 "예전에 두만강 일대의 만주 지방에 살던 여진족을 멸시하여 이르던 말"이라고 쓰고 또 "이민족을 낮잡아 이르는 말"이라고 쓰고 있다.

그러면 중국 사전들을 이夷에 대해서 무엇이라고 말하는지 살펴보자. 중국에서 가장 오래된 한자 자전이 후한 때 허신許慎이 편찬한 『설문해자說文解字』이다. 허신은 대략 1세기 중반에서 2세기 초까지 살았던 인물로 추정하니 지금으로부터 약 2000여 년 전의 학자다.

허신의 초상

『설문』은 이夷 자를 아주 흥미롭게 설명하고 있다.

큰 것을 따르고, 활을 따른다(從大從弓: 종대종궁)

큰 것을 따르고, 활을 따르는 민족이라는 뜻이다. 『설문』은 이夷라는 글자가 '회의會意'로 만들어졌다고 말한다. 한자는 만드는 여섯 가지 방법이 있는데 회의는 둘 이상의 글자의 의미를 합해서 만드는 방법을 뜻한다. 해를 뜻하는 일日과 달을 뜻하는 월月이 합해져서 밝다는 '명明' 자가 되는 식이다. '클 대大' 자와 '활 궁弓' 자가 합해져서 만든 글자가 이夷 자라는 뜻이다. 곧 큰 활을 쓰는 대인이 이夷이란 뜻이다.

이夷 자의 갑골문과 금문 등

'화華' 자는 무슨 뜻인가?

한자는 갑골문에서 청동기에 새긴 금문金文을 거쳐 전문篆文으로 발전했다. 전문은 원래 임금이나 왕후, 태자에게 올리던 글을 뜻한다. 화華 자는 갑골문에서 나무 위에 꽃이 만개한 형상으로 나타났다가 금문金文에서는 나무에 꽃이 핀 상태에서 '우又' 자를 더했는데 손에 꽃가지를 든 형상을 묘사한 것으로 나타난다. 전문에서는 금문에서 '풀 초艸' 자가 더해져서 '화華' 자가 생겨나면서 화의 의미가 나무(木)에서 풀(艸)로 변화했다.

이는 '화華' 자가 특정 민족이란 의미와는 아무런 관련이 없다는 뜻이다. '이夷' 자는 처음부터 민족, 겨레의 뜻이 있었지만 화華 자는 그렇지 않았다. 나중에 인위적으로 민족의 의미로 변화했다는 뜻이다.

한족漢族의 선민先民을 화하족華夏族이라고 하는데, 화華 자는 민족의 의미가 아니라 섬서성에 있는 화산華山에서 따왔다는 설도 있다. 화산은 중국의 오악五嶽 중에서 서악西嶽에 해당한다. 하夏 자는 삼대의 첫머리인 하나라를 뜻한다.

중국이란 의미는 주 때 생긴 것으로 주의 수도인 낙양 부근을 뜻하

甲骨　　金文　　小篆　　楷書

화華 자의 갑골문과 금문 등

는 용어였다. 황하는 아래로 급히 꺾여져 흐르면서 낙양 북부를 거친
다. 낙양 부근의 하수河水, 곧 황하에서 하河 자를 따고, 낙양에서 낙洛
자를 따서 하락河洛이라고 불렀다. 은을 꺾고 중원을 차지한 주가 도
읍 부근의 하락 지구를 중국이라고 부른 것이 시초다. 이후 낙양을 중
심으로 사방의 민족들을 사이四夷라는 방위로 부르게 된 것이다. 하락
은 또 황하와 낙수洛水를 함께 부르는 의미도 되는데 이 역시 낙양을
뜻하는 용어이고, 하수와 낙수 사이를 뜻하는 용어가 되었다.

　『예기禮記』「왕제王制」편에 "동을 이라고 하고, 서를 융이라고 하고,
남은 만이라고 하고, 북을 적이라고 한다(東曰夷 西曰戎 南曰蠻 北曰狄: 동왈이
서왈융 남왈만 북왈적)"라는 구절이 있다. 곧 주를 중심으로 보고 그 동
쪽 민족을 이夷, 서쪽 민족을 융戎, 남쪽 민족을 만蠻, 북쪽 민족을 적狄
이라고 불렀다. 그래서 통칭 동이東夷, 서융西戎, 남만南蠻, 북적北狄이
라고 부르게 되었는데, '이·융·만·적'은 서로 다른 민족이 아니라 모
두 같은 이夷인데 주에서 자신들을 중심에 놓고 방위를 따라서 달리
부른 것에 불과하다. 지금의 개념으로는 이·융·만·적은 모두 동이로
포괄할 수 있다.

　중국의 여러 학자들이 현재의 중국 민족, 곧 한족漢族을 뜻하는 화華
의 실체를 찾으려 했으나 찾을 수 없었다. 그래서 결국 이夷의 대칭의
의미로 화華를 찾을 수밖에 없었는데 대표적인 것이 1933년 부사년傅
斯年(1896~1950)이 제시한 이하동서설夷夏東西說이었다. 간단하게 말
하면 이의 대표는 상인데 동쪽에서 거주했고 하의 대표는 주인데 서
쪽에서 거주했다는 것이다. 그런데 이 이론의 맹점은 하의 흔적을 고

이하동서설을 제시한 부사년

고학적으로 찾을 수 없다는 것이다. 그래서 앙소문화는 서부의 하인夏人들이 건립했고, 용산문화는 동부의 동이인들이 건립했다는 식으로 정리했다. 그러나 양사영이 이미 갈파한 것처럼 앙소문화→용산문화→은허는 서로 계승 관계에 있는 삼첩층의 문화로서 모두 동이문화이지 화의문화가 아니다.

그래서 최근에는 이화易華라는 학자가 이하선후설夷夏先後說이란 논리를 만들어 냈다. 하 왕조가 시작되기 전에 중원은 이의 땅이었는데 대우大禹 부자가 이 가운데서 하를 세운 후 동이東夷와 서이西夷의 구분이 생겼다는 것이다. 신석기시대 농경문화는 이가 만들었고, 청동기시대 유목 문화는 하가 만들었는데, 이와 하가 결합해서 중국 역사를 만들고, 동아시아 고유의 문화를 형성했다는 것이다.

북경대 대리 총장을 역임하고 장개석 정권을 따라서 대만으로 가서 대만대 총장을 역임했던 부사년의 '이하동서설'이나 이화의 '이하선후설'은 논리가 궁색하다는 사실을 쉽게 알 수 있다. 결국 이夷는 원래 있던 민족이지만 하夏는 후에 만들어 낸 민족 개념이라는 사실을 말해 주는 것이다.

동이문화도 중국 문화인가

산동성 임기시의 '동이문화박물관'은 국가 차원에서 동이의 역사를 중국사로 편입시키기로 결정했음을 의미한다. 중국에서 이런 결정을 할 때 가장 신경 썼던 나라는 대한민국이었을 것이다. 일본도 동이족의 일원이지만 일본은 대륙에서 한반도를 거쳐 일본열도로 건너갔다는 사실에 콤플렉스를 느끼고 이를 거꾸로 설명하는 '일본 민족 자생설'을 만든 황당한 나라이니 걱정할 것이 없다고 느꼈을 것이다.

'일본 민족 자생설'은 지금도 한국의 역사학계를 장악하고 있는 식민 사학자들이 스승으로 여기는 쓰다 소키치 등이 만든 이론이다. 일본 민족은 대륙→반도→열도의 순서로 건너온 것이 아니라 원래 일본열도에서 자생했다는 황당한 이론이다. 일본열도에 자생한 일본 민족은 고대부터 군사력이 강해서 한반도 남부의 가야를 점령하고 야마토왜의 식민지 '임나일본부'를 세웠고, 가야뿐만 아니라 백제와 신라도 사실상 야마토왜의 속국이었다는 황당한 논리다. 지금은 일본에서도 '일본 민족 자생설'을 노골적으로 주장하는 학자는 없지만 일본 극우파들은 여전히 신봉하고 있다. 가장 큰 문제는 일본 극우파들의 하수인인 한국의 역사학자들이 이를 추종한다는 점이다. 그래서 중국 학계는 한국 역사학계를 걱정하지 않는다. 한국 역사학자들이 동이족 계승 의식을 갖고 있을 것으로 우려했는데 거꾸로 동이는 한국사와 관련 없다고 공공연히 주장하는 것을 보고 겉으로는 환호하고 속으로는 멸시하는 중이다.

그래서 중국 각지의 동이문화를 중국 문화로 왜곡하기로 결심할 수 있었을 것이다. 산동성과 하남성 등지의 여러 신석기 및 청동기 유적들을 동이족 유적, 유물이라고 인정하는 대신 동이문화가 주 때 화하문화에 융합되어 사라졌다고 결론 내렸다.

현재 중국에서는 동이 신석기 문화의 시작을 후리문화后李文化라고 정리하고 있다. 동이문화박물관에서 발행한 『주진동이문화走進東夷文化』는 중국인들이 보는 동이문화의 기원과 성격을 간단하게 설명하고 있다. 그중 「전문가들이 말하는 동이」라는 항목이 있는데, 북경대 고고학대학원 교수 엄문명嚴文明은 이렇게 말하고 있다.

"동이는 우리나라(중국) 고대사에서 중요한 위치를 점하고 있는데, 이는 중국 고대 문명의 기원과 그 이른 시기의 발전을 탐구하는 데 중요하므로 동이문화 연구를 다각도로 중시하지 않을 수 없다."

산동대학 동방고고 연구 중심 주임 교수 난풍실欒豐實은 보다 과감하게 설명하고 있다.

"해대海岱 지구에서 발견되는 신석기 문화 유적과 하대下代 시대의 유적은 기본적으로 모두 동이족이 창조해서 아래로 전해진 것이다. 상대商代에 시작해서 점차 상인商人들이 동쪽으로 움직이면서 동이족 토착 문화는 중원 문화에 융합되고 동화되었다."

해대 지구란 지금의 발해에서 산동성 태산에 이르는 지역과 산동성 일대를 뜻하는데, 난풍실의 결론 또한 동이문화가 화하문화에 융합되고 동화되어 사라졌다는 것이다.

동이족 신석기 문화

『주진동이문화』는 동이족 유적으로 5개 문화를 들고 있다.

① 후리문화: 8500~7500년 전

② 북신문화北辛文化: 7500~6300년 전

③ 대문구문화大汶口文化: 6300~4600년 전

④ 용산문화龍山文化: 4600~4000년 전

⑤ 악석문화岳石文化: 4000~3500년 전

『주진동이문화』는 마지막 악석문화 시기에 중원에서 하 왕조가 건립되었다고 설명하고 있다. 동이문화의 실체를 인정하되 그 동이 문화는 중원의 하 왕조에 편입되었다는 설명이다. 이 부분에서 중국의 동이문화 편입 기도는 혼선을 겪는다. 과거에는 주 왕조에 편입되었다고 주장했다. 그러다 보니 국가 차원의 역사 만들기에 모순이 발생했다.

그 전에는 하·은·주 삼대 중에 은부터 실제 존속했던 왕조로 인

대문구문화의 세발솥　　대문구문화의 짐승 모양 병

정했다. 그런데 은은 누구도 부정할 수 없는 동이족 국가이다. 동이족 국가를 중국사의 시작으로 만들 수는 없었다. 그래서 전설상의 하를 실존했던 왕조로 만드는 사업에 착수했다. 이것이 1996년부터 2000년까지 진행했던 '하상주 단대 공정斷代工程'이다. 그 결과 전설상의 하가 서기전 2070년부터 서기전 1600년까지 실제 있었던 왕조라고 선포했다. 하남성 서부와 산서성 남부에서 발견되는 이리두二里頭 유적이 하나라의 문화라는 것이다. 그렇게 한족의 하나라를 실존 왕조로 만들고 우禹를 개국 군주로 선포했다. 현재 중국은 이 내용을 초등학교 때부터 가르친다. 한국은 식민 사학자들이 학문 권력을 쥐고 실존했던 단군을 가짜로 조작하기 바쁜데 중국은 얼마 전까지 전설상의 왕조였던 하를 실존 왕조로 만들어 초등학생 때부터 가르치는 것이다.

그런데 역사 조작은 쉬운 일이 아니다. 산동성 임기시의 동이문화 박물관에서 동이 영웅이라는 '태호太皞 복희伏羲씨', '소호少皞 김천金天씨', '치우蚩尤', '순舜임금'을 분석해 보면 이를 쉽게 알 수 있다. 태호 복희씨는 중국인들이 역사의 시작으로 삼는 삼황三皇의 첫 번째 인물이다.

삼황 중 첫머리인 태호 복희씨가 동이족이라면 중국사는 동이족으로 시작한다는 뜻이다. 이에 대해서 필자는 『사기, 2천년의 비밀』(만권당, 2022)의 「2장 중국 고대사는 동이족의 역사」와 「3장 오제를 찾아서」에서 자세히 설명했으므로 일독을 권한다. 중국에서 태호 복희씨를 동이 영웅으로 내세웠다는 것은 태호 복희씨를 한족漢族으로 둔갑시킬 자신감이 있다는 뜻이다.

두 번째 동이 영웅 '소호 김천씨'는 유명한 동이족이다. 소호 김천씨는 황제와 누조嫘祖 사이에 낳은 큰아들이다. 사마천司馬遷은『사기史記』를 「오제본기五帝本紀」부터 시작하고 있는데 오제를 ①황제 ②전욱顓頊 ③곡嚳 ④요堯 ⑤순으로 설명하고 있다. 사마천은 황제의 제위를 큰 아들 소호가 아니라 둘째 아들 창의昌意의 아들 전욱이 이었다고 서술했다.

한번 생각해 보자. 황제의 큰아들이 동이족 소호 김천씨인데 부모가 같은 둘째아들 창의는 한족漢族이겠는가? 또 큰아들이 동이족인데 그 아버지 황제는 한족이겠는가? 또한 동이족 창의의 아들 전욱은 한족이겠는가? 전욱의 제위는 곡이 이었는데 곡은 소호의 손자이다. 동이족 소호씨의 손자 곡은 한족이겠는가? 오제의 네 번째 요는 제곡帝嚳의 아들이다. 제곡이 동이족인데 요는 한족이겠는가? 오제의 다섯 번째는 순이다.

나라	계보
하夏	수인燧人→복희→소전少典→황제→창의→전욱→곤鯀→우禹(하나라 시조)
상商(은)	수인→복희→소전→황제→소호→교극蟜極→제곡帝嚳→설契(상나라 시조)
주周	수인→복희→소전→황제→소호→교극→제곡→기棄(주나라 시조)

순임금에 대해서 맹자는『맹자孟子』「이루離婁」하下에서 "순은 제풍諸馮에서 나서 부하負夏로 천도하고 명조鳴條에서 세상을 떠났으니 동이 사람이다"라고 말했다. 순임금이 나서 자라고 천도하고 세상을

떠난 곳이 모두 동이족 지역이기 때문에 순임금이 동이족이라는 뜻이다.

동이문화박물관에서 내세운 네 명의 동이 영웅에 중국사는 없다, 곧 화하사는 없다는 사실을 말해 준다. 그럼에도 이를 내세운 것은 역사를 만들 자신이 있기 때문이다.

중국 역사 만들기의 끝

중국사의 시작을 삼황으로 삼든 오제로 삼든 그들 모두는 동이족이다. 중국 학자들이 이 명백한 사실을 모를 리가 없다. 중국은 당초 국가 공정에 나서면서 한국 역사학계의 반발을 크게 우려했던 것으로 전해진다. 그러나 곧 한국 역사학계의 실태를 파악하고 쾌재를 불렀다. 중국의 국가 역사 공정은 그 이론적 뿌리를 일제 식민 사학에 두고 있다. 일제 식민 사학과 똑같이 한국사를 반도사로 가두고 그 반도의 북쪽은 고대 중국의 식민지인 한사군이 있었고, 그 남쪽은 고대 일본의 식민지인 임나가 있었다는 것이다. 중국 동북 공정의 핵심은 만주는 물론 북한 강역도 고대부터 중국 땅이었다는 것인데, 그 핵심 이론이 한사군이 한반도 북쪽에 있었다는 것이다.

2008년부터 2015년까지 역사학자 80여 명이 47억 원의 국고를 들여『동북아역사지도』를 만들었다. 이 지도는 한사군이 시종일관 북한 땅에 있었던 것으로 표시해 북한 강역을 중국에 넘겨주었다. 심지어 북한 강역을 넘어서 경기도까지도 조조의 위魏나라가 차지했다면서 중국 땅으로 넘겨주었다. 독도는 끝내 삭제해 그려 오시 않았다. 중국은 이런 사실을 목도하고 한국사를 중국사로 빼앗아도 된다고 자신했을 것이다. 그 결과 거침없이 역사 왜곡에 나서고 있는 것이다. 동이족의 역사를 중국사로 빼앗아도 한국 역사학계는 반발하지 않을 것이라는 자신감을 가지게 되었다.

10여 년 전 한중일 피디 연합회 회의가 경주에서 열렸다. 필자가 짤막한 강연을 하게 되었는데, 이런 말을 했다.

"중국의 선조들이 고조선, 고구려, 발해의 역사를 외국 열전에 수록했는데, 왜 지금의 중국은 선조들이 외국으로 보았던 나라의 역사를 중국사라고 주장하는가?"

강연이 끝나고 중국인 피디들은 일제히 침묵한 반면 다가와서 인사를 건네던 피디들은 모두 일본인 피디들이었다. 일본은 비록 방향은 잘못되었지만 자신들의 시각으로 역사를 보려고 노력한다. 한때나마 제국을 운영해 봤던 경험에서 나온 역사관일 것이다.

한중 역사 전쟁의 첫 시작은 고조선사가 아니라 동이사다. 동이사를 중국에 빼앗기면 나중에는 한민족사韓民族史 전체를 빼앗길 것이다. 한민족 자체가 사라질지도 모를 일이다.

그 많던 동이족은 어디로 갔나

동이족이 하나라 때 중원 문화에 융합되고 동화되었다는 중국의 주장이 사실이 아니란 것은 중국의 고대 역사서들이 말해 주고 있다. 앞서 말한 중산국 외에도 여러 동이족 국가들이 중원 한복판에서 활약했다. 서기전 770년 서주가 망하고 동주가 시작된 것은 견융犬戎, 즉 동이족의 공격 때문이었다. 주의 수도를 지금의 서안西安인 호경鎬京에서 동쪽인 낙읍雒邑(낙양)으로 옮겼기 때문에 동주라고 부른다. 서주의 마지막 주 유왕幽王은 절세 미녀 포사褒姒를 총애해서 왕비 신후申后를 폐하고 포사를 왕비로 삼고, 태자 의구宜臼도 폐하고 포사가 낳은 백복伯服을 태자로 삼았다. 왕비 신씨가 친정인 신국申國으로 달려가 호소했는데 신국은 지금의 하남성 남양시南陽市 북쪽에 있었다. 사마천의 『사기』「주본기周本紀」는 이후의 상황을 이렇게 설명하고 있다.

신후를 폐하고 태자도 내쫓았다. 이에 신후는 화가 나서 증繒나라와 서이西夷 견융과 함께 유왕을 공격했다. 유왕은 봉화를 올려 군사들을 불렀으나 군사들이 이르지 않았다. 드디어 유왕을 여산驪山 아래에서 죽이고 포사를 포로로 잡고서 주나라의 재물을 모두 빼앗아 갔다.

서이 견융이 주나라를 공격해서 주 유왕을 죽일 정도로 큰 세력을 갖고 있었다. 유왕이 죽은 후 제후들은 유왕에게 폐위당한 의구를 왕으로 추대했는데 의구가 주 평왕平王이다. 주 때 동이는 화하에 편입되기는커녕 주 왕실을 무너뜨릴 정도로 독자적 세력을 갖고 있었다. 중국에서 동이가 주에 편입되었다고 설명하는 것이 허무할 수밖에 없는 이유는 주도 서이西夷이기 때문이다. 『맹자』 「이루」 하下는 주 무왕의 아버지 문왕文王에 대해서 "문왕은 서이 사람이다"라고 말하고 있다. 뿐만 아니라 하나라도 이夷의 나라이다. 『사기』 「하본기夏本紀」는 하의 시조 우에 대해서 "본래 서이 사람이다"라고 말하고 있다.

이때 방위를 나누는 기준은 상(은)나라였다. 상의 서쪽에 있어서 주를 서이라고 불렀던 것이다. 하·은·주 모두 이다. 중원을 차지한 나라들이 주변을 이라고 부르기 시작하면서 화이관이 생겨났지만 이들은 모두 이지 화는 없었다.

동이족은 크게 세 갈래로 정착하거나 이동한다. 한 세력은 그대로 중원에 남은 동이족들이다. 이들은 주로 하남성, 산동성 등지에 정착했는데 이 지역들이 동쪽이기 때문에 이들을 동이라고 불렀다. 또 한 세력은 북동쪽으로 이동한다. 이들이 나중에 몽골, 숙신(만주족), 한족韓族이 되고 일본으로도 건너간다. 이들 중 지금까지 동이족의 정체성을 갖고 독립국가를 유지하는 나라는 남북한과 몽골뿐이다. 마지막 세력은 중국 남방으로 이주하는데, 묘족苗族, 백족白族 등이 그들이다. 묘족과 백족들은 자신들이 동이족 치우의 후손이라는 사실을 자각하고 있다. 현재 중국인 학자들은 중국 민족을 화하족, 동이족, 묘만족苗蠻族으로 분류하는데 묘만족이 묘족, 백족 등이다.

이 세 갈래의 세력들은 그 선조를 찾아 올라가면 같은 조상을 가진

동이족의 영웅 치우의 동상

동이족이다. 그러나 중원에 남은 동이족의 후예들은 자신들이 동이족의 후예라는 사실들을 모른다. 남방의 묘만족들은 동이족의 후예라는 사실을 알지만 독립국가를 이루지 못하고 있다.

중원 각지에 신석기 문화를 남긴 동이족들은 우리의 직접적 선조들이다. 비록 세 갈래로 나뉘어 서로를 알아보지 못하고 있지만 그 뿌리는 같다. 또한 역사에서 중요한 것은 계통이다. 동이족의 정체성을 알아야 이후 고조선→부여→고구려 및 열국 시대→삼국시대→고려→조선→대한민국으로 이어지는 계보를 알 수 있다. 국가는 달랐지만 민족은 같은 동이족이었던 만주족이나 몽골족, 거란족 등의 역사도 우리와 같은 계통으로 포괄할 수 있다.

중국사는 서로 다른 역사를 같은 역사로 녹여 낸 용광로의 역사이다. 우리 역사는 같은 역사도 남으로 몰아낸 폐쇄성의 역사이다. 역사는 항상 개방을 선택한 국가와 민족이 번영했음을 말해 주고 있다.

3장

공자는 동이족인가

한국인과 대만인의 갈등

2018년을 전후해서 대만인들 사이에 반한 감정이 일었던 적이 있다. 공자의 국적을 둘러싼 논쟁이었다. 대만의 반한 감정은 1992년 대만과 단교하고 중국과 수교한 데서 비롯되었다가 점차 확산되었다. 『머니투데이』의 이재은 기자는 '한국도 몰랐던 한국인 공자·쑨원… 반한 감정이 낳은 오해'(2018년 8월 20일)라는 기사를 썼는데, 그 핵심은 많은 대만인들은 한국인들이 공자를 한국인이라고 생각한다는 것과 한자를 한국인이 만들었다고 생각한다는 것이다.

대부분의 혐오 감정들이 그렇듯이 이런 내용도 사실 관계를 냉철하게 따져 보기보다는 일부 반한 감정에 기대어 확산되었는데, 현재는 중국의 침략 위협을 받으면서 자성의 기운이 일고 있고, 특히 한류 열풍이 대만에도 상륙하면서 우호적으로 바뀌고 있는 중이라고 한다.

공자

한국과 대만, 즉 중화민국은 전통적인 우호 관계 국가였다. 중화민국의 장개석蔣介石 주석은 대한민국 임시정부를 물심양면으로 도와준 친한 인사였다. 노태우 정권 때인 1992년 중화인민공화국과 수교하기 전까지 한국과 대만은 '반공'이란 가치를 공유한 우방이었다. 지금 국제 정세의 변화에 따라 '반공'이란 가치는 희석되고 국교도 단절되었지만, 한국인들 뇌리 속에 대만은 여전히 한국이 어려웠던 시절의 옛 친구라는 좋은 감정으로 남아 있다.

"한국은 교과서에서 공자를 한국인이라고 가르친다며?"라는 질문은 물론 오해에 따른 것이다. 한국의 어느 교과서도 공자를 한국인이라고 가르치지 않는다. 그러나 "정말 한국인들은 공자가 한국인이라고 생각해?", "한자도 한국인이 만들었다고 생각해?"라는 질문은 너무 단순하다. 공자는 한국인이 아니고 한자도 한국인이 만들지는 않았다. 그러나 '한국인' 대신에 한국인의 먼 조상인 '동이족'으로 질문의 대상을 바꾼다면 대답도 달라진다. 즉 "한국인들은 공자가 동이족이라고 생각해?" 또는 "한자도 동이족들이 만들었다고 생각해?"라고 질

82

문의 내용을 바꾼다면 상황은 전혀 달라진다.

야합해서 태어난 공자

중국에 가 보면 자동차 번호판에 노魯라고 쓴 차들이 있다. 특히 한국과 서해를 두고 마주보고 있는 산동성의 공식 자동차 번호판 식별 기호는 노魯이다. 고대 노魯나라가 있던 곳이란 뜻이다. 우리나라로 친다면 경상도·강원도의 차 번호판에 '신라', 경기도·충청도·전라도의 번호판에 '백제'라고 쓴 격이다. 사실 신라나 백제로 비유하는 것도 맞지 않다. 노나라는 서기전 11세기경에 시작해서 서기전 256년에 멸망했으니 우리나라로 치면 모든 자동차 번호판을 '고조선'이라고 쓰고 있는 셈이다.

그런데 고대 산동성에는 노뿐만 아니라 여呂라는 국가도 있었고, 두 나라를 합친 것보다 더 큰 제齊도 있었다. 그런데도 산동성의 자동차 공식 식별판이 제가 아니라 노인 이유는 공자의 고국이기 때문이다. 그런데 공자의 선조들은 노 출신이 아니었다. 그 선조들은 노나라 남쪽에 있던 송宋나라 율읍栗邑 출신인데 현재의 하남성 지역이다. 사마천의 『사기』에는 「공자세가孔子世家」가 있다. 「세가」는 왕이나 제후에 속하는 인물들의 전기를 모아 놓은 것이다. 사마천은 황제들은 「본기本紀」, 신하들은 「열전列傳」, 황제 아래의 왕이나 제후들은 「세가」에 수록했다. 공자는 왕도 아니었고 제후도 아니었지만 왕과 제후의 사적을 싣는 「세가」에 수록했다. 그만큼 공자를 높인 것이다. 사마천은 「공자세가」를 공자의 선조들부터 공자에 이르는 가계도로 시작한다.

　　공자는 노나라 창평향昌平鄕 추읍陬邑에서 태어났다. 그의 선조
　　는 송나라 사람 공방숙孔防叔이다. 방숙은 백하伯夏를 낳았고,
　　백하는 숙량흘叔梁紇을 낳았다. 숙량흘은 안씨顏氏의 딸과 야합
　　野合해 공자를 낳았는데 니구산에 기도하여 공자를 얻었다.

　　노나라 창평향 추읍은 지금의 산동성 곡부를 뜻한다. 공자는 곡부에서 나고 자랐는데, 현재도 거대한 사당이 남아 있다. 곡부에 가 보면 왜 시 이름을 공자 시라고 하지 않는지 궁금할 정도로 공자의 유적이 많다. 그런데 공자의 인생을 이해하려면 그가 노나라에서 태어난 것보다 송나라 공방숙의 혈통이라는 사실이 더 중요하다. 그런데 사마천은 공자의 부친 숙량흘과 모친 안씨가 "야합野合해 공자를 낳았다"고 설명했다.

　　야합은 보통 법률이나 예에 벗어난 혼인이나 부모의 허락을 받지 않은 혼인을 뜻한다. 야합으로 태어난 아이를 사생아私生兒라고 부르기도 하는데, 예를 가장 중시하는 유학의 창시자를 사생아로 만들 수는 없어서 후대 학자들이 많은 여러 논리를 만들어 냈다. '야합'이라는 구절에 대해서 당나라 사마정司馬貞은 『공자가어孔子家語』를 인용해서 이렇게 말했다.

숙량흘은 노나라 시씨施氏에게 장가들어 아홉 명의 딸을 낳았다. 그의 첩은 맹피孟皮를 낳았는데, 맹피는 발에 병이 있었다. 이에 안징재顏徵在에게 혼인할 것을 구했는데 (안씨는) 아버지의 명을 따라 혼인을 했다.

『공자가어』는 숙량흘이 시씨에게 장가들었는데 아들은 없이 딸만 아홉을 낳았다고 말한다. 첩을 들여서 아들 맹피를 낳았는데 그는 발에 병이 있었다는 것이다. 그래서 안씨의 부친에게 청을 넣었고 그 부친의 명령에 따라서 혼인을 했다. 안씨 징재가 바로 공자의 생모 안씨이다. 『공자가어』의 설명에 따르면 숙량흘과 안씨는 '야합'한 것이 아니다. 그래서 당나라 사마정은 "지금 이를 '야합'이라고 이르는 것은 아마도 숙량흘은 늙었고 안징재는 어렸기에 결혼할 나이에 걸맞지 않아서 처음 비녀 꽂는 예를 하지 않았기 때문에 야합이라 한 것이지 예의에 합당하지 않다고 일컬었을 것이다"라고 말했다. 비녀 꽂는 예를 하지 않았다고 '야합'이라고 했다는 것이니 억지 설명에 가깝다. 그 '야합'의 진실이 무엇인지는 현재 알 수 없다. 그런데 사마천이 「공자세가」에서 공자 집안의 계보를 자세하게 적어 놓은 것은 그 조상들의 계보를 타고 올라가면 송나라 왕족이라는 뿌리에 닿기 때문이었다.

공자 선조들의 나라 송

『사기』 등에 따르면 공자는 송나라 개국 군주 미자微子의 후예이다. 공자의 혈통을 추적할 때 중요한 것은 송 왕실은 동이족 국가 은殷의 혈통이라는 점이다. 중국 고대 왕조를 보통 하·은·주라고 한다. 은은 원래 국명이 상商이었는데, 중국 하남성 안양이라는 곳에 오래 도읍했다. 안양의 옛 이름이 은殷이었기 때문에 국명을 은이라고도 부른다.

송 미자는 은 임금 제을帝乙의 큰아들이었다. 그래서 왕위를 이어야 했지만 어머니가 왕후가 아니어서 이복동생이 왕위를 이어받았는데 그가 은의 마지막 주왕이었다. 주왕은 폭군으로 유명했다. 『사기』를 비롯한 여러 역사서들은 주왕이 연못을 술로 채우고 고기를 나무마다 매달아 놓고 '주지육림酒池肉林'을 즐겼다고 서술하고 있다. 이를 보다 못한 미자가 여러 차례 직언했지만 주왕은 받아들이지 않았다.

더 이상 방법이 없다고 생각한 미자는 은을 떠나서 봉지封地인 미微 땅으로 돌아갔다. 은 주왕에 대한 불만이 높아 가자 은의 제후국이었던 주의 무왕이 은을 무너뜨리기 위해서 다른 제후들을 모았다. 드디어 서기전 1046년 주 무왕은 목야牧野 전투에서 은 주왕을 꺾었고, 주왕은 자살했다. 은이 이렇게 멸망하자 미자는 제기를 가지고 주 무왕에게 투항하면서 은 왕실 선조들에게 제사를 지내게 해 달라고 빌었다.

무왕은 죽은 주왕의 아들 무경武庚을 은의 도읍이었던 은허에 봉해서 은 왕실의 제사를 잇게 해 주었다. 서기전 1043년경 무왕이 죽고

어린 성왕成王이 즉위하면서 무왕
의 동생 주공周公 단ㅂ이 섭정히자
무경은 무왕의 형제들인 관숙管叔,
채숙蔡叔, 곽숙霍叔과 함께 군사를
일으켜 은의 부활을 꾀했다. 이것
이 은나라 유민들과 무왕의 형제
들이 일으킨 '삼감三監의 난'인데,
주공은 3년 만에 이를 진압했다.

주나라 무왕의 모습

주공은 무경을 죽이고 은의 영
역을 위衛와 송宋으로 나누었다.
위는 지금의 하남성 기현淇縣이 도
읍이고, 송은 하남성 상구商丘가
도읍인데, 주공은 위에 동생 강숙
康叔을 봉해서 은나라 유민을 통제하게 하고, 송에는 미자를 봉해서
은의 제사를 지내게 했다.

이 미자가 공자의 먼 선조이다. 미자는 은 주왕의 이복형이므로 공
자는 은의 핏줄을 타고 난 것이다. 공자의 16세 선조가 은 주왕의 부
친 제을이고, 15세 선조가 송 2대 군주 미중微仲이다. 이후 공자의 선
조들은 송의 군주가 되거나 왕실의 일원으로서 고위 벼슬을 역임했
다. 공자의 7세 선조가 송의 대부 공보가孔父嘉로서 그가 공씨 성을 처
음 사용했다. 송에서 대사마大司馬를 역임하던 공보가는 궁중에서 내
란이 일어나 피살되었고, 그 아들 목금보木金父가 노로 망명해 추읍에

정착했는데 그가 노의 대부가 되면서 공자 일가가 노에 정착하게 된 것이다.

공자는 어려서부터 역사에 관심이 많았다. 어릴 때부터 제사 도구 인 제기를 가지고 노는 것을 좋아했다는 것도 이를 말해 준다. 공자는 역사에 관심이 많은 만큼 자신의 핏줄에 관심이 많았다. 공자가 태어 난 후 부친 숙량흘이 죽어서 방산防山에 장례를 치렀는데, 공자는 부친 의 묘소가 어디 있는지 알지 못했다. 방산은 노나라 동쪽에 있었지만 어머니 안씨는 부친의 묘소를 가르쳐 주지 않았다. 이는 공자가 '야합' 으로 태어났기 때문에 장례식에 참석하지 못했을 것임을 시사한다.

공자는 어머니가 죽자 아버지와 합장하고 싶었지만 아버지 묘소 를 알 수 없었다. 그래서 사람들이 많이 오가는 곡부 노성魯城 안의 오 보五父 네거리에 빈소를 차렸다. 이를 본 추鄹 사람 만보輓父의 어머니 가 아버지 묘소가 있는 곳을 가르쳐 주어 방산에 가서 합장할 수 있다.

공자는 송나라 병관씨幷官氏의 딸에게 장가들어 19세에 아들을 낳 았다. 그 아들의 이름이 공리孔鯉인데 이름을 '잉어 리鯉' 자로 지은 사 연이 특이하다. 공자가 아들을 낳자 노의 군주인 소공昭公이 잉어를 보냈는데 이를 영광스럽게 여겨서 아들의 이름을 잉어라고 지은 것 이다.

공자의 어린 시절은 불우했다. 그는 자신이 송 왕실의 후예라는 자 부심을 갖고 있었으나 현실은 달랐다. 공자는 노나라 실세인 대부 계 씨季氏가 베푸는 잔치에 참석하려다가 그 수하 양호陽虎에게 쫓겨났다.

"계씨가 사인士人을 위해 연 잔치이지 감히 그대를 위한 잔치가 아니다."

공자는 사인 대접도 받지 못했다. 그러나 그 혈통을 타고 올라가면 송 왕실에 닿고, 더 거슬러 올라가면 은 왕실에 닿는다. 노 소공이 잉어를 출산 선물로 준 것 또한 공자의 혈통 때문일 것이다. 공자에게 가문의 혈통은 미천했던 시절을 버티게 해 주는 힘이었을 것이다.

주나라에 대한 공자의 고민

공자는 역사에 밝았다. 현재 전해지는 중국 최초의 역사서『춘추春秋』의 작자가 공자이다. 공자는 자신이 송 왕실의 핏줄이자 더 올라가면 은 왕실의 핏줄이라는 사실을 잘 알고 있었다. 그래서 은나라를 무너뜨린 주나라에 대한 감정이 복잡했다. 제후였던 주 무왕이 황제였던 은 주왕을 정벌하려 할 때 고죽국의 왕자였던 백이伯夷와 숙제叔齊

숙제

가 격렬하게 항의했을 만큼 무왕의 행위는 신하로서 문제가 있었다. 사마천은『사기』「열전」의 첫 인물을 백이, 숙제로 설정했다. 그만큼 끝까지 은에 충성을 바친 백이와 숙제를 높였는데, 이때의 상황을 이렇게 묘사하고 있다.

서백西伯이 죽자 무왕은 나무 신주를 수레에 싣고 문왕이라고 부르면서 동쪽으로 주紂를 정벌하려 했다. 백이와 숙제가 말고삐를 잡아당기며 간했다.

"아버지가 죽었는데 장례도 치르지 않고 이에 전쟁을 일으키니 효라고 할 수 있습니까? 신하로서 임금을 시해하는 것을 인仁이라고 할 수 있습니까?"

무왕의 좌우 신하들이 병기로 죽이고자 했다. 태공太公이 말했다.

"이 사람들은 의인입니다."

그들을 부축해서 떠나보냈다. (『사기』 「백이·숙제열전」)

백이와 숙제는 신하인 주 무왕이 임금인 은 주왕을 치는 것을 반역이라고 보았다. 공자의 인仁은 모든 것을 자애롭게 대하는 소극적 인仁이 아니었다. 적극적인 정의가 실현되는 상태가 공자의 인仁이었다. 그래서 사마천은 공자가 백이, 숙제를 평가한 말을 「백이·숙제열전」에 실었다.

공자께서 말씀하셨다.

"백이와 숙제는 지난날의 악惡을 마음에 두지 않았으므로 원망을 품는 일이 드물었다."

"인仁을 구하여 인仁을 얻었는데 또 무엇을 원망하겠는가."

공자의 고민은 선조들의 나라였던 은을 무너뜨린 주를 긍정할 수 있느냐는 것이었다. 공자는 젊은 시절 이 문제를 가지고 깊게 고민했는데 이 고민을 풀 수 있는 기회가 왔다. 주의 수도 낙양을 답사할 기회가 온 것이다. 사마천은 『사기』「공자세가」를 쓰면서 공자를 크게 높였지만 공자에 대한 일화 등을 쓸 때 시기 등을 정확하게 고증하지는 못했다. 너무 많은 양의 사료를 취급하다가 생긴 문제일 것이다.

『사기』「공자세가」에는 노나라 대부 맹리자孟釐子가 병에 걸려 죽으면서 아들 맹의자孟懿子에게 이렇게 유언했다고 전한다.

"공구孔丘(공자)는 성인의 후예인데, 어린 나이에도 예禮를 아니 내가 죽으면 찾아가서 스승으로 섬기라."

맹리자는 노나라의 실권을 장악한 삼손씨三孫氏 중 하나인 맹손孟孫씨의 8대 종주로서 시호가 희僖이므로 사후에는 맹희자孟僖子라고 불렀다. 『사기』는 이때 공자의 나이가 열일곱 살이었다고 전한다. 『춘추좌전春秋左傳』도 공자가 열일곱 살 때인 노 소공昭公 7년(서기전 535)의 일로 기록하고 있다. 그런데 맹리자가 실제로 죽은 해는 공자가 서른네 살 때인 소공 24년(서기전 518)년이다. 어쨌든 공자는 노의 실세인 맹손씨들과 사이좋게 지냈다.

맹희자의 아들인 남궁경숙南宮敬叔도 그중 한 명인데 그가 노 소공에게 "공구와 함께 주나라에 가고 싶습니다"라고 청했다. 주의 도읍 낙양에 가고 싶다는 뜻이었는데 노 소공은 실세 집안의 요청에 응해서 말 두 마리가 끄는 수레 한 대를 내주고 심부름할 동자 한 명까지 붙여 주었다. 그래서 공자는 편안하게 지금의 산동성 노나라에서 하남성 낙읍(낙양)을 답사할 수 있었다. 그때는 주의 제후국들이 패권을 다투기 시작한 지 오래여서 낙읍은 명목뿐인 수도에 불과했다. 그런데 낙읍을 방문한 공자는 뜻밖에도 '찬란하게 빛나는구나!'라는 감탄사 '욱욱호문郁郁乎文'을 남길 정도로 깊은 인상을 받았다.

> 공자 가라사대, "주나라는 이대二代(하·은나라)를 귀감으로 삼았으니, 찬란하도다 그 문화여! 나는 주나라를 따르겠노라"라고 하셨다.(『논어論語』「팔일八佾」)

"찬란하도다 그 문화여!"의 원문은 "욱욱호문재郁郁乎文哉"이다. 우리는 무식한 사람을 "낫 놓고 기역자도 모른다"고 말하지만 중국에서는 무식한데도 유식한 척 하는 사람을 "도도평장都都平丈"이라고 비웃는다. 무식한 훈장이 "욱욱호문郁郁乎文"을 비슷하게 생긴 "도도평장都都平丈"으로 읽었다는 데서 나온 말이다.

공자가 "나는 주나라를 따르겠노라"라고 한 것은 비로소 은을 무너뜨린 주를 긍정할 수 있는 근거를 찾았다는 뜻이다. 낙양을 답사하고 보니 주가 하는 물론 은의 문화도 계승했다는 사실을 확인했다는 것이다. 은 탕왕湯王은 하의 걸왕桀王을 멸망시켰고 주 무왕 역시 은의 주왕을 멸망시켰지만, 이 두 나라의 문물을 파괴한 것이 아니라 계승했다는 것이다. 그래서 공자는 "나는 주나라를 따르겠노라"라고 선언했다. 이후 공자는 동이족 국가 은 왕족의 후예라는 정체성을 버리고 주를 추종했다. 공자의 대변신이었다.

존주대의의 머나먼 길

이후 공자는 주나라를 높이는 '존주대의尊周大義'의 길로 나섰다. 존주론尊周論이라고도 하는 존주대의는 '주나라를 높이는 큰 의리'라는 뜻인데, 공자가 평생을 실천했던 정치철학이었다. 존주대의는 공자 생전과 그 이후의 의미가 다르다. 공자 생전의 존주대의는 패권을 추구하는 각 제후국들이 주나라를 임금의 나라로 높이는 큰 의리를 실천해야 한다는 뜻이었다. 공자는 각 제후국들 사이의 잦은 전쟁으로 혼란스러운 중원에 평화를 가져오기 위해서는 모든 제후국들의 군주들이 서로 임금이 되려는 패권 추구를 중지하고 주 왕실을 높이는 신하의 의리로 돌아가야 한다고 주장했다. 그래야 중원 천하가 평화스러운 '큰 인仁'이 실현된다는 것이었다.

존주대의는 자국의 패권을 추구하는 제후들에게 주 왕실에 대한 신하의 의리를 지키라고 요구하는 것이었다. 또한 각 제후국 내부로 들어가면 대부들 또한 제후국의 군주를 능멸하는 행태를 멈추고 제후들을 존숭하는 의리로 돌아가야 한다는 것이었다.

당시 각 제후국들은 자국이 강대국이 되는 것에 관심이 많았지 주나라를 부강하게 하는 것에는 별 관심이 없었다. 그래서 공자는 노나라에서 정사에 참여하게 되자 노나라 군주를 능멸하는 대부들을 제거해서 노 정공定公의 군주권을 강화하려고 했다. 노나라에는 삼손三孫씨라고 불리는 세 대부가 있었다. 일찍이 노 환공桓公(서기전 731~서기전 694)에게는 네 아들이 있었는데, 장자인 장공莊公이 뒤를 이어 제후가 되고 세 동생이 대부가 된 것이 '삼손'의 시초였다. 공자 무렵에는 이 세 대부가 권력이 노 정공보다 커서 정공도 이들의 눈치를 봐야 했다.

공자는 세 대부 중 숙손叔孫씨와 계손季孫씨를 무너뜨리는 데 성공했지만 마지막 맹손씨를 무너뜨리려고 하다가 실패했다. 노나라는 다시 삼손씨가 장악했고 공자는 14년간에 걸친 '천하주유'의 길을 떠나게 되었다.

공자는 14년간 천하를 주유하면서 자신의 뜻을 펼치고자 했으나 그 어느 제후도 공자를 등용하지 않았다. 결국 주유천하에 실패한 공자는 노나라로 귀국해서 역사서 『춘추』를 저술했다.

『사기』「공자세가」에는 공자가 만년에 이렇게 말하면서 『춘추』를 지었다고 말한다.

> 안 되겠다. 안 되겠다. 군자는 죽어서 이름이 후세에 전해지지 않는 것을 걱정한다. 나의 도가 행해지지 않으니 나는 무엇으로 후세에 스스로 드러나겠는가?

『춘추』는 주석서가 있어야 그 뜻을 해석할 수 있을 정도로 어려운 책이었지만 맹자는 "공자가 춘추를 완성하니 난신적자亂臣賊子들이 두려워했다"고 말할 정도로 유교 사상의 정립에 큰 영향을 끼쳤다. 제후와 대부들이 역사서에 자신의 이름이 어떻게 기록될까 우려하기 시작했다는 뜻이다. 결국 현실 정치에서 실패한 정치가 공자는 역사가 또는 교육가로 성공했던 셈이다.

나는 은나라 사람의 후예다

우리가 흔히 쓰는 사자성어 중에 '진선진미盡善盡美'라는 말이 있다. 이 역시 공자가 한 말인데 '소악韶樂'이라는 음악을 평가한 말이다.

> 공자께서 제나라에 계실 때 소악을 들으시고, 세 달 동안 고기 맛을 잃고 말했다.
> "이 음악이 여기까지 이를 줄은 미처 생각하지 못했다"(『논어』 「술이述而」)

공자는 제나라에 있을 때 석 달 동안 고기 맛을 잃을 정도로 소악에 빠졌다. 소악은 은나라 순임금의 음악이다. 맹자는 순임금은 동이족이라고 말했다. 물론 은도 동이족 국가이다. 제나라 또한 시조 강태공姜太公이 동이족이므로 은나라의 소악을 보존하고 있었다. 공자는 소악에 대해서 극찬했다.

> 공자께서 소악에 대해 일렀다.
> "더할 나위 없이 아름답고, 또 더할 나위 없이 착하다."
> 무악武樂에 대해 일렀다.

"더할 나위 없이 아름답지만 더할 나위 없이 착하지는 않다."(『논어』「팔일」)

"더할 나위 없이 아름답고, 또 더할 나위 없이 착하다"라는 뜻의 사자성어가 "진선진미盡善盡美"다. 소악은 은나라 순임금의 음악이고 무악은 주나라 무왕의 음악이다. 순임금의 소악은 지극히 아름답고(盡美: 진미) 지극히 착하지만(盡善: 진선), 무왕의 무악은 지극히 아름답지만(盡美: 진미) 지극히 착하지는 못하다(未盡善: 미진선)는 것이다.

공자는 왕위를 아들에게 물려주지 않고 천하의 어진 이에게 물려주는 선양禪讓을 가장 착한 행위로 보았다. 요는 순에게 왕위를 물려주었고, 순 또한 우에게 왕위를 물려주었으니 지극히 착하다는 것이다.

그러나 주나라 무武는 자신이 임금으로 섬겼던 주왕을 죽이고 왕위를 빼앗았으니 착하지는 못하다는 뜻이다. 그래서 공자는 요순堯舜시대를 최고의 시대로 꼽았다. 음악으로 쳐도 은이 주보다 낫다는 것이다. 공자는 주를 좇았던 자신의 행보를 되돌아보면서 자신의 정체성을 고민했다.

게다가 공자가 장수하면서 제자들이 먼저 세상을 떠나는 경우가 많았다. 『사기』「공자세가」는 "자로가 죽고 공자가 병이 들었다"고 전해서 자로의 죽음에 큰 충격을 받았음을 시사하고 있다. 한 해 전에는 공자가 극찬했던 제자로서 안빈낙도安貧樂道의 주인 안회顔回가 죽었고 이듬해 자로마저 죽었다. 아들 공리도 이미 저세상 사람이었다. 연하의 제자들과 아들이 먼저 세상을 떠난 것 또한 공자에게 인생에 대

한 자극을 주었을 것이다. 자공子
貢은 아직 살아 있었는데 사마천은
「공자세가」에서 공자가 만년에 지
팡이를 짚고 문 앞을 거닐다가 자
공이 나타나자 "너는 왜 이렇게 늦
게 왔느냐?"고 책망하면서 노래를
불렀다고 전한다.

자공

　　태산이 무너졌는가?
　　대들보 기둥이 꺾였는가?
　　철인哲人이 무너졌는가?"

　사마천은 공자가 눈물을 흘리며 이렇게 말했다고 전해 준다.
　"천하에 도가 없어진 지 오래되었구나. 아무도 나를 존숭하지 않는
구나."
　공자는 아무도 자신을 존숭하지 않는다고 말했다. 그 이유가 천하
에 도가 없어졌기 때문이라는 것이다. 사마천은 공자가 자공에게 한
말을 유언으로 기록하고 있다.

　　하나라 사람은 동쪽 계단에 빈소를 차렸고, 주나라 사람은 서
　　쪽 계단에 빈소를 차렸고, 은나라 사람은 양쪽 기둥 사이에 빈
　　소를 차렸다. 지난밤에 나는 꿈에서 양쪽의 기둥 사이에 앉아

제사를 받았다. 나는 은나라 사람에서 비롯되었다. (『사기』「공자
세가」)

공자는 주가 하와 은의 문물을 계승했다면서 "찬란하도다 그 문화
여! 나는 주나라를 따르겠노라"라고 했지만 죽음에 임해서는 "나는
은나라 사람에서 비롯되었다(予始殷人也: 여시은인야)"라고 토로했다.
'나는 은나라 사람의 후예'라는 말이다. 「공자세가」는 그 7일 후인 노
애공哀公 16년(서기 전 479) 4월 기축일에 공자가 세상을 떠났다고 전하
고 있다. 향년 일흔셋! 당시로서는 드문 장수였지만 평생을 무언가를
이루려고 했던 사람으로서는 쓸쓸한 최후였다.

공자는 주나라를 높이면서 중원 각지를 돌아다녔지만 고국에 돌아
와서는 "나는 은나라 사람의 후예다"라는 사실을 자각했다. 은은 동이
족 국가니 결국 자신은 동이족의 후예라는 말이었다. 공자는 동이족
국가에서 살고 싶다고 한 적도 있었다.

공자께서 구이九夷에 가서 살려고 하자 혹자가 물었다.
"그곳은 누추한데 어떻게 사시렵니까?"
공자가 답했다.
"군자가 거처한다면 무슨 누추함이 있겠는가." (『논어』「자한子罕」)

중국 후한의 역사를 기록한 정사가 『후한서』인데, 그중 「동이열전」
이 있다. 『후한서』「동이열전」은 동이족 나라들인 '부여, 읍루, 고구려,

동옥저, 예, 삼한, 왜'의 일곱 나라에 대해서 기록하고 있다. 이 나라들은 중원의 한족들과 다른 동이속 국가들이라는 뜻이다. 『후한서』 「동이열전」 서문은 이렇게 말하고 있다.

> 동방을 이夷라고 하는데 이夷는 근본이라는 뜻이다. 이는 어질어서 생명을 좋아하므로 만물이 땅을 근본으로 삼아서 생겨나는 것과 같다. 이는 천성이 유순해서 도로써 제어하기 쉽기 때문에 심지어 군자국君子國과 불사국不死國이 있었다.

『후한서』 「동이열전」은 "이에는 아홉 종류가 있다"면서 견이畎夷·백이白夷·양이陽夷 등 아홉 종류의 이를 나열한 다음 이렇게 말했다. "그러므로 공자도 구이에 살고 싶어 했다."

공자가 자신을 동이족의 후예라고 생각한 것은 『사기』, 『논어』를 비롯한 여러 전적에 나오는 '사실'이다. 후한 사람들이 부여, 고구려, 삼한 등을 「동이열전」에 서술한 것은 자신들과 다른 민족이라는 뜻이다. 한국인들은 지금도 동이족의 정체성을 가지고 있다. 그러나 공자가 동이족의 정체성을 가지고 있다는 말이 공자는 중국인이 아니라 한국인이라는 뜻은 아니다.

한국인들이 우려하는 것은 현재의 중화인민공화국이 국가 권력을 가지고 과거의 역사를 왜곡하는 것이다. 역사를 왜곡하는 이유는 영토에 대한 야욕이 있기 때문이다.

동이족을 가지고 말한다면 중국에서 한족 조상들의 유적을 찾기는 대단히 어렵다고 말할 수 있다. 현재 중국의 산동성은 물론이고 그 북쪽의 하북성, 내몽골과 그 남쪽의 하남성, 강소성 등지에는 동이족 선조들이 남긴 신석기 유적, 유물들이 광범위하게 분포되어 있다.

이들 지역의 중국인들 중 상당수는 동이족의 후예일 것이다. 그러나 현재 이 중국인들 중에서 자신들이 동이족의 후예라거나 선조가 동이족이라는 사실을 자각하고 있는 사람은 거의 없다. 반면 한국인들은 동이족의 후예라는 정체성을 갖고 있고, 역대 중원 왕조도 그렇게 인식했다.

대만인들은 오해할 필요가 없다. 공자가 동이족이라는 말은 공자 선조들이 동이족 은의 후예라는 말이다. 서로의 생각을 조금만 바꾸면 공자가 동이족이라는 사실은 한국인과 대만인은 물론 현재의 중국인과도 친연성을 강화하는 좋은 소재로 사용될 수 있다.

특히 중국은 동북 공정 따위의 국가 공정으로 북한 땅은 물론 남한 땅 일부까지 중국의 역사였다는 식의 역사 왜곡 대신 중원 땅 곳곳에 동이족의 유적, 유물이 있고, 공자 역시 동이족 후예라는 사실을 인정하고 이를 한국인들과 친연성을 강화하는 소재로 삼기를 바란다. 그러면 역사를 둘러싼 갈등 대신에 동질성을 느낄 것이다. 사실 앞에서 겸허해야 하는 것이 인류가 역사로부터 배운 가장 큰 교훈이다.

4장

진시황의 만리장성은
평양까지 내려왔는가

평양까지 만리장성이 내려왔다는 중국 국가박물관

중국의 수도 북경의 상징은 천안문이다. 천안문을 등지고 광장 오른쪽 천안문 광장 동쪽에 웅장한 중국 국가박물관이 있다. 총 건축 면적이 근 20만 평방미터에 달하는 거대한 공간에 140만여 건의 수장품을 가지고 있는데 2018년에는 861만 명이 방문한 세계 최대 박물관 중 하나다.

중국 국가박물관은 중국의 유구한 역사를 두 주제로 설명한다. '고대 중국'과 '부흥지로復興之路(부흥의 길)'가 그것이다. '고대 중국'은 석기시대인 '원고遠古 시기'부터 '하·상·주 시기', '춘추·전국 시기', '진秦·한漢 시기', '삼국·양진兩晉·남북조 시기', '수·당·오대五代 시기'를 거쳐 '요遼·송宋·하夏·금金·원元 시기'를 지나 '명·청 시기'까지 설명하고 있다. 국보급의 국가 일급 문물 421점을 비롯해서 수많은 유물로 장구

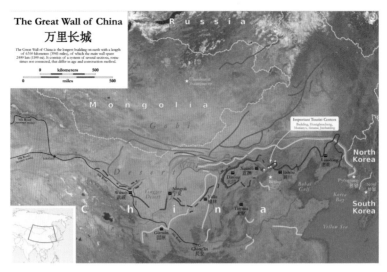

중국 위키피디아에 그려진 만리장성

한 시기를 전시하고 있다. 그다음 '부흥지로'는 한마디로 중국 공산당이 중국을 부흥시켰다는 주제의 유물들을 전시하고 있다.

각 전시실의 입구에는 여러 지도들이 게시되어 있는데 중원 최초의 통일 왕조를 담은 「진秦 시기 전도」는 진시황의 만리장성이 지금의 북한 평양까지 내려왔다고 그려 놓고 있다. 「한漢시기 전도」도 마찬가지로 한漢 만리장성을 평양까지 연결시켜 놨다. 진나라 때는 물론 한나라 때도 중국이 평양까지 만리장성을 쌓아 지배했다는 것이다. 중국 국가박물관의 지도는 중국 당국의 공식 견해이다.

그런데 중국인들이 쌓은 만리장성이 평양까지 내려왔다면 평양 지역에 그에 대한 전설 한두 개쯤은 남아 있을 것이다. 우리 선조들이 남긴 수많은 글 중에서 평양까지 내려온 장성에 대한 이야기가 적어도 두어 편은 있어야 할 텐데 그런 글은 없다.

국가 기록도 마찬가지다. 조선은 성종 12년(1481) 국가에서 편찬한 『동국여지승람東國輿地勝覽』을 편찬했고, 중종 25년(1530) 그 내용을 보강한 『신증동국여지승람新增東國輿地勝覽』을 편찬했다. 각 지역의 지리와 역사, 풍속 등을 자세하게 서술한 종합 역사 지리지인데 지역에 대한 방어 기능을 중시해서 지역 내의 군사들이 진주하는 진관鎭管에 대해서 자세히 서술했다. 특히 지역 내의 성에 대한 성곽과 외적이 침입할 때 봉화를 올리는 봉수에 대해서 자세하게 서술했다. 만약 평양에 만리장성 유적이 있었다면 이 성곽 부문에 수록되지 않았을 리가 없다.

『신증동국여지승람』「평안도 평양부」조의 성곽 부분은 내성內城과

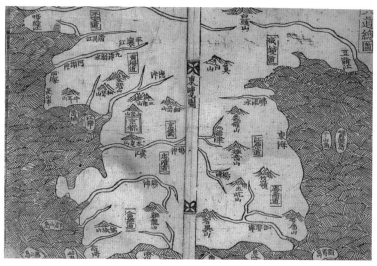

『신증동국여지승람』 중 「팔도총도八道總圖」

외성外城으로 나뉘어 있는데, 내성은 평양부의 평지에 쌓은 성이고, 외성은 평지성이 무너졌을 때 산에 들어가 저항하기 위해서 쌓은 산성이다. 평양까지 만리장성이 내려왔다면 이 외성에 조그마한 흔적이라도 남아 있을 텐데 그에 대해서는 일언반구도 없다. 또한 만리장성은 대부분 벽돌성인데 평양 내성은 모두 자연석을 다듬어 쌓은 석성과 흙을 판축해 쌓은 판축성이지 벽돌성이 아니다.

일본인 식민 사학자가 처음 주장한 만리장성 한반도설

모든 일에는 시작이 있다. 만리장성이 평양까지 내려왔다는 이야기의 시작은 어디일까? 우리 역사에서 들어보지 못한 이야기가 나오면 대부분 일본인 식민 사학자들의 작품이라고 보면 거의 맞는다. 만리장성이 평양까지 내려왔다는 이야기를 '한반도 북부설'이라고 할 수 있는데, 현재 중국이 국가 차원에서 주장하는 '한반도 북부설'의 원주 창자는 일본인 식민 사학자 이나바 이와키치稻葉岩吉(1876~1940)다. 이나바 이와키치는 1910년에 도쿄에서 발행하는 『사학잡지史學雜誌』에 「진장성 동단 및 왕험성고(秦長城東端及王險城考)」라는 논문을 발표했다. 진나라 만리장성의 동쪽 끝이 어디이며 위만조선의 수도 왕험성이 어디인가를 추적한 논문인데, 이 논문에서 진 만리장성의 동쪽 끝이 한반도 안으로 들어왔다고 처음 주장했다. 이나바는 평양까지가 아니라 평양 남쪽의 황해도 수안遂安까지 내려왔다고 주장했다.

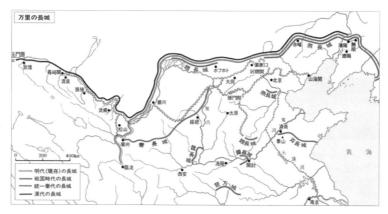

일본에서 만든 만리장성 지도

일제가 한국을 점령한 1910년에 이런 주장을 한 것에는 배경이 있다. 한국을 점령하기 전에 만든 '반도 사관'이 그것이다. 한국사의 강역은 북쪽으로는 몽골과 만주 대륙을 아울렀던 대륙의 역사이자 남쪽으로는 일본열도를 아울렀던 해양의 역사이다. 일제는 이 강역에서 대륙과 해양을 삭제해 '반도'로 가두고, 반도의 북쪽은 중국의 식민지였던 한사군이 있었고 남쪽은 일본의 식민지였던 임나일본부가 있었다고 주장했는데, 이것이 '반도 사관'의 핵심이다.

이 반도 사관의 틀을 제시한 곳은 '만주철도(만철)'라는 회사이다. 만철은 단순한 철도 회사가 아니었다. 제국주의 시절 도쿄제국대 출신의 가장 우수한 인재들은 일본 본토에서 근무하고, 그다음 인재들은 만주철도로 가고, 가장 하위급 인물들이 조선 총독부와 대만 총독부로 간다는 말이 있을 정도였다.

일본은 1906년 남만주철도를 발족시키고 고토 신페이後藤新平를 총재로 삼았다. 그 이듬해 만철 조사부라는 조직을 신설했는데, 이 조직이 도쿄대 사학과와 함께 각종 역사 왜곡을 주도했다. 만철 조사부는 만주에 철도를 놓기 위한 지리적 상황을 조사하는 조사 기관이 아니라 만주 전 지역의 정치, 경제, 문화까지 조사했다. 일제가 만철 조사부에 대해서 당시 '일본이 만들어 낸 최고의 싱크 탱크'라고 자부했을 정도로 만주 점령을 위한 지리는 물론 각종 이론과 정책을 만들어 낸 침략 조직이었다. 일본이 1909년 대한제국의 땅이었던 간도를 남만주 철도 부설권과 맞바꿔 버린 것은 만주를 포기했다는 의미가 아니라, 일단 남만주 철도 부설권을 획득해 만주 각지를 철저하게 조사한 다음 만주 전역을 점령하려는 의도였다. 그런데 만철 조사부에서 중점을 두고 연구한 분야가 역사였다. 문제는 만주 역사뿐만 아니라 고대부터 근대까지 한국사에 대해서도 조사했다는 점이다.

고토 신페이

이나바 이와키치는 1909년 만철 조사부에 들어가서 '만주, 조선의 역사 지리'를 연구한 후 이듬해 「진장성 동단 및 왕험성고」에서 만리장성의 동쪽 끝이 황해도 수안까지 내려왔다는 희한한 주장을 했다. 이나바는 그 전에 고등상업학교 부설의 외국어 학교에서 중국어를 공부하고 중국에 유학해 중국어를 익힌 후 1904년 러일

전쟁 때 일본 육군의 통역으로 근무한 자로 뼛속 깊이까지 군국주의 자였다. 이는 논문의 껍데기를 썼지만 논문이라기보다는 일본 제국주의의 정치 선전 중 하나였다.

요동 양평까지라는 연 장성

이 논문에서 이나바 이와키치는 전국시대 지금의 북경 일대에 있던 연燕나라가 쌓은 장성의 위치부터 설명한다. 사마천의 『사기』「흉노열전」에는 "연나라도 장성을 축조했다"는 구절이 있는데 이에 대해 나름대로 설명한 것이다. 『사기』「흉노열전」에는 연나라 장수 진개秦開가 동호東胡에 인질로 가 있었다고 말하고 있다. 동호에 대해서 단재 신채호는 고조선의 일부라고 말했다. 연은 지금의 북경 부근에 있던 나라인데 왜 동호에 진개를 인질로 보냈을까?

연이 남북 2개의 전쟁을 치르기에는 국력이 약했기 때문이다. 연은 동북쪽에 동호가 있었고, 남쪽에는 동이족 국가인 중산국과 조趙, 제齊 등의 나라들과 맞서고 있었다. 남쪽에서 이런 나라들과 싸우면서 북방의 동호와도 싸울 수 없었으므로 인질을 보내 동북쪽의 안정을 꾀한 것이다. 인질 진개는 동호의 신임을 얻기 위해 노력했고 동호는 진개를 신임하고 귀국시켜 주었다. 그러나 진개는 귀국하자마자 돌변했는데, 『사기』「흉노열전」은 이 상황에 대해 설명하고 있다.

그 후 연나라에 현명한 장수 진개가 있었는데 동호에 인질이 되었다가 동호의 신임을 얻어 귀국해서 동호를 습격해 격파해서 동호는 1000여 리를 물러났다. 형가荊軻와 함께 진왕秦王을 찔렀던 진무양秦舞陽은 진개의 손자다. 연나라 또한 장성을 쌓았는데, 조양造陽에서 양평襄平까지 이르렀다.

진개는 귀국하자마자 군사를 동원해 동호를 공격했고, 동호는 1000여 리를 퇴각했다. 연은 동호가 퇴각한 땅에 장성을 쌓았는데 서쪽 조양에서 동쪽 양평까지 쌓았다는 것이다.『사기』에서 말하는 조양과 양평이 어디인지 알면 연 장성의 서쪽과 동쪽을 알 수 있다. 조

진개 침략 이후의 연 장성

양에 대해서 3세기 때 학자 위소韋昭(204~273)는 '상곡上谷에 있다'고 말했는데, 현재 중국 역사학계는 상곡을 북경에서 서북쪽으로 보고 있다. 북경 북쪽의 만리장성의 관문 거용관居庸關이 있고, 황제 집단과 치우 집단이 싸웠다는 탁록涿鹿이 있는 곳이다. 동호를 내쫓고 조양(상곡)부터 장성을 쌓았다는 말은 그 전까지 상곡은 동호의 땅이었다는 말이다.

연 장성의 동쪽 끝인 양평은 어디일까? 『후한서』 주석은 양평에 대해서 요동군에 속해 있는데 옛 성이 평주平州 노룡현盧龍縣 서남쪽에 있다고 말하고 있다. 지금도 하북성의 북경 동남쪽에 노룡현이 있다. 곧 연 장성은 북경 서북쪽에서 북경 동남쪽까지 쌓은 것이 확실하니 한반도까지 들어올 수 없다. 그래서 이나바 이와키치는 이렇게 말했다.

『사기』「흉노열전」에 '양평에 이른다'는 문장에 기초해서 굳이 그 고지故址(옛 자취)를 구해서 이것에 장성이 일어나는 기점起點으로 두려고 하는 것은 또한 심하지 않겠는가?

『사기』「흉노열전」에서 말하는 연 장성은 북경 서북쪽 상곡(조양)에서 북경 동남쪽 노룡(양평)까지 쌓은 것으로 나오는데 연 장성의 동쪽 끝을 노룡(양평)으로 봐서는 안 된다고 말한다. 연 장성의 동쪽은 양평, 곧 하북성 노룡이라고 보지 말자 우기는 것이다.

패수가 대동강이라는 이나바 이와키치

이나바 이와키치는 연 장성의 동쪽 끝이 요동 양평이라는 『사기』 「흉노열전」의 기록을 아무런 근거 없이 부정했다. 이런 경우 식민 사학자들은 특유의 '해석'으로 원사료를 왜곡하는 것이 일제 때 이래의 습성이다. 『사기』 「흉노열전」을 가지고 장성이 한반도까지 내려왔다고 조작하는 게 힘들어지자 이나바 이와키치는 『사기』 「조선열전」을 가지고 연 장성이 한반도 북부까지 내려왔다고 '조작'하기로 마음먹었다. 『사기』 「조선열전」은 이렇게 말하고 있다.

> 위만衛滿은 원래 연나라 사람이다. (…) 한漢나라가 일어난 후 그 곳이 멀고 지키기 어렵다고 해서 다시 요동의 옛 요새를 수복하고 패수浿水에 이르는 곳을 경계로 삼아서 연에 소속시켰다.

위만은 연나라 출신으로 기자조선의 준왕에게서 왕위를 빼앗은 인물이다. 『사기』 「조선열전」은 유방의 한漢이 일어난 후 고조선과 연의 국경선을 패수라고 말하고 있다. 이때의 연은 진개의 나라 연이 아니라 한이 중원을 통일한 후 유방의 친구 노관盧綰을 왕으로 봉했던 제후국 연을 뜻한다.

항우項羽를 꺾고 중원을 통일한 유방은 각 지방을 제후국으로 삼아 중원 통일에 공을 세운 공신들을 제후 왕으로 봉해 주었다. 유방이 봉해 준 제후 왕은 두 종류였다. 하나는 자신과 성이 같은 동성同姓 제후

이고 다른 하나는 성이 다른 이성
異姓 제후였다. 유방은 고향 친구
였던 노관을 연왕으로 봉해 다스
리게 했다. 그런데 노관이 다스렸
던 한의 제후국 연과 고조선의 국
경이 패수였다는 것이다.

한 고조 유방

패수가 어느 강인지를 알면 고
조선과 한의 국경선이 어디인지
알 수 있다. 이나바 이와키치는
"패수란 지금의 대동강을 가리킨

다"고 말했다. 2000여 년 전의 기록인『사기』「조선열전」에 나오는 패
수를 지금의 대동강이라고 주장하려면 근거를 제시해야 한다. 그러나
근거는 제시하지 못했다. 그런 사료가 없기 때문이다.

중국 25사 중에서 대동강이라는 강 이름은 한보다 1500여 년 후의
나라인 명(1368~1644)의 정사『명사明史』에 처음 나온다.『명사』「조
선열전」과 「이성량李成梁·이여송李如松 부자열전」에 처음 등장한다. 이
여송은 임진왜란(1592~1597) 때 명나라 군사를 이끌고 조선에 왔던
조선 출신 명나라 장수로서 모두 임진왜란과 관련해서 대동강이 나오
는 것이다.

그런데 이나바는 "지금의 대동강은 패수라는 것이『한서』「지리지」
에 이르러 바로잡혔다"고 주장했다.『한서』「지리지」에 패수가 대동강
이란 말이 나온다는 뜻이지만『한서』「지리지」에는 대동강의 '대大' 자

도 나오지 않는다. 이나바 이와키치는 "패수가 고래古來(옛날부터) 유일하게 대동강을 가리킨다는 사실은 논쟁의 여지가 없다"고 말했다. 패수가 대동강이라는 사실은 옛날부터 논쟁의 여지가 없었다는 것이다. 새빨간 거짓말이라는 말은 이럴 때 쓰는 것이다.

패수가 어디인가를 두고 옛날부터 수많은 논쟁이 있었다. 패수에 대해서는 1~2세기 후한 때 인물인 허신이 편찬한『설문해자』에 나온다. 허신은 "(패수는) 강 이름인데, 낙랑군 누방현鏤方縣에서 나와서 동쪽으로 바다로 들어간다"고 말했다. 패수는 낙랑군 누방현에서 나와서 동쪽으로 흘러서 바다로 들어간다는 것이다. 대동강은 서쪽으로 흘러서 바다로 들어가지 동쪽으로 흘러서 들어가지 않는다. 대동강이고, 청천강이고, 압록강이고, 한반도 북부의 강들은 모두 서쪽으로 흘러서 바다로 들어가지 동쪽으로 흘러서 들어가지 않는다. 중국 삼국시대 정사正史인『삼국지』에도 위만이 망명하는 내용이 나오는데, "동쪽으로 패수를 건넜다〔東度浿水: 동도패수〕"라고 설명하고 있다. 동쪽으로 강을 건너려면 북쪽에서 남쪽으로, 곧 세로로 흐르는 강이어야 한다. 동쪽에서 서쪽으로, 곧 가로로 흐르는 한반도 북부의 강들은 남쪽으로 가야 건널 수 있지 동쪽으로 건널 수 없다.『사기』·

허신이 지은『설문해자』

『삼국지』등 중국 고대 사료에 나오는 패수가 지금의 대동강일 가능성은 전혀 없다.

이나바 이와키치는 고조선과 한의 국경이었던 패수가 대동강이라는 논리로 만리장성이 한반도 북부까지 내려왔다고 주장했다. 패수가 지금의 대동강일 가능성은 1퍼센트도 없으므로 이를 근거로 만리장성이 한반도 북부까지 내려왔다는 이나바 이와키치의 주장은 전혀 사실이 아니다.

만리장성은 고조선과 흉노를 막기 위해 쌓은 성

연 장수 진개에 대한 내용은 중국의 정사를 뜻하는 25사史 중에 딱 두 번 나온다. 한 번은 앞서 말한 것처럼『사기』「흉노열전」에 동호에 인질로 갔다가 귀국 후 공격한 연 장수로 나온다. 다른 한 번은『삼국지三國志』「동이열전」삼한三韓조에 나온다. 우리가『삼국지』라고 부르면서 읽는 것은 명나라 나관중羅貫中이 14세기 말에 쓴 소설『삼국지』로서 중국에서는『삼국지연의』라고 부른다. 연의演義는 역사소설이라는 뜻이다. 나관중보다 1000여 년 전의 학자 진수(233~297)가 쓴 것이 정사『삼국지』이다. 이 정사『삼국지』에는『위략』이라는 책을 인용해서 진시황이 쌓은 만리장성에 대해서 이렇게 설명하고 있다.

옛날 기자의 후예인 조선후朝鮮侯는 주나라가 쇠약해지자 연나라가 스스로 높여서 왕이라고 칭하면서 동쪽(조선)을 침략하려는 것을 보고, 조선후도 역시 스스로 왕이라고 칭하고 주나라를 높인다면서 군사를 일으켜 연燕을 거꾸로 공격하려고 하였다. (기자조선의) 대부 예禮가 간쟁하니 그만두고, 예를 서쪽 연으로 보내 설득하자 연도 그만두고 공격하지 않았다. 후에 (기자조선의) 자손들이 점점 교만해지고 포악해져서 연은 장수 진개를 보내 (기자조선의) 서쪽 땅을 공격해 그 땅 2000여 리를 차지하고, 만번한滿番汗을 경계로 삼았는데 이후로 조선은 점차 약해졌다. 진秦이 천하를 차지하자 장군 몽염蒙恬을 시켜서 (만리)장성을 쌓았는데, 요동까지 이르렀다. (『삼국지』 「삼한」)

앞의 『사기』는 연 장수 진개가 동호와 싸워서 1000리 땅을 차지했다고 썼는데, 『삼국지』는 진개가 기자조선과 싸워서 2000리 땅을 차지했다고 썼다. 『사기』는 진개가 동호의 땅을 빼앗아 쌓은 장성의 동쪽 끝을 요동군 소속의 '양평'이라고 말했다. 『삼국지』는 진개가 기자조선의 땅 2000여 리를 빼앗고 '만번한'을 경계로 삼았다고 말했는데, 만번한도 요동군에 있던 지명이다. 『한서漢書』 「지리지」에는 요동군 산하에 18개 현縣이 있다고 설명하고 있는데 그중 번한현番汗縣이 있다. 곧 『사기』에는 진개가 동호 땅을 빼앗았다고 나오고, 『삼국지』에는 고조선의 땅을 빼앗았다고 나오지만 모두 같은 사건을 기록한 것이다. 『사기』는 진개가 공격한 나라를 '동호'라고 기록했지만 『삼국지』는 '조선'으로 기록했다는 뜻이다. 그래서 단재 신채호는 『조선상고사』에서 고조선을 신조선, 불조선, 말조선으로 나누고,『사기』「흉노열전」에서 말하는 동호는 곧 신조선이고, 위만조선은 불조선이라고 말했다.

이는 연과 진이 장성을 쌓은 이유를 잘 말해 주고 있다. 곧 고조선과 흉노를 막기 위해 쌓은 것이다. 중국 사서에서 1000리, 2000리 등 1000리 단위로 끊은 지리 서술은 정확한 리수里數가 아니라 관념적인 리수 표기로서 모두 같은 사건을 설명한 것이다.

『삼국지』「삼한열전」은 "진이 천하를 차지하자 장군 몽염을 시켜서 (만리)장성을 쌓았는데, 요동까지 이르렀다"고 말했다. 진나라 만리장성을 쌓은 장수가 몽염인데, 그 동쪽 끝이 요동이라는 것이다. 진나라 만리장성은 몽염이 새로 쌓은 것이 아니라 그 전부터 있던 연 장성을 비롯한 여러 장성들을 하나로 연결한 것이다. 그 동쪽 끝이 한반도 평양이나 수안이 아니라 요동이라는 것이다. 고대 요동은 지금의 하북성 일대를 뜻한다.

『사기』「몽염열전」에는 진시황이 재위 26년(서기전 221) "장성을 쌓았는데 지형에 따라 험난한 곳을 이용해서 성채를 쌓았고 임조에서 시작해서 요동까지 이르렀는데 길이가 1만 리였다"라고 말하고 있다. 여기에서 '만리장성'이라는 말이 처음 나왔는데 역시 한반도 북부가 아니라 요동까지 이르렀다고 말했다.

진시황이 장군 몽염을 시켜서 기존의 여러 장성들을 연결하고 일부는 새로 쌓은 장성이 곧 만리장성이다. 진시황이 장성을 쌓은 이유는 북방 기마민족을 막기 위한 것이었다.『사기』「진시황본기」는 진시황이 통일 후인 재위 32년(서기전 215)에 "장군 몽염을 시켜 30만 명의 군사를 징발해 북쪽으로 호胡를 공격하게 하고 하남河南 지역을 공략 해서 빼앗았다"라고 말하고 있다. 진시황은 북방의 동호와 동북방의 고조선을 막기 위해 장성을 쌓은 것인데 모두 고대 요동까지 쌓았다 고 말한다. 한반도 평양까지 왔다는 중국 국가박물관의 지도는 헛소 리라는 뜻이다.

한국 역사학계는 무엇이라고 말하나

그런데 문제는 한국 역사학계이다. 중국이 역사를 왜곡하면 한국 역사학계가 나서서 아니라고 반박해야 하는데 아직도 일제 식민 사학 을 추종하는 한국 역사학계는 도리어 중국 편을 든다. 이 문제도 마찬 가지다.

만리장성의 동쪽 끝이 어디인지를 알려주는 중요한 사료는 서진西 晉(266~316) 때 만든 『태강지리지太康地理志』라는 역사 지리서다. 조조 와 유비, 손권이 싸우던 삼국시대의 최후 승자는 이들 세 나라가 아니 라 사마의司馬懿 집안에서 세운 진晉이었다. 사마의의 손자 사마염司 馬炎(236~290)은 조조가 세운 위魏로부터 선양을 받아 흡수하고 서기 280년 오吳를 멸망시키고 중원을 통일했다. 사마염은 이를 기념해서 연호를 크게 편안하다는 뜻의 '태강太康'으로 바꾸고 중원 전역을 포괄 하는 『태강지리지』를 편찬했다. 『태강지리지』 자체는 현재 전해지지

삼국을 통일한 진무제 사마염

않지만 그 내용들은 『사기』・『삼국지』 등의 여러 정사에 주석으로 인용되어 있다. 특히 『사기』는 세 대가의 주석을 삼가주석三家注釋이라고 하는데 그중 하나가 당唐의 사마정이 주석을 달은 『색은索隱』이다. 『사기』 「하본기」의 『색은주석』에 이런 내용이 나온다.

> 『태강지리지』는 "낙랑군 수성현遂城縣에는 갈석산碣石山이 있는데 (만리)장성의 기점이다"라고 말했다.

이 짧막한 기사에는 중요한 내용이 3개 나온다.

① 낙랑군에는 수성현이 있다.

② 낙랑군 수성현에 갈석산이 있다.

③ 낙랑군 수성현이 만리장성의 기점, 곧 동쪽 끝이다.

낙랑군에 수성현이라는 현이 있는데, 그곳에 갈석산이 있고 만리장성의 기점, 곧 동쪽 끝이라는 말이다. 진晉의 정사인『진서晉書』「지리지」에도 "낙랑군 수성현이 진秦이 쌓은 장성이 일어나는 곳이다"라고 설명하고 있다. 낙랑군 수성현과 갈석산이 어디인지를 찾으면 만리장성의 동쪽 끝이 된다.

낙랑군 수성현에 대해서 이나바 이와키치는 조선의 황해도 수안이라고 주장했다. 이나바는 "패수가 옛날부터 유일하게 대동강을 가리킨다는 사실은 논쟁의 여지가 없다"고 말했다. 물론 거짓말이다. 패수는 대동강이 아니다. 거짓말은 또 다른 거짓말을 낳은 것처럼 이나바는 '진秦 장성이 패수(대동강) 이남에서 일어난다'고 다시 거짓말했다. 그러면서 이나바는 만리장성이 시작되는 낙랑군 수성현을 황해도 수안이라고 주장했다.

'(낙랑군) 수성현이 곧 지금의 (황해도) 수안이라는 것'은『고려사』지리지에, "수안은 본래 고구려 장새현이다. 혹은 고소어라고 한다"라고 한 데서 보인다. (황해도 수안에는) 서남에 자비령이 있고, 동북에 요동산遼東山이 있는데, 그중에서도 특히 자비령은 경성 의주 간의 가장 험준한 길이라고 일컬어진다.

이나바는 낙랑군 수성현이 황해도 수안이라는 증거로『고려사』「지리지」에 '수안은 본래 고구려 상새현이다. 혹은 고소어라고 한다'는 구절이 있다는 것을 들었다. 그러나 이는 아무런 상관이 없는 내용에 불과하다. 이나바는 또 수안 서남쪽에 자비령이 있는 것이 과거에 낙랑군 수성현이었다는 근거로 들었다. 이나바는 "자비령은 평양에서 서울로 통하는 옛길이며, 세조 때 호랑이의 피해가 많았고, 또 중국 사신이 대개 극성로로 통행했으므로 그 길은 드디어 폐지되었다"고 말했다. 자비령이 평양에서 서울로 통하는 옛길이라는 사실이나 세조 때 호랑이의 피해가 많았다는 사실 등이 낙랑군 수성현이 황해도 수안군이라는 사실과 무슨 상관이 있는가? 이중환李重煥은『택리지擇里志』에서 자비령 근처의 절령을 내려가면 평평한 평야가 되는데 이를 극성의 들이라고 한다고 말했다. 여기에 난 길이 중국 사신이 다녔다는 극성로인데 중국 사신이 극성로로 다닌 것과 낙랑군 수성현이 황해도 수안군이라는 것과 무슨 상관이 있는가? 아무런 상관도 없는 내용들을 잔뜩 나열한 후 엉뚱한 결론으로 끝을 맺는 것이 예나 지금이나 식민 사학자들이 주로 사용하는 수법이다. 이나바는 보통 사람들은 무슨 뜻인지 알기도 어려운 하우河盂, 약연지상藥研之狀 등의 용어를 잔뜩 남발한 후 이렇게 말했다.

진 장성의 동단은 지금의 조선 황해도 수안의 강역에서 일어나서 대동강 상류에서 나와서 청천강을 끊고, 서북으로 달려, 압록강 및 동가강佟家江 상류를 돌아서 개원開原 동북 지역으로 나온다는 사실은『한서』「지리지」에 의하여 의심할 바 없다.

이나바는 진나라 만리장성이 황해도 수안에서 시작해서 대동강 상류 및 압록강과 동가강 상류를 거쳐서 만주의 개원까지 연결된다고 주장했다. 그는『한서』「지리지」에 그런 내용이 나온다면서 "의심할 바 없다"고 말했다. 식민 사학자들이 "의심할 바 없다"고 썼다면 "거짓말이구나"라고 해석하면 정확하다. 이나바는 이런 내용들이『한서』「지리지」에 나온다고 말했지만『한서』「지리지」에는 '황해도 수안'은 물론 대동강, 청천강, 압록강도 나오지 않는다. 모두 거짓말이다.

그러나 이나바의 이 논리는 현재 한국 역사학계의 통설로 행세하고 있다. 이나바 이와키치의 '낙랑군 수성현 = 황해도 수안군' 설을 남한 강단 사학의 태두 이병도가 그대로 추종했기 때문이다. 이병도는 자신의 저서에서 이렇게 말했다.

(낙랑군) 수성현 (…) 자세하지 아니하나, 지금 황해도 북단에 있는 수안에 비정하고 싶다. 수안에는 승람 산천조에 요동산이란 산명이 보이고, 관방조關防條에 후대 소축所築의 성이지만 방원진防垣鎭의 동서행성의 석성(돌로 쌓은 성)이 있고, 또『진지晉志』(『진서』「지리지」)의 이 수성현조에는 ― 맹랑한 설이지만 ―「진대장성지소기秦代長城之所起(진나라 만리장성이 일어나는 곳)」라는 기재도 있다. 이 진장성설은 터무니없는 말이지만 아마 당시에도 요동산이란 명칭과 어떠한 장성지長城址가 있어서 그러한

부회가 생긴 것이 아닌가 생각된다. 그릇된 기사에도 어떠한 꼬투리가 있는 까닭이다. (이병도, 「낙랑군고樂浪郡考」)

필자는 『한국사, 그들이 숨긴 진실』(역사의 아침, 2007)에서 이병도의 논리를 자세하게 비판했으므로 여기에서는 자세한 설명은 생략할 것이다. 다만 이병도의 논리는 이나바의 논리를 표절한 것에 불과하다는 사실만 덧붙인다. 이나바나 이병도가 낙랑군 수성현을 황해도 수안으로 보는 유일한 근거는 '수遂' 자 한 자가 같다는 것뿐이다. 그러나 수안遂安이라는 지명은 고려 초에 생겼으니 '수遂' 자가 같다는 것을 근거로 그 1000년 전인 서기전 108년에 설치된 낙랑군 수성현을 고려 때의 황해도 수안으로 볼 수는 없다.

그런데 이나바의 거짓말을 표절한 이병도의 논리는 지금도 한국 역사학자들이 무조건 추종하는 통설이 되었다. 최근 한국 역사학자 80여 명이 국고 47억 원을 받아 제작한 『동북아역사지도』는 식민 사학을 추종했다는 비판 끝에 폐기되었다. 이들은 낙랑군 수성현을 지금의 황해도 수안이라고 썼는데, 국회 동북아 역사 왜곡 특위에서 그 근거를 묻자 이렇게 써서 제출했다.

주제	국가	시기	지점	논자	출전	전거
낙랑군 수성현	전한 (前漢)	B.C. 108년~ 313년	황해도 수안군	이병도	1976, 『한국고대사연구』, 박영사, 148쪽.	

『동북아역사지도』 제작진이 국회 동북아 역사 왜곡 특위에 제출한 자료 중 낙랑군 수성현 부분

한국 역사학자 80여 명이 모여서 낙랑군 수성현이 황해도 수안이라는 자료를 국회에 제출했는데, 그 근거가 앞에서 든 이병도의 "자세하지 아니하나, 지금 황해도 북단에 있는 수안에 비정하고 싶다"는 내용이었다. 이것이 아직도 일제 식민 사학을 무조건 추종하는 현재 한국 역사학계의 적나라한 수준이다.

일본 제국주의 역사학을 추종하는 중국 역사학계

현재 중국 공산당 정권은 자신들이 집권한 정당성을 항일 전쟁에서 찾는다. 1937년부터 시작된 중일전쟁을 중국에서는 항일 전쟁이라고 부른다. 중국의 공식 견해를 담은 『백도백과』는 항일 전쟁에 대해서 "중국 인민의 항일 전쟁은 중화민족 역사상 가장 위대한 조국 보위 전쟁이며, 중국 인민이 일본 제국주의의 침략에 맞선 정의의 전쟁이며, 세계 반파시스트 전쟁의 중요한 구성 부분"이라고 극찬하고 있다.

그런데 현재 중국 공산당은 동양 파시스트 본국인 일본 제국주의의 역사 침략 논리를 동북 공정의 주요한 근거로 삼고 있다. 중국의 공식 역사 지도집인 『중국역사지도집』은 낙랑군 수성현을 평양이라고 그리고 있다. 중국 역사지리학의 대가라는 담기양譚其驤(1911~1992)이 주도해서 그린 것이다. 『중국역사지도집』을 만든 담기양과 중국 역사지리학자들은 자신들이 왜 그렇게 그렸는지를 글로 설명한 책을 펴냈다. 『석문회편釋文滙編』이 그것이다. 이들은 한나라

담기양(왼쪽 두 번째)과 중국 역사지리학자들

낙랑군 수성현의 위치에 대해서 "지금의 조선 평양시 서남쪽 강서江西에서 서쪽의 함종리咸從里까지다"라고 리里 단위 위치까지 구체적으로 적시하고 있다. 지금의 평양시 서남쪽 강서부터 서쪽 함종리까지가 2000년 전 낙랑군 수성현이 있던 지역이라는 것이다. 그러면서 이나비의 논리를 이렇게 비판하는 척했다.

> 일본인 이나바 이와키치가 편찬한 「진장성 동단 및 왕험성고」의 한 문장에는 "진 장성의 동쪽 끝이 지금의 평양 동남쪽 수안에서 시작한다"는 구절이 있다. 살펴보니 진나라 때 지금의 평양 지구는 기씨 조선箕氏朝鮮의 정치 중심이었으므로 진 장새障塞가 지금의 평양시 동남방에 이르러 수리해서 닿는 것은 불가능했다. 이나바의 설은 따를 수 없다. (『석문회편』)

이나바 이와키치가 진 장성의 동쪽 끝을 한반도 북부로 본 것은 맞지만 그 위치가 황해도 수안이라는 것에는 동의하지 않는다는 것이다. 그 논리가 진나라 때 평양은 기자조선의 정치 중심이었다는 것이다.

평양에는 기자조선의 도읍이 있었으므로 그 남쪽까지 만리장성이 내려올 수는 없다는 것이다. 그래서 평양까지 왔다는 것이다.

식민 사학에 빠지면 일본인(이나바 이와키치), 한국인(이병도), 중국인 (담기양)을 막론하고 정상 사고에서 벗어나게 된다. 이병도는 원래 식민 사학을 추종하니까 그렇다고 치더라도 중국 역사지리학의 대가라는 담기양이 이런 논리를 펴는 것이 어떻게 보면 이해가 가지 않을 정도다. 그런데 담기양에게 이런 논리를 제공한 인물이 있다. 중국인 왕국량王國良인데, 1931년 편찬한 『중국장성연혁고中國長城沿革攷』에서 진 장성의 동쪽 끝을 평양이라고 주장한 인물이다. 이들의 주요 논리는 모두 평양에 기자조선이 있었다는 것이다.

그러나 기자는 평양에 온 적이 없다. 서기전 12세기경의 인물인 기자가 평양에 왔다는 주장은 서기 12세기경 고려의 사대주의 유학자들이 만들어 낸 창작이다. 『고려사』「예지禮志」에 따르면 고려 숙종肅宗 7년(1102) 10월 예부禮部에서 이렇게 보고했다.

"우리나라가 교화되고 예의가 있은 것은 기자로부터 비롯되었는데도 사전祀典(제사 지내는 예전禮典)에 등재되지 못했습니다. 그 무덤을 찾아서 사당을 세워 제사를 지내기를 구합니다."

우리나라가 교화된 것은 기자가 온 것에서 비롯되었는데 그때, 즉 1102년까지 기자를 제사 지내지 않았다는 것이다. 다시 말해 1102년

평양에 있는 기자릉

까지 고려에는 기자의 무덤이나 사당이 없었다는 뜻이다. 그래서 기자의 무덤을 찾고 사당을 세워서 제사 지내자고 주청한 것이다. 숙종은 "그렇게 하라"고 허락했지만 평양에 온 적이 없는 기자의 무덤을 찾을 수가 없었다. 그래서 220여 년 후인 충숙왕 12년(1325) 10월에 평양에 기자의 사당을 세웠다. 사대주의 유학자들이 점점 득세하면서 가짜 무덤을 만들고 사당을 세웠던 것이다. 서기전 12세기경의 인물인 기자는 사후 2500여 년 후에 평양에 데뷔했던 것이다.

그런데 사마천의 『사기』 「송미자세가宋微子世家」의 주석 『집해集解』에 "두예杜預(?~285)가 '양국梁國 몽현蒙縣에 기자총箕子塚이 있다'고 말했다"는 기록이 있다. 서기 3세기 때의 두예는 기자의 무덤이 몽현에 있다고 말하는데, 이곳은 현재 하남성 상구시商丘市 양원구梁園區 몽현

하남성 상구시에 있는 기자묘

고성 자리이다. 하남성 상구시에 있는 기자의 무덤을 평양에서 찾다
가 찾지 못하자 14세기에 가짜 무덤을 세웠는데 이것을 근거로 평양
을 기자조선이 있던 곳이라고 우기는 것이 현재 중국 역사학계와 역
사지리학계의 한심한 수준이다. 그리고 이를 추종하는 것이 한국 역
사학계의 더 한심한 수준이다.

북한은 1950년대 평양 기자릉을 대대적으로 발굴했는데 기자와 관
련한 아무런 유물이 나오지 않았다. 그래서 중국 총리 주은래周恩來는
1963년 6월 28일 중국을 방문한 조선과학원 대표단에게 중국의 쇼비
니즘(사문주의沙文主義. 배타적 애국주의) 역사학자들이 "조선족을 기자의
후예라고 조작하고, 평양에서 유적을 찾아 증명하려는 시도를 했다"
고 비판했다.

그럼에도 불구하고 현재의 중화인민공화국은 국가박물관을 비롯한 중국 전역의 수많은 박물관에 진·한의 만리장성이 평양까지 내려왔다고 그려 놓고 있다. 항일 전쟁을 정권의 정당성으로 삼는 중국이 그 항일 전쟁의 적국이었던 일본 제국주의를 추종하는 것이니 스스로의 정당성을 부인하는 것이다.

진 만리장성의 동쪽 끝은 어디인가

그러면 진 만리장성의 진짜 동쪽 끝은 어디일까?『사기』나『삼국지』등의 중국 고대 사료들은 진의 만리장성 동쪽 끝을 요동이라고 말했다. 현재『브리태니커백과사전』등은 고대의 요동을 지금의 요동과 같은 곳으로 보고 진 장성이 압록강까지 온 것으로 그려 놓고 있다. 현재 요령성을 흐르는 요하遼河를 기준으로 그 동쪽을 요동, 서쪽을 요서라고 한다. 그러나 고대 요동과 현재의 요동은 다르다. 고대의 요동은 지금의 하북성 일대였다.

서초패왕西楚霸王 항우는 중원의 패권을 장악한 후 자신을 따르던 장군들을 각지의 제후로 임명하는데『사기』「항우본기」는 이렇게 말하고 있다.

(서기전 207년) 연왕燕王 한광韓廣을 옮겨 요동왕遼東王으로 삼았다. 연나라의 장군 장도臧荼는 초楚나라를 따라 조趙나라를 구

「브리태니커백과사전」에 그려진 만리장성

원했고 또 따라서 관중으로 들어갔다. 그래서 장도를 세워 연
왕으로 삼고 계薊에 도읍하게 했다.

항우가 연왕 한광을 요동왕으로 옮겼다는 것이다. 이때의 요동국
수도가 무종無終이란 곳이다. 현재 천진시天津市 북부에 계현薊縣이 있
고, 그 남쪽에 옥전현玉田縣이 있는데 이 지역이 요동국 무종 자리이
다. 진나라 때 요동국이 천진시 계현과 옥전현 등지라는 사실은 고대
요동은 현재의 하북성 지역임을 말해 주는 것이다.

중국의 모든 사료는 연·진·한 장성의 동쪽 끝을 고대 요동이라고 말하고 있다. 특히 진시황이 쌓은 만리장성의 동쪽 끝도 요동이라고 말하고 있다. 중국의 고대 강에 대해서 쓴 『수경水經』이라는 책이 있다. 그중에 하수河水(황하)에 대해서 설명하고 있는 「하수주河水注」에는 "진시황이 태자 부소扶蘇와 몽염에게 장성을 쌓게 했는데 임조臨洮에서 시작해서 갈석까지 이르렀다"고 기록하고 있다. 진 만리장성의 서쪽 끝은 임조고, 동쪽 끝은 갈석산이라는 것이다. 임조는 현재 감숙성 정서시定西市 민현岷縣을 뜻한다. 갈석산은 현재의 하북성 창려昌黎 북부에 있다.

만리장성이 가장 동쪽까지 온 때는 명나라 때이다. 현재 하북성 진황도시秦皇島市 산해관山海關이 그곳이다. 산해관은 명나라 개국공신 서달徐達이 홍무洪武 14년(1381)에 쌓은 것이다. 연산燕山산맥과 발해渤海 사이에 있으므로 연산燕山에서 '산山' 자와 발해渤海에서 '해海' 자를 따서 산해관山海關으로 이름 지은 것이다. 연산산맥 남쪽에 갈석산이 있는데 이 산맥이 고조선 시대부터 중국과 경계였고, 패수도 이 근처에 있었다.

그 전까지 연은 물론 진·한 어느 왕조도 산해관까지 오지 못했다. 명·청 시대 산해관은 영평부永平府에서 관할했는데 영평부는 지금의 하북성 노룡현의 옛 지명이다. 이곳이 만리장성의 실제 동쪽 끝이다.

중국 역사학계나 중국 당국이 이런 사실을 모를 리는 없다. 과거 모택동 주석이나 주은래 총리가 김일성 북한 주석에게 만주는 과거 한민족의 강역이었다는 사실을 인정했기 때문이다. 그런데 현재 중국 역사학계는 일제 식민 사학의 이론을 그대로 차용해 역사를 조작한다. 그 가장 큰 책임은 아직도 일제 식민 사학을 추종하는 한국 역사 학계에게 있지만 그 자체가 중국의 면죄부가 되는 것은 아니다.

현재 중국공산당은 1937년부터 일본과 중일전쟁에 나선 것을 집권의 가장 큰 정당성의 논리로 삼는다. 과거부터 현재까지 중국에 답사가서 호텔의 TV를 켜면 하루도 빠짐없이 중국공산당이 일본군과 전쟁하는 드라마가 방영된다. 이때 중국국민당과 중국공산당이 일본군에 일치 항일一致抗日하기 위해서 국공합작을 단행하면서 중국공산당군은 팔로군과 신사군으로 개편되었다. 그러나 국공합작 기간에도 일본군과 결사 항전한 것은 국민당이었지 공산당이 아니었다. 공산당이 일본군과 크게 접전한 것은 1940년 8월부터 12월까지 팽덕회彭德懷가 이끄는 팔로군이 화북 지구에서 싸운 백단전투뿐이다. 모두 105개 연대, 즉 단團이 전투에 나서서 백단전투라고 불리는데 현재 중국에서는 이를 '백단대전百團大戰'이라고 크게 높인다. 그러나 이때를 제외하고 중국공산당군은 일본군과 큰 전투를 거의 치르지 않았다. 국민당이 일본군과 싸우면서 세력이 약화될 때를 기다리고 있었을 뿐이다. 그러나 어쨌든 현재 중국공산당은 일본과 싸운 중일전쟁을 집권의 정당성의 논리로 사용한다. 그러면서 일제 식민 사학을 차용해 역사 왜곡에 나서고 있는 것이니 중국 당국은 물론 역사학계도 크게 부끄러워해야 한다. 물론 가장 부끄러워해야 할 세력이 아직도 일제 식민 사학을 추종하는 한국 역사학계인 것은 굳이 강조할 필요도 없다.

5장

삼한 땅 4000리는 어디로 갔는가

삼한이 한반도 중남부에 있었다는 교과서들

다음의 지도는 기존의 한국사 교과서에 나오는 '여러 나라의 성장'을 설명한 것이다. 압록강 남쪽에서 경기도 북부까지는 중국 한의 식민지인 낙랑군의 강역이라는 것이다. 지금의 경기도 북부 및 황해도, 평안남북도는 모두 중국의 식민지였다고 고등학생들에게 가르치고 있다.

고구려는 북쪽으로 부여에 막혀 있고, 서쪽과 남쪽은 한나라 현도, 요동, 낙랑군으로 막혀 있는 아주 작은 내륙 국가로 그려져 있다.

그 남쪽의 경기·충청 지역에는 마한이 있고, 경상북도 일부와 경상남도 일부 지역에는 진한이 있다. 경상남도 연안에는 변한이 있는데, 이를 합쳐 '삼한三韓'이라고 부른다. 전라도 지역과 경상북도 및 강원도 지역은 주인이 없는 무주공산이다. 현재 대한민국에서 사용하는

여러 나라의 성장

모든 한국사 교과서는 이와 동일한 내용으로 가르치고 있다. 이는 일본인 식민 사학자들이 만든 내용을 지금껏 가르치고 있는 것이다. 일본인 식민 사학자들은 '반도 사관'에 따라서 한국사의 강역을 반도로 가두고 그 반도의 북쪽은 중국이, 남쪽은 일본이 지배했다고 주장했는데 이를 그대로 추종하는 것이다. 이 지도에서 말하는 변한이 곧 가야인데 가야에 임나일본부가 설치되었다는 것이다.

한반도 북쪽에는 중국의 식민지가 있었고, 남쪽에는 일본의 식민지가 있었다는 일제 식민 사학을 아직도 모든 학교에서 가르치고 있다. 한반도 서북부와 요동반도는 모두 중국 땅이고, 한반도 남쪽 1000리 땅에는 마한·진한·변한의 '삼한'이 있었다는 것이다. 이 지도의 '삼한'을 글로는 어떻게 설명하고 있는지 살펴보자. 금성출판사의 한국사 교과서는 '삼한'에 대해서 이렇게 설명하고 있다.

> 삼한은 한반도 중남부에서 성장하였다. 이 지역은 기후가 따뜻하고 비옥한 들판이 곳곳에 펼쳐져 있어서 일찍부터 농경이 발달하였다. 이를 바탕으로 진국이 성장하였다. 진국은 한과 교류하려 하였으나 고조선의 방해를 받았다. 고조선 멸망 이후 철기 문화를 지닌 유·이민들이 대거 남하하면서 커다란 사회 변동이 진행되었다. 곳곳에 정치 세력이 성장하여 오늘날 경기도·충청도·전라도 지역에 마한, 낙동강 중상류와 동해안 지역에 진한, 낙동강 하류 일대에 변한 등의 연맹체가 형성되었다. (35쪽)

이 내용을 이해하기는 쉽지 않다. 삼한은 한반도 중남부에서 성장했다고 먼저 설명한 후 그 이유에 대해 이 지역은 기후도 따뜻하고 비옥한 들판이 곳곳에 있어서 일찍부터 농경이 발달했다고 말한다. 그런데 이를 바탕으로 삼한이 성장한 것이 아니라 '진국'이 성장했다는 것이다. 이런 설명 방식을 횡설수설이라고 한다.

우리 민족이 수천 년 동안 사용해왔던 한자漢字를 쓰지 않다 보니 무슨 뜻인지 이해하기 힘들다. 위 문장은 한자를 병기해야 이해할 수 있는데 한자를 병기해서 표기해 보자.

> 삼한三韓은 한반도 중남부에서 성장하였다. (…) 이를 바탕으로 진국辰國이 성장하였다. 진국은 (중원의) 한漢과 교류하려 하였으나 고조선의 방해를 받았다. 고조선 멸망 이후 철기 문화를 지닌 유·이민들이 대거 남하하면서 커다란 사회 변동이 진행되었다. 곳곳에 정치 세력이 성장하여 오늘날 경기도·충청도·전라도 지역에 마한, 낙동강 중상류와 동해안 지역에 진한, 낙동강 하류 일대에 변한 등의 연맹체가 형성되었다.

우리 민족국가를 뜻하는 삼한三韓과 중국의 한漢을 구별하지 않고 '한'이라고만 표기하니 무슨 뜻인지 이해하기 힘든 것이다. 교과서는 한반도 남쪽에 있던 진국辰國이 중국의 한漢과 교류하려 했는데, 평양에 있던 고조선이 방해했다는 것이다. 그래서 한漢은 고조선을 멸망시키고 평양 지역에 낙랑군을 설치해 식민 지배했다는 것이다. 그리고 망한 고조선 유민들이 대거 남하해 마한, 진한, 변한 등의 연맹체를 세웠다는 것이다.

상식적으로 생각해 보면 여러 의문이 생긴다. 지금의 섬서성 장안長安(현재의 서안)이 수도였던 중원의 한漢이 머나먼 중국 대륙과 만주 대륙을 건너고 압록강과 청천강을 건너서 고조선을 공격하게 된 이유는 한반도 남쪽의 진국辰國이 중원의 한漢과 교류하려는 것을 막았기 때문이라는 것이다. 한반도 남쪽의 진국辰國과 중원의 한漢의 무역 거래 규모가 얼마나 크기에 한漢은 그 머나먼 길을 무릅쓰고 고조선을 공격했을까? 또한 고조선 멸망 후 진국은 어디로 사라졌는가? 진국이 한과 교류하려는 것을 고조선이 막아서 전쟁이 일어났고, 그 결과 고조선이 멸망했으면 진국은 이제 마음 놓고 한과 교류해야 하지 않나?

그 전에 고조선이 평안도 일대를 차지한 작은 국가였고, 한반도 남부의 진이 중원의 한과 교류하고 싶으면 고조선 땅 오른쪽으로 우회해서 사신을 보내면 되지 않나?

이런 의문을 뒤로 하고 교과서의 설명을 따라가 보자. 고조선이 멸망하자 철기 문화를 지닌 고조선 유·이민들이 대거 남하해서 '커다란 사회 변동이 진행되었다'는 것이다. 자, 그럼 진국은 또 어떻게 되었

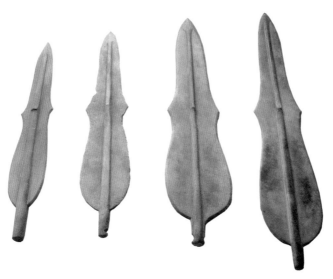

고조선의 표지 유물인 비파형청동검, 전쟁박물관 소장

나? 진국이 한과 교류하려는 것을 고조선이 막아서 한은 수많은 군대를 보내서 고조선을 멸망시켰다. 그런데 나라가 망해서 도망가는 고조선 유·이민들이 진국을 멸망시켰다는 말인지 진국은 어디론가 사라지고 없어졌다. 한은 진국과 교류하기 위해서 고조선을 멸망시켰다는 것이다. 그런데 전쟁으로 고조선을 멸망시켰는데 진국은 어디로 갔나? 한에 망한 고조선의 유민들이 대거 남하하면서 진국은 망했다는 것인가? 한은 진국이 멸망하는 것을 두 눈 뜨고 구경만 하고 있었나? 그럼 전쟁은 무엇 때문에 했나?

진국 때문에 전쟁이 발생했는데 진국은 어디론가 사라졌고, 평안도에 있던 고조선의 유·이민들이 남쪽으로 내려와 경기·충청·전라도 지역에 마한, 낙동강 중상류와 동해안에 진한, 낙동강 하류에 변한 등의 연맹체를 형성했다는 것이 현재 우리 학생들이 교과서를 통해 배우는 내용이다.

한이 고조선을 공격한 이유

금성 교과서는 고조선이 진국과 한의 교통을 방해해서 전쟁이 발생했다고 설명하고 있다. 현재 가장 많은 학교에서 사용 중이라는 비상교육 출판사의 한국사 교과서는 한과 고조선의 전쟁 이유를 무엇이라고 쓰고 있는지 살펴보자.

기원전 2세기경 중국에서 건너온 위만이 준왕準王을 몰아내고 고조선의 왕이 되었다. 이후 고조선은 철기 문화를 본격적으로 수용하고 중계무역을 통해 경제적으로 성장하였다. 이에 위협을 느낀 중국의 한이 고조선을 침략하자 고조선은 항쟁 끝에 멸망하였다(기원전 108). (11쪽)

이 교과서도 고조선은 평안도에 있었고, 삼한은 한반도 남부에 있었다는 지도를 제시하고 있다. 그런데 한이 평안도의 고조선을 공격한 이유에 대해서 '① 고조선이 철기 문화를 본격적으로 수용했다. ② 중계무역을 통해 경제적으로 성장하였다. ③ 이에 위협을 느낀 한이 고조선을 침략했다'고 말하고 있다.

섬서성 서안이 수도인 한이 수만 리 먼 평안도의 고조선이 철기 문화를 수용하고, 중계무역을 통해서 경제적으로 성장했다고 위협을 느껴 침략할 수 있을까?

현재의 중국은 한국이 경제적으로 성장했는데 왜 전쟁을 일으키지 않을까? 어느 각도로 보아도 말이 되지 않는 설명이라는 것을 쉽게 알 수 있다.

비상교육 출판사는 '삼한'에 대해서 이렇게 설명하고 있다.

한반도 남부에서는 마한, 진한, 변한의 삼국이 성립하였다. 삼한은 철기 문화를 바탕으로 성립한 여러 소국들의 연합으로 이루어졌다. 각 소국은 신지·읍차 등의 군장이 통치하였고, 천군

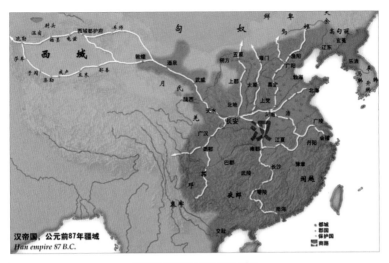

서기전 87년을 그린 중국 지도

이라는 제사장이 소도에서 종교 의례를 주관하였다. 이처럼 삼
한은 정치와 종교가 분리된 사회였다.(12쪽)

삼한이 어떻게 건국되었는지는 설명하지 않고, 단순히 "철기 문화
를 바탕으로 성립한 여러 소국들의 연합으로 이루어졌다"고만 쓰고
있다. 그 위치는 "한반도 남부"라는 것이다.

갈가리 찢어졌는데 발전인가

박근혜 정권 때 만들었던 국정 한국사 교과서는 삼한에 대해서 이렇게 서술하고 있다.

> 한반도 남부에는 고조선 시기부터 진국이 있었는데, 이곳의 토
> 착민들과 고조선이 붕괴되면서 내려온 유민들이 결합하면서
> 마한, 진한, 변한의 연맹체로 발전하였다. 삼한은 각기 여러 개
> 의 소국으로 이루어졌는데 마한은 54국, 진한과 변한은 각 12
> 국으로 구성되어 있었다. (31쪽)

한반도 남부에는 진국이 있었는데, 이들이 고조선 멸망 후 내려온
유민들과 손잡고 마한, 진한, 변한을 만들었다는 것이다. 이 책의 논
리는 이런 것이다.

① 한반도 남부에는 진국이 있었다.

② 진국 사람들과 고조선 유민들이 결합해서 78개 소국으로 발전
했다.

하나였던 나라가 78개 소국으로 분열되었는데, '발전'했다는 것이
다. 국어사전은 '발전'에 대해 "더 낫고 좋은 상태나 더 높은 단계로 나
아감"이라고 설명하고 있다. 1개의 진국이 78개의 소국으로 나뉘었으
면 '발전'이 아니라 '퇴보'가 분명하다. 국어사전은 '퇴보'에 대해 "정도
나 수준이 이제까지의 상태보다 뒤떨어지거나 못하게 됨"이라고 설명
하고 있다. 그런데 현재 한국 교과서는 '퇴보'와 '발전'의 뜻도 제대로
구분 못하고 있는 것이 현실이다.

우리나라 국사 교과서 편찬자들이 '발전'과 '퇴보'를 구분하지 못한

것은 어제오늘의 일이 아니다. 2002년도에도 국정 국사 교과서를 사용했는데 이 책은 '삼한'에 대해서 이렇게 설명하고 있다.

> 고조선 남쪽에는 일찍부터 진이 성장하고 있었다. 진은 기원전 2세기경에 고조선의 방해로 중국과의 교통이 저지되기도 하였다. 그러나 진에는 고조선 사회의 변동에 따라 대거 남하해 오는 유·이민에 의하여 새로운 문화가 보급되어 토착 문화와 융합되면서 사회가 더욱 발전하였다. 그리하여 마한, 변한, 진한의 연맹체들이 나타났다. 마한은 천안·익산·나주 지역을 중심으로 하여 경기·충청·전라도 지방에서 발전하였다. 마한은 54개의 소국으로 이루어졌고, 모두 10여 만 호였다. 그중에서 큰 나라는 1만여 호, 작은 나라는 수천 호였다. 변한은 김해·마산 지역을 중심으로, 진한은 대구·경주 지역을 중심으로 발전하였다. 변한과 진한은 각기 12개국으로 이루어졌고, 모두 4만~5만 호였다. 그중에서 큰 나라는 4000~5000호, 작은 나라는 600~700호였다. (41쪽)

이 국정 교과서는 삼한에 대해서 "① 고조선 남쪽에는 진이 성장하고 있었다. ② 진은 고조선의 방해로 중국(한)과 교통이 저지되었다. ③ 진은 고조선 사회의 변동에 따라서 남하해 온 유·이민에 의해서 사회가 발전했다. ④ 모두 78개 소국이 형성되었다"고 말하고 있다.

앞에서 이미 본 내용의 반복들이다. 한반도 남쪽에는 진국이 78개 소국으로 나뉘었는데 이것이 발전이라는 것이다. 지금 대한민국이라는 한 나라가 78개 소국으로 갈가리 찢어졌는데, 이를 '퇴보'가 아니라 '발전'이라고 표현하는 것이다.

3세기경까지 한반도 중남부에 삼한이 있었는가

과거나 지금이나 한국사 교과서들은 삼한이 지금의 경기·충청·경상도 지역에 있었다고 쓰고 있다. 과거 4킬로미터를 10리로 계산한 방식에 따르면 약 1000리 남짓한 좁은 공간에 78개 소국이 우글대고 있었다는 것이다. 『한국민족문화대백과사전』은 '삼한'에 대해서 "삼국시대 이전 한반도 중남부 지방에 형성되어 있었던 정치집단에 대한 통칭"이라고 말하고 있다. 삼국시대 이전은 신라가 건국한 서기전 57년, 고구려가 건국한 서기전 37년, 백제가 건국한 서기전 18년 이전을 뜻하니 서기전 1세기 이전에 한반도 남부에 '마한·진한·변한'의 '삼한'이 있었다는 것이다.

그런데 삼한이 지금의 경기·충청·경상도 지역에 있었다는 사실은 어느 사료에 나오는 것일까?

국사 교과서 편찬을 주관하는 국사편찬위원회에서 발간한 52권짜리 『신편 한국사』가 있다. 제4권에 『고조선·부여·삼한』을 한 권에 묶었는데 '삼한'은 현재 한림대학교 명예교수인 이현혜가 썼다. 이현혜는 "삼한은 마한·진한·변한을 뜻하며 기원전 2세기에서 기원후 3세기경까지 한반도 중남부 지역에 있던 정치집단들을 말한다"고 설명하고 있다. 삼한이 기원전 2세기부터 기원후 3세기경까지 한반도 중남부 지역에 있었다는 것이다. 국사에 대한 지식이 조금이라도 있는 사람이라면 "기원후 3세기경까지 한반도 중남부 지역에 삼한이 있었다고?"라는 의문을 가지게 되어 있다.

"신라, 백제, 가야는 어디로 갔나?"

서기전 1세기부터 서기 3세기경까지 한반도 남부에는 신라, 백제, 가야가 있었다. 『삼국사기』와 『삼국유사』에 그렇게 나온다. 그런데 이 나라의 사학과 교수들은 그렇게 말하지 않는다. 신라, 백제, 가야는 없었고, 대신 진한, 마한, 변한이 있었다는 것이다.

『삼국사기』·『삼국유사』가 가짜라는 사학과 교수들

이 대목에서 일반 국민들의 '상식'과 이 나라 모든 대학의 역사학과를 장악하고 있는 교수들의 이른바 학설이 충돌한다. 이 나라 모든 대학의 역사학과 교수들은 3세기 중반까지 신라, 백제, 가야는 존재하지 않았거나 존재했어도 아주 작은 동네 국가, 꼬마 국가였다고 주장한다. 한마디로 『삼국사기』, 『삼국유사』 기록은 믿을 수 없다는 것이다.

국사편찬위원회에서 국고로 펴낸 52권짜리 『신편 한국사』 제7권이 『신라·가야』 편인데, 고려대 사학과 명예교수이자 이명박 정권 때 문화체육부 장관을 역임한 최광식과 현 서울시립대 명예교수 이우태가 썼다. 이들은 이 책의 「신라 의 성립과 발전」이란 항목 의 첫 번째 단락 제목을 『삼 국사기』 초기 기록의 문제 점'이라고 잡았다. 『삼국사 기』 기록은 가짜라는 것인 데, 『삼국사기』 초기 기록 의 문제점'이라는 표현을 써서 역사학의 외피를 입힌

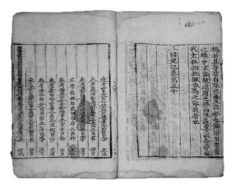

「삼국사기」

것이다. 이 나라 역사학자들의 상식과 배치되는 주장을 듣는 것은 스 텝 꼬인 춤을 보는 것과 같다. 이들의 앞뒤 안 맞는 말을 들어보자.

『삼국사기』에 의하면 신라의 첫 왕인 혁거세는 기원전 57년에 즉위한 것으로 되어 있으나, 이에 관해서는 오래전부터 의심 하는 견해가 있었다. 고구려·백제에 비해 그 발전이 늦은 신라 의 건국 연대가 가장 앞선 것으로 되어 있는 것은 아무래도 신 라 중심의 우월주의의 영향을 받은 것으로 볼 수 있다는 것이 다. 또 혁거세가 즉위한 기원전 57년은 간지로 갑자년甲子年에 해당되는데, 이는 특히 고조선이 멸망한 이후의 첫 번째 갑자 년에 해당하는 까닭에 이는 참위설讖緯說의 갑자혁명설甲子革命 說에 입각하여 만들어진 것으로 볼 여지가 있다. 뿐만 아니라 혁거세거간 다음의 남해차차웅이 즉위한 연대 또한 갑자년

(A.D. 4)인 것은 이러한 추측을 뒷받침해 주는 증거라 할 수 있겠다. (『신편 한국사』 7권, 『신라·가야』)

신라가 건국한 해가 갑자년이기 때문에 신라 건국은 가짜라는 것이다. 신라가 갑자년에 건국했으니 가짜라는 말은 어떤 사람이 갑자년에 태어났으니 태어나지 않은 것이라는 말과 다른 말인가? 갑자년이 아닌 을축년에 건국했으면 사실인가? '갑자혁명설?' 들어는 봤나?

이들은 신라 건국 연대에 대해서 "오래전부터 의심하는 견해가 있었다"고 말했지만 이를 의심한 학자는 삼국시대 이래 아무도 없었다. 이 나라의 사학과 교수들이 이상한 소리를 할 경우 그 원산지를 찾아보면 여지없이 일본인 식민 사학자들이다. 갑자혁명설은 아직도 한국 역사학계에 큰 영향력을 끼치는 이마니시 류가 『신라사 연구』(1933)에서 주장한 것이다.

『삼국사기』 기록이 문제가 있다고 주장할 수는 있다. 그러나 이 경우 『삼국사기』의 어느 기사가 문제가 있는지를 구체적으로 논증해야 한다. 『삼국사기』와 다른 기록을 가지고 어느 기록이 맞는지 사료 비판을 해야 한다. 그러나 한국 역사학계에는 이런 사료 비판이 없다. 유일한 근거는 "일본인 스승님들이 가짜라고 했으니까 가짜다!"라는 것뿐이다.

일본인 식민 사학자들 이전에 이 땅에서 '갑자혁명설' 운운하는 헛소리는 존재하지 않았다. 그러나 이 나라 역사학계는 일본인 식민 사학자들의 헛소리가 영원한 정설定說이 된다. 이마니시 류의 희한한 '갑자혁명설'은『한국사신론』의 저자인 이기백 전 서강대 교수와 박근혜 정권 때 한국학중앙연구원장을 역임한 이기동 동국대 명예교수 등이 대거 추종하면서 국사편찬위원회에서 편찬한『한국사』에 그대로 실린 것이다.

한일 식민 사학자들이『삼국사기』를 가짜로 모는 이유는 한반도 남부를 야마토왜의 식민지로 조작하기 위해서이다.『삼국사기』의 시각으로 보면 고대 야마토왜가 한반도 남부를 지배했다는 것은 헛소리다. 야마토왜는 6세기까지 철기 생산 능력이 없었다. 철기 생산 능력이 없다는 것은 국가가 아니라는 뜻이다. 그런데 이런 야마토왜가 경상도는 물론 충청·전라도까지 지배했다고 주장하려니『삼국사기』가 장애가 된 것이다. 그래서『삼국사기』는 가짜라는 이른바『삼국사기』초기 기록 불신론'을 만들어 냈는데, 이것이 광복 80년이 되는 현재까지 한국, 곧 남한 강단 사학계의 하나뿐인 정설로 위세를 떨치고 있는 중이다.

삼국은 없고 삼한이 있었다는 국사편찬위원회

국사편찬위원회의『신편 한국사』제7권은 무슨 근거로『삼국사기』를 가짜로 모는지 살펴보자.『삼국사기』는 신라 탈해이사금 8년(서기 64)에 백제가 와산성蛙山城을 공격했다고 말하고 있다.『신증동국여지승람』에서는 충청도 보은현에 '와산蛙山'이라는 산 이름이 나온다. 와

산은 소백산맥 이북 지역인데, 『한국사』 7권은 "이 시기에 신라가 소백산맥 이북에서 백제와 교전하였다는 것이 사실이라면, 당시 백제가 이미 이 지역을 석권하였으며 신라 또한 이 지역에까지 세력권을 확대한 것이 확인되어야 할 것이다"라고 말하고 있다. 그 당시 꼬마 국가에 불과했던 백제와 신라가 소백산맥에서 싸울 수는 없다는 논리다. 이들이 백제와 신라가 소백산맥 이북에서 싸울 수 없다고 말하는 사료적 근거는? 놀랍게도 '없다'이다. 일본인 스승님들이 그렇게 말씀하셨으니 우리는 따를 뿐이라는 것이다. 민족적 자존심? 그런 것 없다. 『한국사』 7권은 이렇게 말한다.

> 3세기 전반의 한반도 상황을 전하는 중국의 『삼국지』 「위서魏書 동이전」에 의하면 당시 한반도의 중남부에는 진왕辰王이 다스리는 목지국目支國이 가장 큰 세력으로 마한의 50여 국을 통솔하고 있었고, 백제국伯濟國은 마한 소국들 중 하나에 불과한 실정이었다. 사로국 또한 변진弁辰 소국들 중 하나로 기록되었을 뿐 다른 소국들에 비해 아무런 우위를 설명할 만한 자료가 없다. (『신편 한국사』 제7권 『신라·가야』)

『한국사』 7권의 주장을 정리하면 이렇게 된다.
 ① 중국의 『삼국지』 위서 동이전은 3세기 전반의 한반도 상황을 전한다.
 ② 3세기 전반 한반도 중남부에는 진왕이 다스리는 목지국이 마한

50여 국을 통솔하고 있었다.

③ 백제국은 마한 소국들 중 하나에 불과하다.

④ 사로국(신라)은 변진 소국들 중 하나에 불과하다.

역사를 전공하지 않은 사람들은 무슨 이야기인지 알기 힘든 내용들이다. 핵심은 3세기 전반까지 한반도에는 신라, 백제, 가야가 없었고 대신 진한, 마한, 변한이 있었다는 것이다. 곧 『삼국사기』는 가짜라는 것이다. 이현혜가 쓴 『신편 한국사』 제4권 『고조선·부여·삼한』도 '삼한'에 대해서 마찬가지로 이렇게 설명하고 있다.

> 삼한에 관한 기록이 처음 나오는 것은 3세기 후반 진晉의 진수가 편찬한 『삼국지』 「위서 동이전」이며, 여기에는 한 이후 3세기 전반까지의 한반도의 사정이 비교적 자세하게 기록되어 있다. 『삼국지』 「동이전」에 의하면 당시 삼한과 함께 한반도 북으로는 고구려가, 서북 지역에는 낙랑군·대방군 등 중국의 군현이, 동북 지역에는 동예·옥저와 같은 정치집단들이 있었다. (『신편 한국사』 제4권 『고조선·부여·삼한』)

앞에 이어서 이현혜의 주장을 정리하면 이렇게 된다.

⑤ 중국 진나라의 진수가 쓴 『삼국지』 「동이전」에는 한 이후 3세기 전반까지 한반도의 사정이 비교적 자세하게 기록되어 있다.

⑥ 『삼국지』 「동이전」에 따르면 한반도 남부에는 삼한이 있었다.

⑦ 한반도 북으로는 고구려가 있었다.

⑧ 한반도 서북부(평안남도·황해도)에는 낙랑군·대방군이란 중국의 식민지가 있었다.

⑨ 한반도 동북 지역(함경도·강원도)에는 동예·옥저가 있었다.

『신편 한국사』 7권이나 4권은 ①~⑨까지 내용이 모두 『삼국지』 「동이전」에 그렇게 쓰여 있다고 말하고 있다. 과연 『삼국지』 「동이전」은 그렇게 말하고 있을까?

『삼국지』 「동이전」은 무엇이라고 말하는가

『삼국지』 「동이전」은 『삼국지』 「동이열전」을 말하는 것이다. 『삼국지』 「동이열전」은 그 서문에서 공손연公孫淵 가문에 대해서 설명하고 있다.

> 공손연과 가문 삼대가 계속 요동을 차지하자 천자(중국 임금)가 그 지역을 끊어진 땅으로 여겨서 해외의 일로 위임시켰고, 마침내 동이와 단절되어 중국과 통하지 못하게 되었다.

『삼국지』 「동이열전」 서문은 고대 요동에서 벌어진 일을 적은 기록임을 말해 준다. 공손연 3대란 공손도公孫度와 그 아들 공손강公孫康과 그 아들 공손연을 말한다. 공손씨 3대가 서기 189년부터 238년까지 49년 동안 고대 요동을 차지해서 왕처럼 행세하다가 멸망한 사건을 뜻한다.

『삼국지』「공손도열전」에 따르면 공손도는 요동 양평 출신이다. 양평은 현재의 하북성 노룡현 지역인데, 낙랑군 조선현이 있던 자리다. 공손도는 같은 공손씨인 현도태수 공손역公孫域의 후원으로 요동태수가 된 후 고대 요동 지역, 곧 지금의 하북성 일대에 공손씨 집안의 왕국을 세우는 것을 목표로 삼았다. 그러나 공손도는 끝내 요동을 가문의 왕국으로 만들지는 못하고 세상을 떠났고, 아들 공손강이 뒤를 이었다.

공손강은 건안建安(196~220) 연간에 낙랑군 둔유현屯有縣 남쪽의 황무지를 나누어 대방군帶方郡으로 삼았다. 공손강의 아들 공손연은 위가 오와 촉의 공세 때문에 수세에 몰린 틈을 타서 237년 연燕을 세우고 연왕이라 자칭했다. 가문의 숙원 사업을 달성하려는 뜻이었다.

위나라가 이듬해 사마선왕司馬宣王 사마의를 요동으로 보내 이를 진압하게 하게 고구려 동천왕도 군사 1000명을 보내 협공했다. 위와 고구려의 협공에 공손연은 패하고 말았다. 공손연은 238년 8월 패망했는데,『삼국지』「공손연열전」은 이 사건에 대해서 이렇게 말하고 있다.

임오일에 공손연의 군대가 무너지고 공손연과 그 아들 공손수 公孫脩는 수백 기의 기병으로 포위망을 뚫고 동남쪽으로 도주했는데, 위의 대군이 급하게 추격해서 유성이 떨어진 곳에서 공손연 부자의 목을 베었다. 양평성이 파괴되고 상국相國 이하 1000여 명의 목을 베었다.

『삼국지』「공손연열전」은 뒤이어 이렇게 말한다.

> 공손연의 머리를 낙양에 보내니 요동, 대방, 낙랑, 현도가 모두
> 평정되었다.

공손씨 일가가 요동을 차지했던 시대의 형세를 살펴보면 현재의 북경 부근에서 양자강 북쪽은 조조가 세운 위가 차지하고 있었고, 고대 요동인 지금의 하북성 일대는 공손씨 일가가 차지하고 있었고, 그 동쪽의 만주 지역은 고구려가 차지하고 있었다. 공손씨가 고대 요동에 연을 세우자 남서쪽의 위와 동쪽의 고구려가 협공해서 무너뜨렸던 것이다. 『삼국지』는 고대 요동에서 벌어진 일을 말하고 있지 한반도 중남부에 관한 이야기를 말하는 것이 아니다.

삼한은 면적이 사방 4000리다

국사편찬위원회에서 편찬한 『한국사』 4권과 7권은 삼한이 한반도 중남부에 있었다고 말하고 있다. 『삼국지』「동이열전」에 그렇게 나온다는 것이다. 과연 그런지 진수가 쓴 『삼국지』「동이열전」의 '한韓'조를 살펴보자.

> 한韓은 대방의 남쪽에 있는데, 동쪽과 서쪽은 바다로 한계를 삼

고, 남쪽은 왜倭와 접하고 있으며, 사방 4000리가 된다. 세 종류가 있으니 첫째 마한이고, 둘째 진한이고, 셋째 변한인데, 진한은 옛 진국이다.(『삼국지』「동이열전 한韓」)

『삼국지』「동이열전 한」조는 이렇게 말하고 있다.

㉠ 한은 대방의 남쪽에 있다.

㉡ 동쪽과 서쪽은 바다로 한계를 삼는다.

㉢ 남쪽은 왜와 접하고 있다.

㉣ 면적이 사방 4000리다.

앞서 『한국사』 7권과 4권이 말하고 있는 ①~⑨까지와 일치하는 것이 하나도 없다. 『삼국지』「동이열전」은 삼한의 면적이 "사방 4000리가 된다(方可四千里)"고 말하고 있다. 이때의 사방 4000리는 어느 정도 넓이일까? 중국 고대 경전과 사서에서 방方은 사방 면적을 뜻한다. 『맹자』「만장萬章」하下에서는 주나라 때 "천자가 차지하는 땅은 사방 1000리(地方千里)이고, 공작이나 후작이 차지하는 땅은 대개 사방 100리이고(皆方百里), 백작이 차지하는 땅은 사방 70리고, 자작과 남작은 사방 50리니 무릇 네 등급이다"라고 말하고 있다. 방100리는 100리×100리로서 사방 10리 땅이 100개 있는 것을 뜻한다. 방1000리는 1000리×1000리로서 방100리 땅이 100개임을 뜻한다. 방4000리는 4000리×4000리로서 방100리 땅이 1600개 있는 것을 뜻한다.

1리의 면적은 각 나라마다 달랐다. 주나라 때 1리는 497.9미터였다가 진시황 때는 362.68미터가 되었다. 한 고조는 1리를 362.84미터로 정했다. 『삼국지』에서 말하는 1리는 한 고조가 정한 것을 따랐는데, 1리를 대략 360미터로 구분하면 아래 표와 같게 된다.

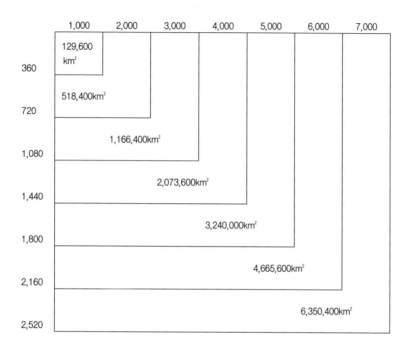

위 도표에서 보는 것처럼 방4000리는 한 면이 1440킬로미터이다. 현재 한국 강단 사학계에서 삼한이 있었다고 말하는 한반도 중남부는 대략 400~500킬로미터 정도로서 사방 1000리 정도밖에 안 된다. 사방 4000리의 1440킬로미터 중에서 3000리의 1000킬로미터 정도는 말도 없이 지우고 사방 1000리의 400~500킬로미터의 좁은 공간에 삼한을 가두어 놓고 『삼국지』 「동이열전 한」조에 그렇게 나온다고 국민들을 속이는 중이다.

대부분의 중국 사료들은 낙랑군이 고대 요동에 있었다고 말하는데 평안도라고 우기고, 낙랑군 둔유현 남쪽의 황무지를 나누어 대방군으로 삼았다고 말하는데, 옥토인 황해도를 대방군이라고 우긴다. 모두 일본인 식민 사학자들의 '반도 사관'을 아직도 추종하기 때문에 나타나는 현상들이다.

『후한서』「동이열전」도 '삼한은 사방 4000리'라고 말하고 있다. 두 기록이 모두 삼한이 사방 4000리라고 말하고 있으면 사방 4000리 되는 곳에서 삼한을 찾아야지 '사방 1000리' 정도인 한반도 중남부에 삼한이 있었다고 우길 수는 없다. 고대 요동을 장악하고 있던 공손도 일가는 고대 요동 지역에 있던 낙랑군 남쪽의 황무지를 나누어 대방군으로 삼았지 황해도 옥토를 대방군으로 삼지 않았다. 사료가 말하는 것과는 전혀 다른 이야기를 하고 있는 것이다.

청의 건륭제가 청의 학자와 관료들에게 만주족의 역사서를 편찬하라고 명해서 건륭 42년(1777) 임금에게 바쳐진 역사서가『만주원류고滿洲源流考』이다. 청의 학자이자 중신인 아계阿桂(1717~1797)의 주도로 편찬되었는데 건륭제는 이 중 삼한에 대한 항목 일부는 자신이 직접 기술할 정도로 관심이 많았다. 《만주원류고》는 삼한의 위치에 대해서 이렇게 말하고 있다.

삼가 생각하건대 삼한은 부여, 읍루 두 나라의 남쪽에 있었는데 다스리는 나라는 78개 국이었고 사방 4000리였다. 마한은 서쪽에 있고 진한은 동쪽에 있고 변한은 진한의 남쪽에 있었다. 마한은 북쪽으로 낙랑과 접하고 있었는데 관할하는 현은 지금의 개평蓋平, 복주復州, 영해寧海이다. 진한은 북쪽으로 예濊와 접해 있었는데 예의 땅은 곧 부여 경내이다. 마한은 진한의 남쪽에 있는데 모두 왜와 접하고 있었고, 동서는 바다를 한계로 삼았으니 곧 지금의 고려 전국을 아울렀다.

개평은 지금의 요령성 요동반도 서북부의 도시이고, 복주는 지금의 요령성 최남단 대련시 부근으로 모두 요동반도 내에 있다. 마한은 지금의 전라도가 아니라 요동반도에 있었다는 것이 청의 학자들이 내린 결론이다. 이것이 정확한지는 더 연구해 봐야 하겠지만 지금의 전라도 지역이 아니라는 것은 명백하다.

마한이 서기 9년에 망했다는 『삼국사기』「백제본기」

『삼국사기』「백제본기」의 시조 온조왕 때 기록을 보면 마한이 여덟 번이나 나온다. 이 기록을 살펴보기 전에 먼저 백제는 대륙에도 있었다는 사실을 인식해야 한다. 중국의 『양서梁書』「동이열전」 백제조는 이렇게 말하고 있다.

그 나라(백제)는 본래 (고)구려와 함께 요동의 동쪽에 있었는데, 진晉 때 고구려가 요동을 경략하자 백제 또한 요서군과 진평군의 두 군을 점거해서 이로부터 백제군을 설치했다.

『양서』「동이열전」은 백제가 고구려와 요동과 요서를 두고 다투던 대륙 백제가 있었다고 말하고 있다. 『남사南史』「이맥夷貊동이열전」도 같은 사실을 말해 주고 있다. 그런데 『삼국사기』「백제 온조왕본기」는 초기 백제가 어디에 있었는지 말해 주는 내용이 있다. 온조왕은 재위 13년(서기전 6) 어머니가 죽자 이렇게 말하고 있다.

> 나라 동쪽에는 낙랑이 있고, 북쪽에는 말갈이 있어서 번갈아 강역을 참공하니 편안한 날이 적다. 하물며 지금 요상한 징조가 자주 보이는데 국모國母께서 돌아가셨다. 형세가 불안하니 장차 반드시 도읍을 옮겨야겠다. 내가 어제 순행해서 한수漢水 남쪽을 보니 땅이 기름져서 도읍으로 삼기에 마땅하니 오래 편안할 계책을 도모해야겠다.

온조왕 때 백제의 동쪽에 낙랑이 있고, 북쪽에 말갈이 있었다. 말갈은 동이족의 일원으로 만주족의 전신이다. 동쪽에 낙랑이 있고 북쪽에 말갈이 있다는 백제는 이동 중에 있었던 상황을 말하는 것으로 백제가 대륙에서 출발했음을 알 수 있다. 그런데 『삼국사기』「백제 온조왕본기」는 온조왕 24년(서기 6) 백제에서 웅천熊川 방어 시설인 책柵을 쌓자 마한 왕이 사신을 보내서 이렇게 꾸짖었다고 말하고 있다.
"왕이 처음 하河를 건너 왔을 때 발을 둘 곳도 없었는데 내가 동북쪽 100리의 땅을 떼어 주어 편안하게 했으니 그 왕을 대접함이 후하지 않았다고 말할 수 없소."

백제가 처음 이동할 때 마한 왕이 동북쪽 땅 100리를 떼어 주어 시작했다는 것이다. 지금 마한을 충청도, 전라도로 보는 한국 학계의 견해에 따르면 백제는 강원도에서 시작했어야 한다. 그런데 강원도는 마한 땅이 아니라는 것이니 그 어떤 경우에도 모순임을 알 수 있다.

삼한이 사방 4000리 대륙에 있었고, 마한이 그중 100리를 떼어 주어 백제가 시작했다고 보면 해결될 문제인데, 일본인 식민 사학자들이 만든 반도 사관의 틀에 억지로 꿰어 맞추니 여러 모순이 드러나는 것이다.

『삼국사기』「백제 온조왕본기」에서 말하는 백제는 마한의 제후국으로 시작했다. 그래서 온조왕은 신비한 사슴을 잡거나 말갈 추장을 사로잡으면 마한 왕에게 보냈다. 그런데 온조왕 26년(서기 8)경 마한의 국세가 크게 약화되었다. 온조왕은 "(마한이) 만일 남에게 병합된다면 곧 잇몸이 없으면 이가 시리다는 것으로 후회해도 미치지 못할 것"이라면서 마한 병합을 꾀했다. 『삼국사기』 온조왕 26년조는 이렇게 말하고 있다.

겨울 10월 왕이 군사를 출동시켰는데 겉으로는 사냥 간다고 하고 몰래 마한을 습격해서 그 도읍을 겸병했다. 오직 원산성·금현성의 두 성만 굳게 지켜서 함락시키지 못했다.

서기 8년 온조왕은 겉으로는 사냥 간다고 말하고 몰래 마한을 습격해서 그 도읍을 점령했다. 원산성·금현성의 두 성만 함락시키지 못했다. 그런데 두 성도 이듬해 항복한다. 『삼국사기』 온조왕 27년(서기 9)조는 이렇게 말하고 있다.

여름 4월, 두 성(원산성·금현성)이 항복해서 그 백성들을 한산漢山 북쪽으로 옮기니 마한은 마침내 멸망했다.

온조왕 26년(서기 8) 마한 도읍을 점령했으나 원산성·금현성의 두 성은 버텼는데, 온조왕 27년(서기 9) 마침내 항복하면서 마한은 멸망했다는 기록이다. 7년 후인 온조왕 34년(서기 16)에 마한의 옛 장수 주근周勤이 우곡성牛谷城을 근거로 마한 부흥 전쟁을 일으켰다. 『삼국사기』 온조왕 34년(서기 16)조는 이 전쟁의 결과에 대해서 이렇게 설명하고 있다.

온조왕이 몸소 군사 5000명을 거느리고 토벌하자 주근은 목매어 죽었는데 그 시신의 허리를 베고, 더불어 그 처자를 죽였다.

마한의 옛 장수 주근이 마한 부흥 전쟁을 일으키자 온조왕이 직접 정벌했다는 내용이다. 마한 부흥 전쟁이 진압당하면서 마한은 확실하게 망했고, 이후 『삼국사기』 「백제본기」에는 마한이 나오지 않는다.

마한이 서기 9년에 망하지 않았다는 강단 사학자들

『삼국사기』「백제본기」는 마한이 서기 9년에 망했고, 서기 16년에 부흥 운동까지 진압했다고 말한다. 그러나 한국 역사학자들은 이를 "믿고 싶지 않다"고 부정한다. 마한은 369년까지 전라도에 있었다는 것이다. 왜 369년인가? 한국 강단사학자들이 이치에 맞지 않는 주장을 할 때 그 근원을 찾으면 반드시 일본인 식민 사학자들이 나온다. 『일본서기日本書紀』가 나오고, '왜倭'가 나온다. 『일본서기』는 서기 720년에 편찬했는데, 아마도 인류 역사상 가장 희한한 역사서일 것이다. 편찬자들이 처음부터 마음먹고 시간과 내용을 조작했다. 야마토왜는 빨라야 3세기 후반에 가야계가 지금의 규슈九州로 건너가서 시작되는 역사다. 그런데 『일본서기』 편찬자들은 서기전 660년에 건국했다고 시기를 약 1000여 년 정도 끌어당겼다. 야마토왜는 가야계가 규슈에서 시작했다가 오사카 근처의 나라奈良로 옮긴 이후에는 백제계가 주도하는 역사다. 그런데 『일본서기』는 신라·고구려·백제·가야가 모두 야마토왜에 조공을 바치던 속국이라고 조작했다.

한국 역사학자들은 "『일본서기』를 인용하면 식민 사학자인가?"라고 항변한다. 이들처럼 『일본서기』를 인용하면 식민 사학자가 맞다. 이들이 마한이 서기 9년에 망하지 않았다고 우기는 사료가 『일본서기』다. 『일본서기』는 신공神功왕후가 재위 49년(249) 왜의 장수들을 보내 신라를 공격해서 '비자발, 남가라, 탁국, 안라, 다라, 탁순, 가라'를 점령했다고 말하고 있다. 군사들을 서쪽으로 돌려서 고해진古奚津과

『일본서기』

남쪽 오랑캐인 침미다례忱彌多禮를 도륙해서 백제에게 하사했다고 말하고 있다. 그러자 백제 왕 초고肖古와 왕자 귀수貴須가 머리를 땅에 대고 왜에 충성을 맹세했다고 말하고 있다.

『일본서기』의 신공 49년을 서기로 환산하면 249년이다. 그런데 한국과 일본의 식민 사학자들은 249년이 아니라 369년에 발생한 사건이라고 주장한다. 우리가 흔히 환갑還甲이라고 말하는 60년을 일본에서는 주갑周甲이라고 말한다. 2주갑이면 120년인데, 신공 49년에 2주갑 120년을 더해서 369년의 사건으로 보아야 한다는 것이다. 한국 강단 사학의 태두 이병도와 서울 법대를 나와서『한

신공왕후

국일보』주필을 하던 천관우가 그렇게 주장했다. 이 작전은 야마토왜의 작전이 아니라 백제의 작전이라고 주장했다. 이것이 백제가 369년에 마한을 멸망시킨 기록이니 마한은 369년까지 있었다는 것이다. 그렇게 주장하려면 근거를 대야 한다. 그러나 그런 근거 따위 "없다!" 있는 것은 오직 하나 "내가 그렇게 생각하고, 일본인 스승들이 그렇게 가르쳤다"는 것이다.

이는 역사학이 아니다. 역사학의 장점이자 단점은 사료를 가지고 설명해야 한다는 점이다. 예를 들어보자. 1592년에 일본이 조선을 침략했다. 그런데 역사학자들이 그때 조선을 침략한 것은 일본이 아니라 현재 오키나와에 있던 유구琉球라고 주장한다. 근거 사료가 있느냐고 물으면 "없다. 내가 그렇게 생각한다"고 답한다. 그러면 1592년에 일본이 조선을 침략한 것이 유구가 침략한 것으로 바뀌나? 바뀐다고 주장하는 사람들이 불행하게도 한국의 대학 사학과를 장악하고 있는 것이 현실이다.

전 세계에서 학자들의 해석을 사료보다 중시하는 학계는 한국 역사학계와 일본 극우파 역사학계밖에 없다. 『삼국사기』「백제본기」는 백제와 관련이 있는 마한이 서기 9년에 망했다고 명확하게 서술하고 있다. 그러나 최근 『전라도천년사』는 "『삼국사기』「백제본기」의 마한 기사는 사료로서 문제가 있다는 공통된 입장이다(『전라도천년사』3권, 107쪽)"라고 말하고 있다. 마한이 서기 9년에 망했다는 『삼국사기』「백제본기」의 마한 기사를 믿을 수 없다는 것이다. 물론 사료적 근거는 전혀 없다. 한국의 강단사학자들이 마한은 서기 9년에 망하지 않은 것으로 해석하자고 합의했다는 것뿐이다. 이는 동서양 역사학의 범주에서 크게 벗어난 반역사학적 행태에 불과하다.

마한은 고구려의 전신이라는 최치원

『삼국사기』「지리지 신라」조에는 이런 기사가 있다.

신라 최치원崔致遠이 말하기를, "마한은 곧 고구려이고, 변한은 백제이고, 진한은 신라다"라고 했는데 이것이 여러 설 중에서 가장 근사하다.

신라 지식인 최치원이 마한이 고구려의 전신이고, 변한이 백제의 전신이고, 진한이 신라의 전신이라고 말했다. 김부식金富軾을 비롯한 고려의 사관들도 최치원의 이 설이 가장 사실에 가깝다고 동의했다. 신라의 최치원과 고려 사관들도 마한이 고구려이고, 변한이 백제이고, 진한인 신라라는 사실에 동의했다는 것이다.

그런데 현재 한국 역사학자들은 최치원과 고려 사관들이 틀렸다고 주장한다. 마한은 백제고, 진한은 신라고, 변한은 가야라는 것이다. 조선 중후기 한백겸韓百謙(1552~1615)은 『동국지리지東國地理志』에서 마한은 백제고, 변한은 가야고, 진한은 신라라고 주장했다. 그는 한국 고대사의 강역을 남북으로 나눈 후 북쪽은 고구려가 차지했고, 남쪽

신라 지식인 최치원

은 삼한이 차지했다고 주장했다. 그러니 마한이 고구려라는 최치원의 설명을 부정할 수밖에 없었다. 한백겸의 『동국지리지』를 본 일본인 식민 사학자들이 "이것이 웬 떡이냐?"라면서 한백겸을 높였고, 일본인 식민 사학자들의 주장을 아직도 추종하는 한국의 역사학자들이 그대로 따라서 삼한을 한반도 중남부에 가두고 있는 것이다.

최치원은 무슨 근거로 마한을 고구려라고 봤을까? 『삼국사기』「고구려 태조대왕본기」 69년 (121)조에 이런 기사가 나온다.

(태조대)왕이 마한, 예맥의 1만여 기병을 이끌고 나아가 (후한의) 현도성을 포위했는데, 부여 왕이 왕자 위구태尉仇台에게 2만 군사를 거느리고 한漢의 군사와 함께 힘써 전투에서 막아서 아군이 크게 패했다.

고구려 태조대왕이 후한을 공격할 때 마한, 예맥 군사도 함께 동원했다. 『삼국사기』에는 이듬해(122)에도 태조대왕이 마한, 예맥과 함께 요동을 공격했다고 나온다. 고구려와 함께 후한의 현도군이나 요동을 공격한 마한은 전라도에 있을 수가 없다. 마한 군사가 자국 땅을 질러 가는 것을 백제가 눈 뜨고 보고 있을 리가 없기 때문이다. 이 마한과 서기 9년 백제 온조왕에게 망한 마한과는 어떤 관계인지 지금으로서는 정확하게 설명할 수 없다. 서기 9년 백제에게 망한 마한의 잔존 세력이 고구려와 함께 후한을 공격했을 수는 있다. 이 마한은 대륙에 있었고 그래서 최치원은 마한은 곧 고구려라고 말한 것이다. 마한을 비롯한 삼한의 위치를 찾으려면 사방 4000리가 되는 대륙에서 찾아야 한다. 그래야 『삼국지』·『후한서』는 물론 『삼국사기』 기록과도 맞게 된다. 한국사 교과서는 전면적으로 다시 써야 한다. 그것이 지금까지 우리가 선조들에게 지은 죄를 조금이나마 씻고 후대에는 죄를 짓지 않는 것이다.

6장

고려 땅 2000리를
잘라먹은 한국사 교과서

'고려-거란전쟁'의 고려 강역

'고려-거란전쟁'이라는 KBS 드라마가 있다. 과학기술정보통신부
의 자금 지원을 받아 제작했다고 한다. 이 드라마의 홈페이지에 들어
가 보니 '기획 의도'에서 "이제는 통쾌한 승리의 역사를 재현할 때"라
고 선언하고 있다. 또한 '고려, KOREA'란 항목에서는 "이제 세계에
KOREA를 보여 줘야 할 때이다. 세계는 이 드라마를 통해 우리가 어
떤 사람들인지 알게 될 것이다"라고 말하고 있다. KOREA란 영문 표
기가 고려에서 나왔음을 시사하는 것으로 고려에 대한 자부심을 가지
고 만들었음을 짐작할 수 있다. 그런데 이 드라마를 통해 '세계에 보여
준 KOREA는 어떤 모습인가?' 세계인들은 이 드라마를 통해 우리를
'어떤 사람'으로 알게 되었을까?
　한 나라의 역사를 연구할 때 가장 기초적인 사항은 시간과 공간이

다. 한 나라가 언제부터 언제까지 존속했는지에 대한 시간과 그 나라의 강역은 어떠했는지를 말하는 공간이 역사 연구의 기초다. 이 두 가지 요소인 시간과 공간 속에서 수많은 이야기가 펼쳐지는 것이다. 그런데 이 시간이나 공간 설정이 잘못되었다면 그 역사 연구는 기초부터 잘못된 것이다.

'고려-거란전쟁'의 시간은 맞다. 그러나 공간은 그렇지 않다. '고려-거란전쟁' 제1회에서 제시한 지도는 고려를 지금의 한반도도 다차지하지 못한 작은 나라로 그려 놓았다. 세계인들이 이를 보면 고려(KOREA)라는 나라는 한반도의 2/3 정도의 작은 강역을 갖고 있었던 보잘것없는 나라라고 생각할 것이다. 실제 고려 강역이 그랬다면 사실로 받아들여야 할 것이다. 그러나 실제와는 달리 축소해서 그렸다면 '역사 왜곡'이란 비판에 직면할 수밖에 없다.

교과서에서 말하는 고려와 조선의 국경선

'고려-거란전쟁' 제작진은 억울할 수 있다. 한국사 교과서에 나온 대로 그렸기 때문이다. 일제 때는 물론 광복 이후 지금까지 사용하는 모든 한국사 교과서는 고려 북방 국경을 압록강 부근에서 원산만 부근까지 비스듬히 그려 놓고 있다. 지금의 평안북도 상당 지역과 함경북도 전체와 함경남도 상당 부분은 고려 강역이 아니라고 배제하고 고려는 압록강과 두만강도 차지하지 못한 '못난 나라'라는 것이다.

조선 세종 때 사군육진을 개척해 압록강과 두만강까지 올라갔다고 설명하고 있다. 1980년에 사용하던 국정 고등학교 국사 교과서는 "세종 때에는 최윤덕崔閏德, 이천李蕆, 김종서金宗瑞 등이 차례로 여진족을 토벌하여 6진과 4군을 설치하고, 마침내 압록강과 두만강 이남의 땅을 확보하였다(120쪽)"고 서술했다. 최윤덕이 압록강 방면에 4군을 설치하고, 김종서가 두만강 방면에 6진을 설치함으로써 조선 국경이 "마침내" 압록강과 두만강까지 올라갔다는 것이다.

이런 설명의 기본 구도는 바뀌지 않았지만 이후 서술에 혼돈이 시작된다. 2007년에 사용하던 국정 고등학교 국사 교과서는 「조선 초기의 대외 관계」 중 '여진과의 관계'에 대해서 이렇게 서술하고 있다.

> 조선은 영토의 확보와 국경 지방의 안정을 위하여 여진에 대하여 적극적인 외교정책을 펴 나갔다. 우선 태조에 의하여 일찍부터 두만강 지역이 개척되었다. 이어 세종 때에는 4군과 6진을 설치하여 압록강과 두만강을 경계로 하는, 오늘날과 같은 국경선을 확정하였다. (88쪽)

"태조에 의하여 일찍부터 두만강 지역이 개척되었다"라고 설명해 놓고 "세종 때 압록강과 두만강이 국경선이 되었다"고 딴소리하는 것이다. 태조가 개척한 두만강과 세종 때 확정한 두만강은 서로 다른 강인가? "두만강까지 개척한 임금은 누구인가?"라는 시험 문제가 나온다면 정답은 태조인가 세종인가?

2015년에 사용하던 교육부 검정 한국사 교과서(미래엔)는 "세종 때에는 압록강과 두만강 유역에 4군 6진을 개척하여 남쪽의 주민들을 적극 이주시켰다. 이로써 오늘날과 같은 국경선이 확정되었다(64쪽)"라고 쓰고 있다. 이 교과서는 최윤덕, 김종서라는 개척자의 이름도 빼 버렸다. 2020년부터 현재까지 사용하고 있는 검정 한국사 교과서(교학사)는 "여진이 문제를 일으킬 때는 군대를 동원해 토벌하면서 압록강과 두만강 유역에 4군 6진을 설치하는 등 국토를 확장하였다(119쪽)"라고 서술했다. 북방 강역 확장의 주체 인물을 빼 버린 것은

북방을 개척하고 연회를 벌이는 김종서의 모습을 그린 야연사준도夜宴射樽圖

물론 압록강과 두만강이 조선의 북방 국경인 것처럼 쓰고 있다. 박근혜 정권 때 만든 국정 고등학교 한국사 교과서는 "세종 때에는 최윤덕과 김종서로 하여금 4군과 6진을 설치하도록 하여 압록강과 두만강까지 영토를 확장하였다(127쪽)"라고 두 개척자의 이름은 써 주었다.

국정, 검정 할 것 없이 세종 때 4군 6진을 설치해 비로소 압록강과 두만강까지 영토가 확장되었다는 것이다. 그것이 오늘날의 국경선이라고 결론짓고 있다. 과연 그러한가?

압록강과 두만강이 오늘날의 국경선이라면 "간도는 우리 땅"이라는 현재의 언명言明은 억지가 된다. 현재 우리는 1909년 일본과 청이 맺은 간도협약이 무효라고 주장한다. 두만강 북쪽의 간도는 대한제국의 영토였는데 일본이 남만주 철도 부설권을 얻는 대가로 청에 '불법적으로' 넘겨주었다고 비판해 왔다. 그런데 현재 사용하는 한국사 교과서처럼 고려 때는 말할 것도 없고, 조선 세종이 북방을 개척한 후에도 우리 땅이 아니었는데 무슨 논리로 간도를 일본이 불법적으로 청에 넘겨주었다고 말할 수 있겠는가? 두만강 북쪽이 조선 강역일 때 대한제국 강역이라고 주장할 수 있다는 것은 상식이다.

조선 숙종 38년(1712) 여진족(만주족)의 청과 조선이 세운 백두산정계비는 조선과 청의 국경선을 표시한 비석이다. 조선의 전통 강역이 압록강과 두만강이었는데, 조선의 상국이었던 청에서 선조들의 발상지인 간도를 조선에 주었다는 말인가?

앞뒤가 안 맞는 이야기에는 근원이 있다. 그 근원은 물론 일제가 만든 황국 사관, 곧 조선총독부의 '반도 사관'이다.

감사원 앞으로 달려간 역사학자들

문재인 정권이 막 들어선 2018년 2월 8일 오전 11시 대한민국 감사원 정문 앞에 여러 명의 역사학자들이 몰려들었다. 이들은 '역사 교과서 국정화에 적극 가담한 정부 기관 감사 요청 기자회견'이란 것을 열었는데, "역사 교과서 국정화에 적극 가담한 정부 기관의 각종 비리 의혹에 대하여 철저한 감사를 촉구한다"는 플래카드를 내걸었다. 이들의 기자회견을 보도한 『코리아 히스토리 타임스』에 따르면 한국 역사학계와 고고학회 등 역사 관련 학회와 연구소 등 14개 단체를 대표하는 학자들이 직접 나섰다. 기자회견의 사회는 정요근 당시 덕성여대 교수가 봤다. 『코리아 히스토리 타임스』에 의하면 역사학자들이 감사원 앞에 와서 기자회견이란 명목의 사실상 시위를 하게 된 이유는 두 가지이다. 하나는 모 대학 연구소에서 진행 중인 『조선사』 번역 사업이 문제 있다는 것이고, 다른 하나는 동북아역사재단에서 국고 47억을 자신들 같은 역사학자들에게 주어 제작한 『동북아역사지도』 사업이 좌초된 것이 문제라는 것이다.

『조선사』 번역 사업이란 조선총독부 조선사편수회에서 발간한 34권을 번역하면서 비판적 해제를 다는 사업인데, '모 대학 연구소'란 '인하대 고조선연구소'를 뜻한다. 이 사업에는 25억 원의 국고가 지원되었는데, 『코리아 히스토리 타임스』는 이렇게 보도했다.

이 기자회견을 연 단체들이 사실상 만든 현행 국사 교과서에서는 고려 국경을 신의주에서 원산만 일대로 그리고 있다. 그러나 실제 1차 사료와 각종 자료를 종합해서 연구해 본 결과 고려 국경선은 북으로는 두만강 넘어 700리 이상 더 올라간 곳으로 나오고 서쪽 경계도 신의주가 아니라 현재 압록강을 넘는 것으로 나왔다. (…) 그런데 이 기자회견 단체들은 이것이 틀렸다며 제동을 걸고 나섰다.

    이 기자회견을 한 교수들이 참여한 한국사 교과서는 '모두' 고려 국경을 신의주, 곧 압록강 서쪽에서 함경남도 원산만 일대로 그리고 있다. 그런데『조선사』번역진이 고려 국경선은 두만강 북쪽 700리라고 말한 것이 문제라는 것이다. 이 신문은 정요근 교수가『조선사』번역 사업을 비판하면서 "실제 지난 3년간 사업 성과는 고려 왕조의 영토가 한반도를 넘어 중국 동북 3성과 러시아 연해주 일대까지 뻗어 나갔다는 허황된 내용을 핵심으로 하고 있다"고 말했다고 전해 주고 있다. 고려 영토가 압록강 북쪽과 두만강 북쪽까지라는 연구 결과가 "허황된 내용"이라는 비판이다. 또한 이들은 "이러한 내용은 역사적 사실의 왜곡과 편향된 국수주의적 역사 인식에 기초를 두고 있으며 학술적 신뢰성이 빈약한 가설에 지나지 않는다"고 비판했다고 적고 있다. 고려 강역이 압록강~두만강 북쪽이라는 연구 결과는 '국수주의적 역사 인식'이며 '학술적 신뢰성이 빈약한 가설'이라는 비판이다.

    그러면서 이들은『조선사』번역 사업의 연구비가 지원된 것이 박근혜 정부 역사 교과서 국정화 강행과 밀접한 연관이 있다고 주장했다고 한다. 그러나 인하대 고조선연구소 소속 학자들 중 박근혜 정권의 국정 교과서 집필진에 참여한 사람이 아무도 없다는 점에서 견강부회에 불과하다.

이들은 또 동북아역사재단이 한국고대사학회, 한국고고학회 등에게 47억여 원의 국고를 들여서 제작하던 『동북아역사지도』 사업이 좌초한 것이 문제라며 성토했다. (『동북아역사지도』에 대해서는 필자가 『매국의 역사학, 어디까지 왔나』[만권당, 2015]의 「1장 『동북아역사지도』가 대한민국에 묻는 것」에서 자세히 밝혔으므로 이를 참조하기 바란다) 『동북아역사지도』는 일본 극우 사사카와笹川 재단이나 중국 동북 공정 소조에서 만들었다면 명실이 상부한 지도이다. 고대 북한 땅은 모두 중국에게 넘기고, 4세기에도 한반도 남부에는 신라도, 백제도, 가야도 없었다는 지도다. 무엇보다도 우리 역사 강역에서 독도를 끝까지 지워버린 지도다.

이들이 분기탱천해서 감사원 앞에 달려간 이유는 자신들의 역사관과 다른 인하대 고조선연구소에 왜 25억원의 연구비를 지원했느냐는 것과 자신들이 47억여 원을 받고 제작하던 『동북아역사지도』 사업을 왜 좌초시켰느냐는 것이다.

필자가 주목하는 것은 정요근 당시 덕성여대 교수가 고려 국경이 압록강과 두만강 북쪽이라는 연구 결과에 대해 "허황된 내용", "학술적 신뢰성이 빈약한 가설"이라고 비판했다는 점이다. 정요근 교수는 현재 서울대학교 역사학부 교수다. 그는 서울대학교 대학원에서 「고려·조선 초의 역로망驛路網과 역제驛制 연구」로 박사 학위를 받은 고려 및 조선 초기 전공자다. 그가 박사 학위 논문에서 말하는 역驛이란 고려, 조선의 국가 공공 교통망의 핵심 시설이다. 고려·조선은 물론 그 전의 국가들도 전국 각지에 역을 설치해서 관원들이 지방으로 나갈 때 숙식의 편의를 제공하거나 국가의 명령을 전달하고, 외적의 침략이 있을 경우 신속하게 보고를 하게 했다. 국가의 공공 물자도 역을 통해 운송했다. 이를 역참驛站이라고도 불렀는데, 역참과 역참 사이를 연결하는 길이 역로驛路다. 고려·조선 초의 역로망을 전공했다는 것은 고려·조선 초의 국가 공간에 대해서 잘 알고 있어야 한다는 뜻이다.

그런 정요근 교수가 인하대 고조선연구소의 연구 결과에 대해 "허황된 내용을 핵심으로 하고 있다"거나 "학술적 신뢰성이 빈약한 가설에 지나지 않는다"면서 '국수주의'라고 강하게 비판했을 때는 사료에 자신이 있었을 것이다. 보통 이렇게 생각하는 것이 정상이다.

고려 북방 천리장성과 동계

지금부터 약 1000여 년 전 고려의 북방 강역을 알려면 어떻게 해야 할까? 지구상의 다른 모든 나라 국민들은 1000여 년 전의 역사를 연구하는 학자들의 연구 결과를 보면 된다. 그러나 한국에서는 그렇게 하면 큰일 난다. 자신의 눈으로 직접 1000여 년 전의 사료를 확인해야 한다. 이 나라에서는 역사에 관심을 가지면 피곤한 국민 생활을 할 수밖에 없다.

1000여 년 전의 상황을 말해 주는 옛 사료로 고려의 행정구역을 살펴보자. 고려는 지방 행정 조직을 '5도 양계'로 나누었다. 나라 남쪽에는 5도를 설치하고 북쪽에는 양계를 설치했다. 지금 사용하는 모든 한국사 교과서는 5도를 지금의 평안남도 남쪽의 황해도 지역 아래로 설명하고 있다. 황해도 지역은 서해도, 경기·충청도 지역은 양광도, 강원도 일부는 교주도, 전라남북도 지역은 전라도, 경상남북도 지역은 경상도 및 동계 일부라고 설명하고 있다.

양계의 서쪽은 북계인데, 지금의 평안북도 일부와 평안남도가 들어간다. 양계 동쪽이 동계인데, 북쪽은 함경남도 원산 부근에서 남쪽

고려의 5도 양계를 표시한 지도

은 경상북도 포항 부근까지로 그려져 있다.

그리고 북계와 동계 사이에는 천리장성을 그려 놨다. 그간 우리나라 역사 교육의 절대 지침은 "따지지 말고 외워!", "그래야 대학 갈 수 있어!"라는 것이었다. 그러나 아주 작은 문제의식을 가지고 살펴보면 의아한 점이 한두 가지가 아니다.

첫째 '천리장성' 바깥에는 나라가 없다. 원래 고대 국가의 국경은 강이나 산맥 같은 자연 경계로 구성된다. 그 자연 경계 밖에 침략하려는 적대국이 있을 때 장성을 쌓아서 방어한다. 장성은 쌓는 데 수많은 노동력과 자본이 든다. 쌓는 것도 힘들지만 지키는 것이 더 중요하다. 한 군데만 뚫려도 적이 밀고 들어오므로 촘촘한 방어선을 구축해야 한다. 그런데 고려 천리장성 바깥에는 적대적인 나라 자체가 없다. 여진족들이 가끔 무리를 이뤄 공격했지만 여진족들은 나라가 없었다. 그런데도 고려는 수많은 노동력과 자금을 들여서 천리장성을 쌓았고, 수많은 군사들이 장성에 파견되어 밤낮 지켰다는 것이다.

둘째 '동계'는 누가 봐도 이상하게 생긴 행정구역이다. 북쪽은 함경도 원산 부근에서 남쪽은 아주 가늘게 경상북도 포항 부근까지 내려왔다. '동계 지도'를 보다 보면 교주도 사람들과 경상북도 일부 사람들의 해산물 섭취를 막기 위해 만들어 놓은 행정구역 같다. 역사상 이런 행정구역이 존재한 것이 있었을까?

이 동계에 대해서 한국의 대표적인 역사 사전인 『한국민족문화대백과사전』의 설명을 보자. 이 사전은 「동계」의 '정의'에서 "고려 시대 북계와 함께 양계兩界를 구성하던 지방 행정구역"이라고 설명하고 있다. 「동계」의 '개설'에서는 "대체로 함경남도 이남부터 강원도 삼척 이북의 지역에 해당한다"라고 설명하고 있다. 역사 지리에 깊은 지식이 없어도 금방 의문이 생길 것이다. 한국사 교과서의 지도는 동계의 남쪽을 강원도 삼척 부근이 아니라 경상북도 포항 부근으로 그려 놨기 때문이다. 「동계」의 '내용 및 변천'에서는 "동계는 주로 여진과의 경계를 이루는 국경 지대이므로 중앙에서 매우 중시해 병마사 1인을 두고 민정과 군정을 함께 관장하도록 하였다"라고 설명하고 있다. 그 근거 사료로『고려사』와『고려사절요高麗史節要』, 그리고 서울대학교 국사학과 교수였던 변태섭의「고려 양계의 지배 조직」(『고려 정치 제도사 연구』〔일조각, 1970〕)을 들고 있다.

「고려사」는 무엇이라고 말하는가

고려 동계에 대해서 가장 중요한 사료는『고려사』「지리지 동계」다. 「동계」의 '연혁'에서『고려사』는 "동계는 본래 고구려 옛 땅이다"라고 시작하고 있다.『고려사』「지리지 동계」의 '연혁'에서 중요한 인물은 예종과 윤관尹瓘이다.

예종 2년(1107)에 평장사 윤관을 원수元帥로 삼고 지추밀원사 오연총吳延寵을 부원수로 삼아 군사를 거느리고 여진을 쳐서 쫓아내고 9성을 설치했는데 공험진公嶮鎭 선춘령先春嶺에 비석을 세워 경계로 삼았다. (『고려사』「지리지 동계」)

예종 2년에 평장사 윤관이 1107년 여진족을 쫓아내고 공험진 선춘령에 '고려 국경'이라는 비석을 세웠는데 이곳이 동계의 북방이라는 것이다. 『고려사』「지리지 동계」의 '연혁'은 동계의 전체적인 역사에 대해서 한 문장으로 정리하고 있다.

한 번은 나누어지고 한 번은 합치면서 비록 연혁과 명칭은 같지 않지만 고려 초로부터 말년에 이르기까지 공험진 이남에서 삼척 이북을 통틀어 동계라 일컬었다.

『고려사』「지리지 동계」는 동계의 북쪽은 공험진이고 남쪽은 삼척이라고 거듭 말하고 있다. 앞서 살펴본 것처럼 『한국민족문화대백과사전』은 「동계」에 대해서 "대체로 함경남도 이남부터 강원도 삼척 이북의 지역에 해당한다"라고 설명하고 있다. 현재 한국사 교과서들에서 강원도 삼척을 경북 포항 부근으로 그려 놨다. 광복 이후 80여 년 동안 수많은 역사학자들과 지리학자들이 '강원도 삼척'과 '경상북도 포항'을 구분 못했다는 것이니 이해가 가는가?

『고려사』는 동계의 북쪽이 '공험진'이라는데, 『한국민족문화대백과사전』은 '함경남도 이남'이라고 말하고 있다. 공험진이 함경남도 이남에 있다는 말이다. 『고려사』「윤관열전」은 예종 2년(1107) 윤관이 공험진까지 올라가는 내용이 비교적 자세하게 설명하고 있다. 변방 장수

1910년경 그려진 윤관 초상

가 여진이 변방의 성을 침공했다고 보고하자 예종은 중광전에 나아가 불감佛龕(불상을 모신 모형 집)에 감추어 둔 선왕 숙종의 발원문을 대신들에게 보였다. 북방 강역에 대한 숙종의 발원문을 받들어 읽은 대신들이 눈물을 흘리면서 "성고聖考(세상을 떠난 선왕)께서 남기신 뜻이 이처럼 깊고 간절하시니 어찌 잊을 수 있겠습니까?"라면서 여진 정벌을 청했다. 그래서 윤관과 오연총을 보내 여진 정벌을 명했다. 윤관과 오연총이 장춘역長春驛에 주둔시킨 군사는 17여 만 명이었는데 20만이라고 칭했다. 그해 12월에 출진한 것은 추운 겨울을 믿는 여진족의 허를 찌르기 위한 것이었다.

윤관은 군사를 다섯으로 나누어 진격했는데,『고려사』「윤관열전」은 군사들의 출병로를 이렇게 적고 있다. 원수 윤관은 5만 3000명을 이끌고 정주定州 대화문大和門으로 나가고, 중군병마사 김한충金漢忠은 3만 6000명을 이끌고 안륙수安陸戍로 나가고, 좌군병마사 문관文冠은 3만 3900명을 이끌고 정주 홍화문弘化門으로 나갔다. 우군병마사 김덕진金德珍은 4만 3800명을 이끌고 선덕진宣德鎭의 안해수安海戍와 거방수拒防戍의 2수戍 사이로 나가고, 선병별감 양유송梁惟竦 등이 수군

2600명을 이끌고 도린포道鱗浦로 나갔다.

이 17만 군사가 지금의 함경남도를 목표로 행군했을 가능성은 0퍼센트다. 윤관이 이끄는 고려군사는 대내파지촌大乃巴只村을 지나 한나절을 행군했는데 여진족은 그 군세가 강한 것을 보고 황급하게 도주하는 바람에 기르던 가축들이 들판에 흩어져 있을 정도였다.

이듬해(1108) 윤관은 가한촌加漢村의 좁은 병목(병의 아가리의 좁은 부분) 길에 들어섰다가 여진족의 매복에 걸려 10여 명만 남는 위기에 처했다. 거의 죽게 된 것을 척준경拓俊京의 목숨 건 분전으로 겨우 빠져나왔을 정도로 쉽지 않은 정벌이었다. 윤관은 척준경을 아들로 삼고 다시 공격을 이어 갔다. 이런 분전 끝에 예종 3년(1108) 윤관이 이끄는 고려군은 공험진까지 이를 수 있었다. 『고려사』「윤관열전」은 이렇게 말하고 있다.

> 윤관이 영주英州·복주福州·웅주雄州·길주吉州·함주咸州 및 공험진에 성을 쌓고, 드디어 공험진에 비碑를 세워 경계로 삼았다.

윤관은 공험진에 '고려지경高麗之境'이라는 비석을 세웠다. 영주·복주·웅주·길주·함주의 다섯 주와 통태진通泰鎭·평융진平戎鎭·공험진에 성을 쌓고 북계北界 9성이라고 했는데, 모두 남계南界의 백성들을 이주시켜 성을 채웠다. 현재 역사학자들은 이 지역들이 대부분 함경남도 안에 있었다고 말하고 있다.

윤관이 비를 세우는 장면을
그린 척경입비도拓境立碑圖

두만강 북쪽 700리 공험진

윤관이 '고려지경'이라는 비석을 세운 공험진은 어디일까? 정확한
리수里數를 밝힌 사료들이 적지 않다. 『세종실록』에는 「지리지」가 있
는데 공험진이 두만강 북쪽으로 몇 리 지점에 있는지 정확하게 밝혀
놓았다. 『세종실록』 「지리지」는 두만강가에 있는 '경원慶源도호부'의
사방 경계에 대해서 이렇게 말하고 있다.

　(경원도호부의) 사방 경계는 동쪽으로는 바다까지 20리, 서쪽으

로는 경성鏡城의 두롱이현豆籠耳峴까지 40리, 남쪽으로는 바다에 이어진 굴포堀浦까지 12리, 북쪽으로는 공험진까지 700리, 동북쪽으로는 선춘현先春峴까지 700여 리, 서북쪽으로는 오음회吾音會의 석성기石城基에 이르기 150리이다. (『세종실록』「지리지 경원도호부」)

윤관이 비석을 세운 공험진은 두만강 북쪽으로 700리, 선춘령까지는 두만강 동북쪽으로 700리라고 정확하게 밝혀 놓았다.『세종실록』「지리지」'경원도호부'조는 거듭 한 번 윤관이 비석을 세운 곳에 대해 설명하고 있다.

두만강을 건너 10리를 가면 큰 들판 안에 큰 성이 있는데 곧 현성縣城이다. (…) 그 성(거양성巨陽城)은 본래 고려 대장 윤관이 쌓은 것이다. 거양성에서 서쪽으로 60리를 가면 선춘현先春峴인데 곧 윤관이 비를 세운 곳이다. 그 비의 4면에 글이 새겨져 있었는데 호인胡人(여진족)이 그 글자를 깎아 버렸으나 그 뒤 사람들이 그 밑을 팠더니, '고려지경高麗之境'이라는 네 자가 있었다. 선춘현에서 수빈강愁濱江을 건너면 옛 성터가 있다.

윤관이 공험진 선춘령에 '고려의 땅'이라는 뜻의 '고려지경'이라는 비석을 세웠다는 것이다. 수빈강은 두만강 북쪽을 흐르는 강인데『세종실록』「지리지」의 '경원도호부' 조항은 수빈강에 대해서 두만강 북

미수 허목

성호 이익

쪽에 있는데, 그 강의 근원은 백두산 아래에서 나와서 북쪽으로 흘러서 소하강이 되어 공험진·선춘령을 지나 거양성에 이르고, 동쪽으로 120리를 흘러서 수빈강이 되어 아민阿敏에 이르러 바다로 들어간다고 설명하고 있다. 공험진 선춘령이 두만강 북쪽 700리에 있다는 것은 여러 조선 학자들에게 상식이었다.

　조선 숙종 때의 남인으로 우의정을 역임한 미수 허목許穆(1595~1682)은 『기언記言』에서 변방의 요새라는 뜻의 '변새邊塞'에 대해서 이렇게 말했다.

　공험진은 회령부會寧府의 소하강蘇下江가에 있는데 선춘령의 동남쪽 두만강 이북 700리 지점이다. 예종 3년에 선춘령에 비석을 세워 공적을 기록해서 이곳으로 국경을 삼았다.

역시 숙종 때의 남인으로서 평생 재야에서 학문을 닦은 성호 이익 李瀷(1681~1763)은 선춘령에 대해 말하면서「백두산정계비」의 내용까지 비판했다. 이익은『성호사설星湖僿說』의「두만에서 경계를 다투다」란 글에서 이렇게 말했다.

> 북관北關은 두만강을 경계로 삼고 있다. 그런데 고려 윤관의 비가 선춘령에 있고 선춘령은 두만강 북쪽 700리 밖에 있는데 무슨 까닭으로 지난번에 국경선을 정할 때 두만강의 원류源流만을 찾았는지 알 수 없다. 아마도 두만이란 바다로 들어가는 위치를 말한 것으로 토문土門이 바로 이것인데, 발음이 비슷해서 오인된 것이다. 백두산의 물이 이리로 모여드는데, 만일 토문에서 여러 물의 근원을 따라 올라간다면 지금 두만강 북쪽에 있는 땅은 모두 우리 것이고 선춘령도 그 안에 포함된다. 그 말하는 사람들은 경계를 다툴 때 세밀히 따지지 못했다고 하는데 그 말이 옳다.

성호 이익은 두만강 북쪽 700리가 모두 조선의 강역이라고 말했다. 정조 1년(1777) 소론으로 함경도 경흥부사를 역임했던 홍양호洪良浩는 현지에서 경험한 것을 적은『삭방풍토기朔方風土記』를 저술했는데, 그의 손자 홍경모洪敬謨가 이를 바탕으로 삼으면서 다른 문헌을 참조하여『북새기략北塞記略』을 펴냈다.

선춘령은 지금의 회령부에서 두만강 북쪽으로 700리에 있는데 옛 공험진과 거양성에서 서쪽으로 60리에 있으니, 바로 백두산의 동북쪽이다. (…) 고려의 시중侍中 윤관이 영토를 개척하여 이곳에 이르러 공험진을 쌓고서 선춘령 위에 비석을 세웠는데, '고려지경'이라고 새겼고, 비석의 네 면에 글이 있었는데 호인(여진족)이 모두 깎아 없애 버렸다고 한다.

『북새기략』은 두만강 북쪽 땅을 설명하면서 "부여는 단군의 후예였고, 읍루와 물길은 모두 그 부락이니, 곧 그 땅은 조선에 속한 것임은 의심할 여지가 없다. 고려 경계가 선춘령까지 이르렀는데 남경南京과 거양성이 다 그 경내에 있다"고 말했다. 두만강 북쪽은 조선 땅이라는 것이다.

고종 황제 때인 광무光武 6년(1902) 이범윤은 북간도시찰사北墾島視察使로 간도로 갔다. 간도 지역의 영유권을 둘러싸고 조선 백성들과 청 사이에 분쟁이 발생했기 때문이다. 이범윤은 북간도에 거주하는 조선 백성 2만 7400여 호, 10만여 명을 대한제국의 호적에 편입시켜 이 지역이 대한제국의 강역임을 분명하게 밝혔다. 이범윤은 "국경을 조사해서 정하는 것을 하루 미루면 우리 백성들은 하루만큼 편안함이 없을 것이라고 여기고 옛 사적을 모아 지지地誌를 편찬해서 공중의 근거 자료로 삼으려고" 여러 관련 자료를 수집해서 『북여요선北輿要選』을 편찬했다. 이범윤은 1903년 『북여요선』을 저술하고 나서 경원에 거주하는 학자 김노규金魯奎가 북방 강역사에 밝다는 사실을 알고 미진한

점을 보충해 달라고 요청했다. 김노규는 자신의 문인들과 여러 관련 사료를 찾아서 『북여요선』을 보강했는데 선춘령에 대해서 이렇게 말했다.

> 선춘령은 회령의 두만강 북쪽 700리에 있다. 윤관이 영토를 확장할 때 여기에 이르러 공험진을 축성하고 선춘령 위에 비석을 세워 '고려지경'이라고 새겼다. 비석의 네 면에 글이 있었는데 모두 호인(여진족)들이 깎아 버렸다.

김윤식이 청국에 맞서서 북간도를 대한제국의 영토로 편입시킨 근거가 바로 선춘령에 세운 윤관의 비였다. 김윤식은 스스로 역사 지리 공부를 통해 두만강 북쪽이 대한제국의 강역이라는 사실을 확실히 알게 되었던 것이다. 그래서 김윤식은 압록강 북쪽 지역의 조선인들은 평안도에 세금을 내게 하고, 두만강 북쪽 지역의 조선인들은 함경도에 세금을 내게 해서 간도를 대한제국의 영토로 관리했다.

공민왕이 수복한 강역

고려 북방 경계인 공험진 선춘령이 두만강 북쪽 700리이자 이것이 그대로 조선의 북방 강역이라고 기술한 사료는 무수히 많다. 그런데 이 나라 역사학자들은 그 남쪽으로 2000여 리 가까이 끌어내려서 함

경남도라고 주장한다. 우리나라 한국사 교과서들이 코미디라는 사실
은 공민왕이 재위 5년(1356) 수복한 고려 북방 강역을 지금의 함경남
도라고 말한다는 데 있다. 공민왕이 1356년에 북방 강역 수복에 나서
는 이유는 약 100년 전인 고려 고종 45년(1258) 두 민족 반역자가 두
만강 이북 땅을 들어서 몽골에 바쳤기 때문이다. 『고려사』 「지리지 동
계」는 이렇게 설명하고 있다.

> 고종 45년(1258) 몽골 병사가 침입하자 용진현 사람 조휘趙暉와
> 정주 사람 탁청卓靑이 반란을 일으켜 (동북면)병마사 신집평愼執
> 平을 죽이고 화주和州 이북의 땅을 들어 몽골에 붙었다. 몽골은
> 곧 화주에 쌍성총관부를 설치하였고, 조휘를 (쌍성총관부의) 총
> 관으로, 탁청을 천호千戶로 삼아 다스리게 하였다.

고종 45년 용진 출신 조휘와 정주 출신 탁청이 고려의 동북면병마
사 신집평을 죽이고 화주 이북의 땅을 들어 몽골에 바치자 몽골에서
화주에 쌍성총관부를 설치해 지배했다는 것이다. 지금 한국사 교과서
들과 『민족문화대백과사전』은 화주를 함경남도 영흥이라고 설명하고
있다.

동북면병마사 신집평은 고종 45년 몽골이 침략하자 고주高州·화
주·정주定州·장주長州·의주宜州·문주文州 등 15주의 백성을 이끌고 저
도猪島로 들어갔다. 저도성은 크지만 사람 수가 적어 지키기 힘들자
신집평은 백성들을 죽도竹島로 들어가게 했는데, 죽도는 좁고 험하며

또 물이 부족해서 백성들이 들어가려고 하지 않았다. 그러자 조휘와 탁청이 불만을 품은 사람들을 모아서 신집평 등 고려의 관리들을 죽이고 화주 이북 땅을 들어 몽골에 투항했던 것이다. 몽골은 화주를 쌍성雙城으로 고치고 쌍성총관부와 천호소를 설치해 조휘를 쌍성총관, 탁청을 쌍성천호로 임명했다. 몽골이 화주에 설치한 '쌍성총관부'에 대해 『한국민족문화대백과사전』은 "고려 후기 몽고가 고려의 화주(지금의 함경남도 영흥) 이북을 직접 통치하기 위해 설치했던 관부"라고 설명하고 있다. 쌍성총관부는 원元이 함경남도 지역을 지배하기 위해서 설치한 지역인데, 공민왕이 재위 5년 이 지역으로 군사를 보내 함경남도를 되찾았다는 것이다.

공민왕은 재위 5년(1356) 5월 원의 간섭을 단숨에 끊을 대작전을 개시했다. 개경에서는 기황후奇皇后의 오빠 기철奇轍 일당을 죽였다. 동시에 두 방면에서 군사작전을 진행했다. 인당印璫과 강중경姜仲卿을 서북면병마사로 삼아 "압록강 서쪽의 8참站을 공격하게 했다." 고려 군사의 출발지가 압록강이라는 점은 곧 압록강 서북쪽 강역을 수복하기 위한 것이었다. 또 유인우柳仁雨를 동북면병마사로 삼아 쌍성 등지를 수복하게 하였다.

유인우는 두 달 후인 그해 7월 쌍성을 함락시켰고 조휘의 증손자인 쌍성총관 조소생趙小生과 탁청의 후손인 쌍성천호 탁도경卓都卿은 도주했다. 고려는 고종 45년(1258) 원에 빼앗겼던 두만강 북쪽 강역을 되찾았다.

원의 정사인 『원사元史』의 「식화지食貨志」에는 쌍성(화주)이 어디인지를 말해 주는 사료가 있다. 『원사』「식화지」는 금을 캐서 세금으로 바치는 지역에 대해 기록하고 있는데 쌍성도 그중 하나다. 『원사』는 "지원至元 13년(1276), 또 요동의 쌍성 및 화주 등지에서 금을 캤다"고 기록하고 있다. 쌍성은 함경도가 아닌 요동에 있다는 것이다. 유인우가 회복한 쌍성에 대해서『고려사』「지리지 동계」는 "원나라에 편입된 지 99년이 되었는데 이때에 비로소 수복하였다"고 말하고 있다. 그래서 100년 만에 이 지역을 회복했다는 말이 나온 것이다.

공험진을 과거 시험 문제로 낸 세종

세종은 고려와 조선의 북방 강역이 두만강 북쪽 700리 공험진이란 사실을 잘 알고 있었다. 세종은 재위 8년(1426) 4월 심지어 공험진을 과거 시험인 책문策問에서 직접 물었다. 조선 북방 국경의 마지막 고을을 어디로 삼아야 하느냐는 질문이었다.

어떤 이는 "공험진 이남은 나라의 옛날 봉토이니 마땅히 군사와 백성을 두어서 강역을 지켜야 한다"고 말한다. 어떤 이는 "경원군慶源郡은 세 방면에서 적의 공격을 받는데 인민이 적어서 적군을 방어하기가 어렵고 그 토지가 좁아서 많은 백성들이 살 수 없으니 마땅히 경원의 수비를 폐지하고 경성鏡城으로 옮겨야 한다"고 말한다. 어떤 이는 "경원에 군사를 둔 것은 태종

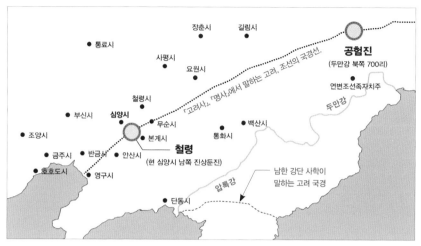

고려, 조선의 국경선

께서 이루신 헌법이니 바꾸어 고칠 수 없다"고 말한다. 이 세
가지 설 중에 과연 어느 것을 택하고 어느 것을 버려야 하겠는
가?(『세종실록』 8년 4월 11일)

책문은 경전의 뜻이나 당면한 정치 현안에 대해 묻는 시험인데 이
에 대답하는 논술문을 대책對策이라고 한다. "대책을 세우다"라는 말
이 여기에서 나왔다. 세종은 어디에 군사와 백성들을 주둔시킬 것인
가에 대해서 묻고 있다. 가장 북쪽이 공험진이고, 두번째가 두만강가
의 경원이고, 세 번째는 그 밑의 경성이라는 것이다. 세종은 가장 북
방의 공험진, 두만강가의 경원, 함경북도 내륙의 경성 중 어느 곳을
군사를 주둔시킬 북방 마지막 고을로 삼아야 하느냐고 물은 것이다.

명으로부터 공험진 이남을 확인받은 태종

태종 이방원李芳遠은 제1차 왕자의 난으로 정도전鄭道傳을 제거해서 북벌을 좌절시켰지만 조선의 북방 강역이 공험진까지라는 사실은 잘 알고 있었다. 태종은 재위 4년(1404) 5월 예문관 제학 김첨金瞻을 명의 수도 남경에 보내어 국경 문제를 다시 확정 짓게 했다. 태종은 이때 명에 보낸 국서에서 이렇게 말했다.

> 살펴보니 본국의 동북 지방은 공험진부터 공주孔州·길주吉州·단주端州·영주英州·웅주雄州·함주咸州 등 여러 주州가 모두 본국의 땅에 소속되어 있습니다.

태종은 이 국서에서 두만강 북쪽 700리까지가 조선의 국경이라는 사실을 다시 확인하자는 것이었다. 문제는 이 지역은 조선인보다는 여진족이 더 많이 사는 지역이라는 점이었다. 태종은 "그곳에 살고 있는 여진의 여러 종족의 인민들을 전과 같이 본국에서 관할하게 하시면 한 나라가 다행이겠습니다"라고 말했다. 태종은 이때 국서와 함께 각종 지도까지 첨부해 두만강 북쪽 강역이 조선 강역임을 분명하게 밝혔다.

남경에 간 김첨은 10월 초하루 조선으로 돌아와 명나라 영락제의 칙서를 전했다. 태종이 주장한 대로 두만강 북쪽에 사는 천호 이역리불화李亦里不花 등 열 지역의 여진족을 조선이 관할하는 것에 동의

한다는 내용이었다. 이역리불화는 조선 이름이 이화영李和英인데 태조 이성계의 의형제이자 여진족으로 조선 개국 1등공신인 이지란李之蘭의 아들이었다. 이들은 모두 조선으로부터 천호 등의 벼슬을 받은 조선의 신민이었다. 기뻐한 태종은 김첨에게 전지 15결을 상으로 주었다.

그런데 명은 조선과 여진족을 이간질시켜서 이 지역에 대한 조선의 지배력을 약화시키려고 획책했다. 여진족 추장 동맹가첩목아童猛哥帖木兒를 이용하는 것이었다. 태종 5년(1405) 3월 명의 영락제는 동맹가첩목아에게 사신을 보내 "네가 직접 와서 조회하면 너에게 지위와 상을 주어 네게 군민軍民을 다스리게 하겠다"고 회유했다. 이를 보고 받은 태종은 곧바로 5월에 예문관 대제학 이행李行을 명에 보내 공험진 이남부터 철령까지는 조선 땅이라고 통보했다. 영락제는 자신이 조선과 땅을 다투는 것이 아니라면서도 왜 동맹가첩목아가 직접 오지 않고 조선 사신이 왔느냐고 힐난했다. 태종은 그해 9월 호조참의 이현李玄을 남경에 보내서 "동맹가첩목아는 우리나라 땅인 공험진 이남으로 전에 명에서 조선 땅으로 인정한 경성의 두만강가에 사는 사람"이라고 말했다. 태종이 세종에게 왕위를 물려주고 상왕으로 있을 때 서울 남산에 산성을 보수한 것은 명과 전쟁에 대비하기 위한 것이었다.

북방 정벌의 뜻을 가진 세종

세종도 마찬가지로 공험진 이남이 조선 땅이란 사실을 잘 알고 있었다. 세종은 재위 15년(1433) 신하들에게 이렇게 말했다.

> 고려의 윤관이 17만 군사를 거느리고 여진을 소탕해서 주州와 진鎭을 개척해 설치했는데 여진이 지금까지도 모두 우리나라의 위엄을 칭찬하니 그 공이 진실로 적지 아니하다. 윤관이 주를 설치할 때 길주吉州가 있었는데, 지금 길주가 예전 길주와 같은가? 고황제(명 주원장)가 조선 지도를 보고 "공험진 이남은 조선의 땅이다"라고 했으니 경들이 참고하여 아뢰라. (『세종실록』 15년 3월 20일)

길주에 대한 세종의 질문은 아주 중요하다. 역사에 밝은 세종은 함경북도 길주가 두만강 북쪽에 있던 고려 시대의 길주와 다르다는 사실을 알고 있었다. 그래서 윤관이 개척한 길주와 조선의 길주가 같은 지역인지를 물은 것이다. 『세종실록』 사관은 세종이 이런 질문을 한 것에 대해 "이때 막 파저강婆猪江 정벌에 뜻을 가지고 있었기 때문에 이런 전교가 있었다"라고 설명하고 있다. 파저강에 대해서 안정복은 『동사강목東史綱目』에서 "동가강佟家江을 우리나라에서는 파저강이라고 부른다"라고 말하고 있다. 동가강은 압록강 북쪽의 강인데 원래 조선 땅인 이곳을 정벌하기 위해서 신하들에게 미리 역사 공부를 시킨 것이었다.

세종이 길주에 대해서만 물었지만 사실 이 질문은 길주에 국한된 질문이 아니었다. 『고려사』「지리지」는 동계 산하의 함주咸州대도독부에 대해 이렇게 설명하고 있다.

오랫동안 여진족이 점거했던 곳인데, 예종 2년 원수 윤관 등에게 명해서 군사를 거느리고 쳐서 내쫓고 함주를 설치해 대도독부로 삼고 진동군鎭東軍이라고 불렀다.

『고려사』「지리지 동계」는 함주대도독부 산하에 영주英州·웅주雄州·길주吉州·복주福州의 4개 주와 공험진·통태진·평융진·숭령진·진양진·선화진의 6개 진이 있었다고 말하고 있다. 그러면서 "함주·영주·웅주·복주·길주·의주의 6주와 공험진·통태진·평융진의 3진이 (윤관이 쌓은) 9성이다"라고 말하고 있다. 윤관이 쌓은 9성은 모두 두만강 북쪽에 있었다. 그런데 나중에 이 지역들이 두만강 남쪽으로 내려오면서 이름도 따라 내려온 것이다. 그래서 세종이 "지금 길주가 윤관이 쌓은 길주가 같은가?"라고 물어본 것이었다.

세종은 재위 21년(1439) 8월 6진을 개척하러 간 함길도 도절제사 김종서에게 전지를 보냈다.

(우리나라의) 동북 지경은 공험진이 경계라는 말이 전해진 지 오래다. 그러나 어느 곳에 있는지 알 수 없다. 본국(조선)의 땅을

세종의 어진

상고해 보니 공험진이 장백산 (백두산) 북쪽 산기슭에 있다고 하지만 역시 허실虛實을 알지 못한다. 『고려사』에는 "윤관이 공험진에 비를 세워 경계로 삼았다"고 하였다. 지금 들으니 선춘점先春岾에 윤관이 세운 비가 있다는데, 공험진이 선춘점의 어느 쪽에 있는가? 그 비문을 사람을 시켜 찾아볼 수 있겠는가? (…) 만일 비문이 있다면 또한 사람을 시켜 베낄 수 있는지 없는지 아울러 아뢰라. 또 윤관이 여진을 쫓고 9성을 설치했는데, 그 성이 지금은 어느 성인가? 공험진의 어느 쪽에 있는가? 서로 거리는 얼마나 되는가? 듣고 본 것을 아울러 써서 아뢰라. (『세종실록』 21년 8월 6일)

조선의 군주들에게 역사는 기본 소양이었다. 세종은 그 바쁜 와중에 역사 공부도 소홀히 하지 않았다. 그래서 태종은 물론 세종은 공험진까지가 조선 강역이라는 사실을 잘 알고 있었다. 그런데 지금 이 나라는 고려사 전공 교수가 고려 북방 강역이 두만강 북쪽 700리 공험진이라는 사실도 모른 채 "허황된 내용", "역사적 사실의 왜곡과 편향

된 국수주의적 역사 인식"이라고 비판하고 아무 이상이 없는 상황이다. 『고려사』「지리지」와 『세종실록』「지리지」만 살펴봐도 알 수 있는 사실을 모르는 사람이 평생 대학교 사학과 교수 노릇을 할 수 있는 사회가 계속되고 있다.

인하대 고조선연구소의 연구 결과까지 갈 것도 없다. 필자는 2010년에 출간한 『김종서와 조선의 눈물』(옥당)의 '김종서가 넓힌 강역은 어디까지인가?'(157~164쪽)라는 소제목에서 8쪽에 걸쳐서 이 문제를 자세하게 서술했다. 이 책 곳곳에서 고려의 북방 경계인 공험진이 두만강 북쪽 700리에 있었다고 썼다. 두 대목만 인용해 보자.

> 명나라 태조가 '공험진 이남은 조선 경계'라고 한 것은 두 나라의 국경을 나타내는 말인데, 공험진 선춘현은 윤관이 '고려지경(高麗之境: 고려 강역)'이라는 비석을 세운 곳인데, 두만강 북쪽 700리 지점에 있는 곳이었다. 세종은 최소한 고려가 확장한 만주 강역까지는 조선 영토를 넓힐 생각으로 김종서를 함길도 관찰사로 보낸 것이었다.(『김종서와 조선의 눈물』, 102쪽)

세종이 공험진을 정확하게 알고 있었다는 사실도 『김종서와 조선의 눈물』에 썼다.

> 세종은 한번 기억한 것은 잊지 않는 군주였다. 공험진도 바로 그런 장소였다. 세종은 재위 15년(1433) 3월 20일 윤관이 설치

한 길주가 지금의 길주와 같은가를 신하들에게 묻고는 명나라 태조가 조선 지도를 보고, '공험진 이남은 조선의 경계이다'라고 인정한 조서를 보냈다고 말했다. 그때까지 조선에 그 조서가 남아 있었다는 뜻이다. 두만강 북쪽 700리 지점의 공험진 남쪽부터 조선 땅이라는 뜻이었다.(『김종서와 조선의 눈물』, 157쪽)

역사 공부의 기본은 시간과 공간이다. 자신이 연구하는 시대의 공간을 모르고도 박사 학위를 받는 것이 가능한 학계는 한국과 일본 극우파 역사학계밖에 없다. 세종이 책문으로 공험진과 경원과 경성에 대해서 물었는데, 공험진에 대해서 알지 못하는 수험생이 어떻게 대답할 수 있겠는가? 우리 사회는 고려 북방 강역의 기본인 공험진이 어디인지도 모르는 학자들이 대학에서 고려사, 조선 초기사를 가르친다. 태종과 세종이 지하에서 통곡할 일이다.

7장

요령성 심양 남쪽은
고려 · 조선 땅이었다

위화도회군과 철령

우리나라에서 위화도회군에 대해서 모르는 사람은 아마 거의 없을
것이다. 고려 우왕이 이성계와 조민수曹敏修에게 요동 정벌군을 이끌
고 북상하게 했는데, 이성계가 왕명을 어기고 압록강 위화도에서 회
군한 사건이다. 로마의 시저가 "주사위는 던져졌다"면서 루비콘강을
건넌 것과 비교할 수 있는 큰 사건이었다. 시저의 루비콘강 도강으로
로마의 공화정이 무너지고 제정帝政이 시작되었다면 위화도회군 결과
고려 왕조가 무너지고 조선 왕조가 시작되었다.

고려가 요동 정벌군을 북상시킨 것은 명에서 고려 땅인 철령鐵嶺에
철령위를 설치해 직접 통치하려고 했기 때문이다. 철령의 위치에 대
해서 한국 역사학계의 이른바 통설通說을 적은 『한국민족문화대백과
사전』은 "함경남도 안변군 신고산면과 강원도 회양군 하북면(지금의

강원도 고산군과 회양군) 사이에 있는 고개"라고 설명하고 있다. 명이 함경남도 안변과 강원도 회양군에 철령위를 설치해서 직접 지배하겠다고 하자 격분한 우왕과 최영崔瑩 장군이 요동 정벌군을 북상시켰다는 것이다. 『한국민족문화대백과사전』은 '철령'의 내용에서 이렇게 설명하고 있다.

> 1388년(우왕 14) 명나라가 철령 이북은 본래 원나라 땅이라 하며 요동 관할 하에 두겠다고 통보해 오자, 고려에서는 이에 반대하고 철령뿐만 아니라 그 이북의 공산령公山嶺까지도 본래는 고려의 영토라 하여 요동 정벌을 결의하였다. 이성계의 위화도 회군으로 요동 정벌은 이루어지지 않았으나 철령 이북의 땅도 명나라에 귀속되지 않았다. 이항복은 철령을 소재로 하여 다음과 같은 시조를 남긴 바 있다. "철령 높은 봉에 쉬어 넘는 저 구름아/고신원루孤臣寃淚를 비 삼아 띄우다가/임 계신 구중심처九重深處에 뿌려 본들 어떠하리."

위 기사를 정리하면 이런 내용이다.

① 우왕 14년(1388) 명나라가 함경남도 안변의 철령 이북을 요동 관할 하에 두겠다고 통보했다.

② 고려는 철령뿐만 아니라 그 이북의 공산령도 고려 영토라고 요동 정벌을 결의했다.

③ 이성계의 위화도회군으로 요동 정벌은 무산되었지만 철령 이북

땅도 명에 귀속되지 않았다.

④ 조선의 이항복은 철령을 소재로 시조를 남겼다.

그런데 필자가 과문한 탓인지는 몰라도 공산령이란 고개 이름은 사료에서 본 적이 없다. 우리의 『고려사』, 『조선왕조실록』은 물론 몽골의 『원사』, 중국의 『명사』, 그 어느 곳에도 나오지 않는 지명이다. 이는 둘째 치고 농경민족인 명이 함경남도와 강원도까지 지배하겠다고 나선 이유는 무엇일까? 당시 명의 수도는 북경이 아니라 남경이었다.

또한 명에서 함남과 강원도에 철령위를 설치하겠다고 통보해서 분쟁이 발생했으면 고려 군사는 동쪽 함남과 강원도로 갔어야 했다. 그런데 고려의 요동 정벌군을 왜 북쪽으로 갔을까?

앞의 ①, ②, ③, ④ 중에서 지금의 함남과 강원에서 벌어진 사건은 ④번 하나밖에 없다. ①, ②, ③번은 모두 모두 한반도 내에서 벌어진 사건이 아니다. 그럼 이 사건이 벌어진 곳은 어디일까?

철령위 설치를 둘러싼 공방

우왕 14년(1388) 2월 고려 사신 설장수偰長壽가 명의 수도 남경에서 돌아왔다. 조선 초 유학자들이 편찬한 『고려사』는 고려 임금의 역사를 황제의 사적을 적는 「본기」가 아니라 제후의 사적을 적는 「세가」로 깎아서 서술했다. 게다가 우왕과 창왕의 사적은 「세가」도 아니고 신하들의 사적을 적는 「열전」에 수록했다. 우왕과 창왕은 공민왕의 핏

홍무제 주원장의 초상

줄이 아니라 신돈의 자식이라면서
「신우辛禑열전」, 「신창辛昌열전」으로
제목을 달아 혈통까지 조작했다.

『고려사』「신우(우왕)열전」에 따르
면 명을 세운 홍무제 주원장은 설장
수에게 고려에서 왜 좋은 말을 바치
지 않느냐고 꾸짖으며 "철령 이북은
원래 원조元朝에 속했던 것이니, 아울
러 요동에 귀속시키겠다"고 말했다

고 전하고 있다. 철령 땅에 명의 행정구역인 철령위를 세워 요동에 귀
속시키겠다는 명의 통보를 들은 우왕은 격분했다. 우왕은 이 소식을
듣자마자 밀직제학密直提學 박의중朴宜中을 사신에게 국서를 보내 항의
했다.

조종에게서 전해 내려온 강역이 정해져 있으니, 살펴보건대 철
령 비스듬하게 북쪽으로 문주文州·고주高州·화주和州·정주定州·
함주咸州 등 여러 주를 거쳐 공험진에 이르기까지 원래부터 본
국의 땅이었습니다.

앞서 설명했지만 한국 역사학계는 광복 후 80여 년 동안 공험진도
함경남도고, 철령도 함경남도라고 왜곡해 왔다. 두만강 북쪽 700리까
지가 고려 땅인데 그 남쪽 1700여 리 함경남도와 강원도 철령을 자국

땅으로 편입시키겠다고 통보했다는 것이니 앞뒤가 맞지 않는다. 우왕은 이 국서에서 예종 2년(1107) 이 지역을 차지하고 함주부터 공험진 등지에 성을 쌓았는데 1258년 조휘와 탁청이 이 땅을 가지고 원에 붙었지만 1356년 다시 이 땅을 되찾았고 원도 동의했다면서 공험진을 국경으로 삼은 것은 1, 2년의 일이 아니라고 말했다.

박의중이 명의 수도를 향해 가는 사이 주원장은 철령위 설치를 강행하려 했다. 우왕 14년(1388) 3월 서북면도안무사西北面都安撫使 최원지崔元沚가 우왕에게 보고했다.

(명의) 요동도사遼東都司가 지휘指揮 2인을 보냈는데 병사 1000여 명으로 강의 경계에 와서 장차 철령위를 설치하려 하고 있습니다. 황제는 미리 철령위에 진무鎮撫 등의 관원을 설치했는데 이들도 모두 요동에 이르렀습니다. 요동에서 철령까지 70참을 두고, 참마다 백호百戶를 둔다고 합니다.

먼저 명이 철령위를 설치하려고 한 장소가 함남과 강원도라면 이 지역을 관할하는 동북면에서 보고해야 하는데, 정작 보고한 인물은 서북면도안무사 최원지였다. 명의 병사들이 왔다는 강의 경계는 지금의 요령성 요하遼河를 뜻한다. 명의 요동도사가 보낸 지휘 두 명이 요하의 경계까지 왔다는 것이다. 명의 요동도사는 요동도지휘사사遼東都指揮使司를 뜻한다. 도지휘사사都指揮使司는 명이 지방에 설치한 최고 군사 기구의 이름으로서 도사都司라고도 한다. 명의 정사인『명사』「지리지」는 요동도지휘사사가 다스리는 지역을 '산동山東'이라고 말하고 있다. 산동이란 물론 지금의 북경 남쪽 산동성을 뜻한다. 고려의 철령이 함경남도와 강원도라면 산동을 다스리는 요동도지휘사가 행정구역으로 삼는 것이 가능하겠는가?

『명사』「지리지」는 요동도지휘사사에 대해서 "원에서 요양등처행중서성遼陽等處行中書省을 설치해서 요양로遼陽路에서 다스리게 했다"고 설명하고 있다. 지금 중국 각지를 하남성, 산동성 등의 성으로 부르는 것은 원에서 지방 행정구역을 성省이라고 부른 데서 유래하는 것이다.

명의 철령위를 관장하는 상부 기관이 산동을 다스리는 요동도지휘사사라는 것은 고려 철령이 함경남도와 강원도일 가능성이 없다는 사실을 말해 준다.

『고려사』「우왕열전」은 서북면도안무사 최원지의 보고를 들은 우왕이 동강東江에서 돌아오다가 "여러 신하들이 내가 요동을 공격해야 한다는 계책을 듣지 않아서 이에 이르렀다"고 울면서 말했다고 전해 주고 있다. 우왕이 그 전부터 요동을 공격해야 한다고 말했는데 여러 신하들이 듣지 않아서 명에서 철령을 빼앗아 가려는 지경에 이르렀다는 것이다. 우왕은 8도의 정병精兵을 징발시키고 명을 내렸다.

"내일 서쪽으로 가려고 하니 신료들은 모두 대원大元의 관복을 입도록 하라."

공민왕 때 명의 관복을 입었는데, 이를 벗고 몽골족 원의 관복을 입으라는 말이다. 또한 명에서 함남과 강원에 철령위를 설치하려고 하면 우왕은 동쪽으로 가야지 서쪽으로 가면 안 된다. 서쪽은 보통 지금의 압록강 서쪽의 만주와 중국을 뜻한다. 우왕이 원의 관복을 입게 명령한 것은 중요한 의미가 있다. 원이 비록 몽골 고원으로 쫓겨 가서 북원北元으로 불릴 정도로 축소되었지만 고려군과 합세한다면 상황은 달라지는 것이었다. 1368년 건국해서 20년밖에 되지 않는 명으로서 고려와 원의 결합은 나라가 자리를 잡기도 전에 망할 수도 있는 사건이었다.

『고려사』「우왕열전」은 "우리 태조(이성계) 및 여러 재추宰樞들이 말렸다"고 전한다. "명의 사신이 곧 이를 것인데, 지금 서쪽으로 가신다면 민심이 동요할 것입니다. 청컨대 명의 사신이 돌아가는 것을 기다리소서."

5년 전인 1383년 8년간의 유배와 유랑 생활 끝에 이성계의 함주 막사로 찾아온 정도전이 "이 군사를 가지고 무슨 일인들 못하겠습니까?"라고 말하자 이성계는 정도전을 군사君師로 삼았다. 고려 왕조를 무너뜨리고 새 왕조를 세우기로 결심한 것이다. 이성계와 정도전이 세운 명분은 명은 황제국이고, 고려는 제후국인데 제후국이 황제국을 공격하는 것

이성계 어진

은 반역이라는 논리였다.

이성계 등은 명을 공격하겠다는 우왕의 계책에 대해 반대했지만 『고려사』「우왕열전」은 당시 개경 사람들 중 "편발하고 호복胡服을 입은 사람들이 이미 많았다"고 전하고 있다. 명보다 원과 가깝게 지내려는 사람들이 많았다는 것이다.

이여송 집안과 철령

철령위 위치가 어디인지 짐작할 수 있게 해 주는 사례가 임진왜란 때 4만 3000여 명의 명군을 이끌고 조선에 왔던 이여송(1549~1598)과 그 일가에 관한 것이다. 이여송은 임진왜란 때 "해양을 막고 왜를 제어한다"는 뜻의 '방해어왜총병관防海禦倭總兵官'으로 임명되어 조선에 파병되었다. 그는 1592년 지금의 감숙성甘肅省 영하寧夏에서 몽골족 부족장 발배哱拜가 봉기했을 때 명의 제독提督으로 군사를 이끌고 참전해 큰 공을 세워서 도독都督으로 승진했으므로 조선에서도 이여송 제독으로 불렸다.

이여송

이여송의 부친이 이성량(1526~1615)인데 다섯 아들이 모두 여如 자 돌림을 썼다. 그들은 모두 명의 총병관總兵官을 역임해서 『명사』에 「이성량과 그 아들 여송·여백如栢·여정如楨·여장如樟·여매如梅 열전」이 있을 정도다. 『명사』는 이성량 집안의 유래에 대해서 이렇게 설명하고 있다.

> 이성량의 자字는 여계汝契인데 그 고조부 이영李英은 조선에서 내부했고 대대로 철령위지휘첨사鐵嶺衛指揮僉事 직을 세습했다.

명의 무관직은 좌우 도독을 정점으로 도지휘사, 지휘사, 동지同知, 첨사僉事, 천호, 백호, 진무鎭撫의 순인데, 이영이 조선에서 건너온 후 그의 집안이 대대로 철령위지휘첨사의 직을 세습했다는 것이다.

철령이 함남과 강원도에 있었다면 이영이 명에 귀부한 후 그 집안이 대대로 함남과 강원에서 철령위지휘첨사로 근무했다는 것이니 앞뒤가 맞지 않는다. 그 집안은 무장직을 세습하면서 몽골족이나 만주족과 싸웠는데 함경남도와 강원도에서 싸웠다는 말인가? 명나라 역사를 조금만 들여다보면 상상도 할 수 없는 공상 소설 같은 이야기들을 한국 역사학자들이 하고 있는 것이다.

공민왕 때 철령을 되찾은 최영 장군

우왕 14년(1388) 3월 명의 후군도독부後軍都督府는 요동백호 왕득명王得明을 보내 철령위 설치를 통보하게 했는데, 우왕은 면담을 거부했다. 우왕은 왕득명을 궁궐에 들이지도 않고 판삼사사判三司事 이색李穡 등을 교외로 보내서 부당함을 따지게 했다. 말이 궁해진 왕득명이 "천 자의 처분에 달려 있는 것이지 내가 마음대로 처리할 수 없소"라고 변 명했을 정도로 철령이 명의 소유라는 논리는 빈약했다.

왕득명이 돌아가자 우왕은 문하찬성사 우현보禹玄寶에게 경성京城 (개경)을 지키도록 하고 5부에서 장정들을 뽑아서 군사로 삼았다. 『고 려사』「우왕열전」은 "명분은 서쪽의 해주海州 백사정白沙亭에서 사냥한 다고 했지만 실제로는 요동을 공격하려고 한 것이었다"라고 설명하 고 있다. 우왕은 세자 왕창王昌과 정비定妃·근비謹妃 이하 여러 왕비들 을 한양산성漢陽山城으로 옮겼다. 명과 전쟁할 때를 대비해서 세자와 왕비들을 산성으로 옮긴 것이었다. 4월 초하루 우왕은 서해도 소속의 봉주鳳州에 가서 최영과 이성계를 불러서 일렀다.

"과인이 요양遼陽을 공격하고자 하니 경 등은 마땅히 힘을 다하라."

우왕이 공격하려는 지역은 요양이지 함남이나 강원이 아니었다. 이때 이성계가 반박한 논리가 유명한 사불가론四不可論이다. 요동을 정벌하면 안 되는 네 가지 논리를 뜻한다.

지금 군사를 내는 것은 네 가지 불가한 것이 있습니다. 작은 나 라가 큰 나라를 거스르니 한 가지 불가한 것이고, 여름에 군사 를 내니 두 가지 불가한 것이고, 나라를 들어 멀리 공격하면 왜 구가 그 빈틈을 틈탈 것이니 세 가지 불가한 것이고, 마침 장마 철이어서 활과 쇠뇌의 아교가 풀어지고 대군에게 질병이 돌 것이니 네 가지 불가한 것입니다.

이성계의 말은 무조건 군사를 내어서는 안 된다는 것이었다. 이런 논리라면 봄·여름·가을·겨울 모두 군사를 낼 수 없었다. 장마철이어서 활과 쇠뇌의 아교가 풀어지는 것은 명군도 마찬가지지 조선군 무기의 아교만 풀어질 것은 아니었다. 가장 큰 문제는 작은 것으로 큰 것을 거역하면 안 된다는 사대주의 논리였다.

명 태조 주원장은 농민 봉기군을 뜻하는 홍건적紅巾賊 출신이었다. 최영은 대호군大護軍 때인 공민왕 3년(1354) 원의 요청으로 지금의 강소성江蘇省 회안시淮安市와 우이현旰眙縣, 안휘성安徽省 화현和縣 등지에서 홍건적 장사성張士誠 부대와 격전을 벌였다. 『고려사』「최영열전」은 이때 "몇 번이나 창에 맞으면서도 분전해 적을 죽이거나 사로잡았다"라고 말하고 있다. 최영은 국제적 전쟁 경험이 있는 장수였다.

또한 최영이 철령 수호에 강한 의지를 갖고 있는 것은 공민왕 때 압록강 북쪽의 철령을 수복했던 장수 중 한 명이었기 때문이다. 공민왕은 재위 5년(1356) 5월 개경에서 기황후의 오빠 기철 일당을 주륙하고, 밀직부사 유인우를 동북면병마사로 삼아 두만강 북쪽의 옛 고려 강역을 수복했다. 또한 인당과 강중경을 서북면병마사로 삼아서 압록강 북쪽의 옛 고려 강역을 수복했다. 『고려사』「공민왕세가」는 이때의 상황을 이렇게 설명하고 있다.

평리 인당과 동지밀직사사 강중경을 서북면병마사로 삼고, 사

공민왕 내외의 모습

윤司尹 신순辛珣·유홍兪洪과 전 대
호군 최영, 전 부정副正 최부개崔
夫介를 동북면병마부사副使로 삼
아서 압록강 서쪽의 8참을 공격
하게 하였다.

압록강 서쪽의 8참을 공격하
게 한 것은 고려군의 출발지가
압록강이라는 뜻이었다. 한국의
수많은 역사학자들은『고려사』도 읽어 보지 않고 고려 강역이 한반도
의 3분의 2밖에 차지하지 못했다고 왜곡하는 것이다.

이때 같은 서북면병마사였던 인당과 강중경 사이에 싸움이 발생했
다. 인당이 먼저 출발했는데 강중경이 술에 곯아떨어졌다가 뒤늦게
나타나 주사를 부리자 인당이 신순에게 눈짓해서 목을 베어 버린 것
이다. 인당은 공민왕에게 "강중경이 역심逆心을 품었으므로 군법에 따
라 처리하였습니다"라고 허위 보고를 했다. 공민왕은 전쟁에 나선 장
수를 중도에 교체할 수 없어서 인당에게 계속 지휘권을 주었다.『고려
사』는 인당이 이끄는 고려 군사가 6월 4일 압록강 서북쪽의 파사부婆
娑府 등 3개의 참을 공격해서 격파했다고 말하고 있다. 압록강 서북쪽
의 옛 영토를 회복한 것이었다. 인당이 이끄는 서북면 수복 전쟁에 부
호군 최영이 함께했고, 이 서북면 지역에 철령이 있었기 때문에 최영
은 자신이 되찾은 이 땅을 빼앗길 수 없다고 생각한 것이다.

"요양과 심양은 원래 우리 땅"이라는 벽보를 붙이다

　인당과 최영 등이 압록강 북쪽 서북면 지역을 되찾은 직후인 6월 공민왕은 교지를 내려 서북면 지역의 세금 문제 처리를 지시했다.

> 서북면의 땅과 밭은 일찍이 조租를 거두지 않고 국경 방어 경비에 쓰도록 한 유래가 오래되었다. 근래 권세가들이 땅을 많이 겸병兼併(빼앗아 합침)했는데 지금부터는 관청에서는 조사하고 단속하고 매 1결結마다 1석石을 부과하여 군수에 보태도록 하라.

　서북면의 토지에서 나오는 세금은 개경으로 보내지 않고 국경 방어 경비로 쓰게 했다는 것이다. 그런데 권세가들이 백성들의 땅을 빼앗아 자기 땅으로 합친 것이 많으니 이를 금지시키고 앞으로는 1결마다 1석의 세금을 거두어 국방 비용으로 사용하라는 교지였다.

　공민왕이 압록강 북쪽의 옛 강토를 군사작전으로 수복하자 원은 크게 반발했다. 고려에서 보낸 사신 김귀년金龜年을 요양성에 가두고 80만 군사를 동원해 정벌하겠다고 공언했다. 서북면병마사 인당은 군사를 늘려 대비하자고 청했다. 공민왕 5년 7월 원은 중서성中書省의 사데이칸撒迪罕(살적한)과 도타이朶歹(타대)를 사신으로 보냈는데, 공민왕은 이들이 압록강까지 오게 허용했다. 이때 공민왕은 동북면병마사 인당을 참형에 처했는데, 『고려사』는 그 이유에 대해 설명하지 않고

원이 두려워서 인당을 죽인 것처럼 인식하게 했다. 인당은 앞서 왕명도 없이 강중경을 죽인 사실이 드러나 참형당했을 것이다.

이때 공민왕이 원에 보낸 국서는 "4000여 리 우리나라가 오래토록 바닷가의 울타리가 될 것입니다"라고 끝을 맺고 있다. 현재 사용하는 모든 한국사 교과서의 고려 강역은 2000여 리 정도밖에 되지 않는데 공민왕은 강역이 4000여 리라고 말하고 있다. 이때보다 약 230여 년 전인 인종 1년(1123) 고려에 사신으로 온 송나라 서긍은 『선화봉사고려도경宣和奉使高麗圖經』에서 고려 강역이 "서쪽으로는 요수와 맞닿았다"라고 말했다. 요령성 요수부터 계산하면 고려 강역은 최소한 4000리이다.

공민왕이 기철 일당을 제거했을 때 기철의 아들 기새인티무르奇賽因帖木兒(기새인첩목아)는 동녕부東寧府에 있었는데 크게 반발했다. 기새인티무르가 공격하려고 하자 공민왕은 서북면상원수上元帥 지용수池龍壽와 서북면부원수副元帥 양백안楊伯顏 등과 임견미林堅昧, 이성계 등에게 압록강을 건너 공격하게 하였다.

고려 군사는 압록강에 한 번에 말 서너 마리가 함께 건널 수 있는 부교를 만들어 강을 건넜다. 압록강을 건너는 데 3일이 걸렸는데 이 날 저녁에 천둥이 치고 폭우가 내리자 군중이 두려워했다. 그러나 병마사兵馬使 이구李玖는 "좋은 조짐인데 왜 의심합니까?"라고 말했다. 여러 장수들이 그 까닭을 묻자 이구는 이렇게 대답했다.

"용이 움직이면 반드시 천둥이 치고 비가 옵니다. 지금 상원수께서 이름에 용龍 자가 있는데 강을 건너는 날 천둥이 치고 비가 내렸으니

218

전투에서 승리할 징조입니다."

『고려사』「지용수열전」은 이 말을 들은 고려 군중들의 마음이 점차 안정되었다고 말하고 있다. 『고려사』「지용수열전」은 또 고려 군사가 요양遼陽과 심양瀋陽을 뜻하는 요심遼瀋 사람들에게 이렇게 고유告諭했다고 말하고 있다.

"요심은 우리나라 땅이며 백성은 우리 백성이다. 지금 의로운 군사를 일으켜 어루만지고 안정시키려 하는데 만약 산의 요새로 도망가는 자가 있다면 각각 흩어진 군마軍馬들에게 해를 입을까 두려우니 즉시 군대 앞으로 나와서 사정을 고하라."

고려 군사들은 요양과 심양이 우리나라 땅이며, 이곳에 사는 백성들을 우리 백성이라고 공언했다. 결국 고려 군사가 성을 함락시키자 기새인티무르는 도주하고 김백안金伯顔을 사로잡았다.

동녕부는 어디인가

공민왕이 수복한 압록강 북쪽 땅은 원나라 동녕부이다. 동녕부에 대해서 『한국민족문화대백과사전』 등은 "고려 시대에 서경에 설치된 원나라 통치기관"이라고 말한다. 이 사전은 '서경'에 대해서 "고려 시대, 옛 도읍지 평양에 설치되었던 지방 행정구역"이라고 설명하고 있다. 곧 지금의 평양이 고려의 서경이고, 여기에 원나라 통치기관 동녕부가 있었다는 것이다.

원의 동녕부는 고려 원종元宗 10년(1269) 10월 서북면병마사영西北面兵馬使營의 기관記官이었던 최탄崔坦과 밀접한 관련이 있다. 원종 10년(1269) 6월 무신정권의 임연林衍이 원종을 폐하고 그 동생인 안경공 왕창王淐을 왕으로 세웠다. 태자 왕춘王賰(충렬왕)은 이에 반발해 원 세조 쿠빌라이에게 군사 지원을 요청했다. 세조는 사신을 보내 진상을 조사하게 했다.

고려의 국정이 어지러워지자 그해 10월 최탄과 삼화현三和縣의 교위校尉 이연령李延齡 등은 군사를 일으켜 서경유수를 죽이고 서경과 인근 여러 성을 들어서 원에 바쳤다. 원 세조는 최탄과 이연령에게 금패金牌를 주고 조서를 내려 고려 서경과 그 관할 지역을 직접 몽골에 속하게 하고 동녕부라고 이름지었다. 원이 원종에게 군사를 보내 다시 복위시키면서 임연의 시도는 무위로 돌아갔다.

원 세조는 지원至元 12년(1275) 고려 서경에 설치했던 동녕부를 동녕로東寧路로 승격시켰다. 이 서경은 지금의 평양이 아니라 만주에 있던 옛 고구려 수도 평양이었다.

원 세조 쿠빌라이

원의 정사인 『원사』「지리지」는 동녕로가 '요양등처행중서성遼陽等處行中書省' 산하에 있었다고 말하고 있다. 요양등처행중서성은 원에서 지금의 만주 서쪽을 다스리기 위해 설치한 행정구역이었다. 원나라의 지방 행정 제도는 성省 산하에 로路가 있고 그보다 작은 부府가 있었다. 원은 고려 군민이 끝까지 저항하자 고려의 국체를 보장해 주는 선에서 종전 협정을 맺었다. 최탄·이연령 등이 압록강 이북 땅을 들어서 귀부하자 서경을 중심으로 동녕부를 세웠고, 조휘·탁청 등이 두만강 이북 땅을 들어서 귀부하자 그 자리에 쌍성총관부를 세운 것이다.

'요양등처행중서성' 산하에는 요양로遼陽路를 필두로 광녕로廣寧路, 대령로大寧路, 동녕로, 심양로瀋陽路, 개원로開元路, 함평부咸平府, 합란부수달달등로合蘭府水達達等路 등 8개 지방 행정구역이 있었다. 이 중 요양로에 대해서는 "당唐 이전에는 고구려 및 발해 대씨大氏의 소유였다"고 말하고 있다.

『원사』「지리지」는 동녕로에 대해서 의미심장한 설명을 하고 있다.

동녕로는 본래 고구려 평양성인데 또한 장안성이라고 하였다. 한이 조선을 멸망시키고 낙랑·현도군을 설치했는데, 이곳은 낙랑 땅이었다. 진晉 의희義熙(405~419) 연간 후 그 왕 고련高璉(장수왕, 재위 413~491)이 평양성에 거주하기 시작했다. 당이 고구려를 정벌하고 평양을 뿌리 뽑자 그 나라는 동쪽으로 이사해서 압록수鴨綠水 동남쪽 1000여 리에 있게 되었는데 평양 옛터는 아니다. 왕건王建(재위 907~918)에 이르러 평양을 서경으로 삼았다. 지원 6년(1269) 이연령, 최탄, 현원열玄元烈 등이 부, 현, 진의 60여 개 성을 들어서 내부했는데, 지원 8년 서경을 동녕부로 삼았다. (『원사』「지리지」 요양등처행중서성 동녕로)

이 기사가 말하는 평양은 현재 평양이 아님을 알 수 있다. 이 기사는 모두 6개의 내용으로 되어 있다.

① 동녕로는 고구려 평양성(=장안성)이다.

② 동녕로는 한의 낙랑군 땅이었다.

③ 동녕로는 장수왕이 천도한 평양성이었다.

④ 고구려 멸망 후 압록수 동남쪽 1000여 리로 옮겼는데 이곳은 평양이 아니다.

⑤ 왕건 때 옛 평양을 서경으로 삼았다.

⑥ 원 세조 지원 6년(1269) 최탄 등이 서경을 들어서 바치자 지원 8년(1271) 동녕부로 삼았다.

이 기사는 평양과 서경에 대한 지금의 혼란스런 인식에 해답을 제시한다. 먼저 두 개의 평양이 있다는 것이다. 제1평양은 한의 낙랑군 땅이자 고구려 장수왕이 천도한 평양이자 원이 동녕로로 삼은 곳이다. 제2평양은 고구려 멸망 후 압록수 동남쪽 1000여 리에 있는 곳으로 현재의 북한 평양이다. 왕건이 서경으로 삼은 평양은 당연히 제1평양이다.

고려는 3개의 도읍을 두었는데, 경성(개경)과 서경西京과 남경南京(서울)이다. 개경을 기준으로 현재의 서울은 남쪽이므로 남경이 맞을 것이다. 서경이 지금의 평양이라면 북경北京으로 불렀을 것이다. 개경에서 평양은 북쪽이지 서쪽이 아니기 때문이다. 왕건이 서경으로 삼은 평양은 제1평양으로 지금의 압록강 서북쪽에 있었다.

원의 동녕로가 지금의 평양이 아니라는 사실은 『원사』「지리지」에서 '동녕로' 다음으로 기록한 '심양로'를 봐도 알 수 있다. 심양로란 지금의 요령성 심양과 그 부근에 설치한 원의 행정구역이었다.

> 심양로는 본래 읍루의 옛 땅인데 발해 대씨가 심주瀋州, 정주定州 두 주에 정리부定理府 도독을 두어 심주의 땅으로 삼았다. 거란은 흥료군興遼軍으로 삼았고, 금金은 소덕군昭德軍으로 삼았다가 다시 현덕군顯德軍으로 고쳤는데 후에 모두 병화兵火에 훼손되었다. 원元 초기에 요동을 평정할 때 고려국 인주麟州의 신기도령神騎都領이었던 홍복원洪福源이 서경도호西京都護와 귀주龜州 등 40여 개 성을 들어 항복하자 각자 진수사鎭守司를 설치하고 관리를 두어 그 백성을 어루만졌다. (『원사』 「지리지」 심양로)

요령성 심양에 심양로가 설치된 역사를 설명하는데, 고려의 홍복원이 서경도호와 귀주 등 40여 개 성을 들어 항복한 것이 계기가 되었다는 것이다. 서경이 지금의 평양이면 홍복원이 평양을 들어서 항복했는데 요령성 심양에 심양로를 설치할 수 있겠는가?

홍복원은 『고려사』의 「반역열전」에 이름이 오른 인물이지만 『원사』에도 「열전」에 이름이 오른 특이한 인물이었다. 홍복원은 고려 고종 20년(1233) 서경의 낭장郞將이었는데 필현보畢賢甫 등과 함께 서경을 거점으로 반란을 일으켜 몽골에 붙으려고 했다. 무신 정권의 최이崔怡(초명이 최우崔瑀였다가 최이로 개명했다)는 가병 3000명을 보내 북계병마사 민희閔曦와 함께 토벌에 나서 필현보를 생포해 강도江都(강화도)로

압송해 허리를 끊어 죽였다. 홍복원은 원으로 도망갔는데, 이로써 서경은 폐허가 되었다. 원에서 홍복원을 동경총관東京總管으로 삼아 고려 군민에 대한 회유에 나서자 40여 개 성이 항복할 수밖에 없었다. 원에서 홍복원을 보내자 최이는 할 수 없이 그를 대장군에 임명했다. 『고려사』「반역홍복원열전」은 "이때부터 원의 군사가 해마다 침략해서 (고려의) 주군州郡을 함락시켰는데, 모두 홍복원이 길을 이끈 것이었다"고 말하고 있다.

> 그 후 고려가 다시 (원나라에) 반란을 일으키자 홍복원은 군중을 이끌고 다시 귀부했는데, (원에서) 고려군민만호高麗軍民萬戶에 제수하고 항복한 백성들을 요양의 심주로 이주시키고 처음으로 성곽을 만들어 (요양) 진수사鎭守司를 설치하고 요양고성遼陽故城을 교치僑治시켰다. 중통中統 2년(1261) (진수사를) 총관부總管府로 바꾸어 고려 군민들을 안정시키고 위무했다.

고려가 다시 대몽 항전에 나서면서 홍복원이 다시 원으로 도주하자 원은 요양의 심주에 성곽을 만들어 고려 군민들을 거주하게 하고 요양고성을 교치시켰다는 것이다. 교치란 백성들을 이동시킬 때 그 이름도 함께 옮기는 것을 뜻하는데, 심주에 성곽을 새로 짓고 요양이라고 이름 지었다는 뜻이다.

이 사건들이 지금의 평양에서 발생한 일들이면 군이 원에서 고려 백성들을 먼 심양 부근까지 데려와서 살게 할 이유가 없다. 그 지역을 군사 점령해서 다스리는 것이 전쟁 정책의 기본이었다. 이후 홍복원은 원의 위세를 업고 고려에서 인질로 보낸 영녕공永寧公 왕준王綧을 개라고 모욕했다가 몽골의 왕족 출신인 왕준의 아내에게 죽임을 당했다.『원사』「지리지」는 심양로에 대해서 이렇게 말하고 있다.

> 심양로는 본래 읍루의 옛 땅으로 발해 대씨(대조영)가 정리부를 세워서 심주와 정주 두 주에 도독을 두었다. (…) 후에 고려가 (원에) 다시 반기를 들자 홍복원이 군중을 이끌고 내부해서 (…) 항복한 백성들을 이주시켜 심양의 심주에 거주하게 했다.

이 기사도 모두 지금의 평양이 아니라 만주 심양에서 있었던 일을 말하고 있는 것이다. 고려와 원의 모든 분쟁 장소는 압록강~두만강 이북이지 그 남쪽이 아니다.

『원사』「지리지」는 함평부에 대해서 이렇게 설명하고 있다.

> 함평부는 고조선 땅으로서 기자가 봉함을 받은 곳인데 한 낙랑 군에 속했다가 후에 고구려가 그 땅을 침략해 가졌다. 당이 고구려를 멸망시킨 후 안동도호가 다스리게 했다가 계속 대씨(대진·발해)의 소유가 되었다. 요遼가 발해를 평정한 후 그 땅이 험하다는 이유로 성을 쌓고 유민流民들을 거주시키고 함주 안동군咸州安東軍이라고 부르고 함평에서 현들을 다스리게 했는데, 금金에서 함평부로 승격시켰다.

기자가 봉함을 받았다는 지역에 대해서 지금 중국 역사학계는 하북성 노룡현이라고 말하고 있다. 함평부에 대한 설명 역시 만주 서쪽 지역에 대한 설명이지 압록강 안쪽에 대한 설명이 아니다. 요양등처 행중서성 산하의 8개 행정기관들은 모두 요동에 있었다.

고려는 지금의 심양 봉집보까지 차지했다

농경민족인 명이 지금의 함남과 강원에 철령위를 두어 직접 다스리겠다고 하는 것은 상상도 할 수 없는 일이었다. 명이 세운 만리장성의 동쪽 끝이 하북성 산해관인 데서 알 수 있는 것처럼 명은 만리장성 안쪽을 자신의 강역으로 생각했다.

지금의 함경남도와 강원도에 명이 철령위를 설치하려고 하였다는 발상은 일본인 식민 사학자 이케우치 히로시, 쓰다 소키치 등이 '반도 사관'으로 조작한 것이었다. 이 두 식민 사학자에 대해 한국 국사학계의 태두라는 이병도는 이렇게 말했다.

(와세다)대학 3학년 때 교수인 쓰다 소키치 씨와 그의 친구인 이케우치 히로시 씨의 사랑을 받아 졸업 후에도 이 두 분이 자신의 논문이나 저서들을 보내 주어 내 연구에 많은 도움이 되었습니다. (…) 일본인이지만 매우 존경할 만한 인격자였고, 그 연구 방법이 실증적이고 비판적인 만큼 날카로운 점이 많았습

니다. (이병도,『역사가의 유향』)

아무런 사료적 근거도 없이 고려 북방 강역 1700여 리를 잘라 먹은 쓰다와 이케우치에 대해서 "매우 존경할 만한 인격자"였고, "연구 방법이 실증적이고 비판적"이라고 칭송하는 사람이 한국 국사학계의 태두이니 아직도 일본인들이 조작한 역사를 학교에서 가르치고 있는 것이다.

명이 철령위를 설치하려고 한 곳은 지금의 어디였을까? 이는 다름 아닌 명의 정사인『명사』「지리지」를 통해 알 수 있다.『명사』「지리지」요동도지휘사사에 답이 있다. 요동도지휘사사는 행정구역 명칭이다.『명사』「지리지」는 요동도지휘사사라는 행정구역은 원에서 설치한 요양등처행중서성을 계승한 것이라고 말하고 있다.

> (명 태조 주원장) 홍무洪武 4년(1371) 7월 정료도위定遼都衞를 설치했다가 6년(1373) 요양부遼陽府와 현縣을 설치했다. 홍무 8년(1375) 10월에 정료도위를 요동도지휘사사로 고치고 정료중위定遼中衞에서 다스리게 했는데 25개 위衞와 2개 주州를 다스렸다. (『명사』「지리지」요동도지휘사사)

요동도지휘사사는 산하에 2개의 주와 25개의 위衞가 있었는데 그 중 하나가 '철령위'였다.『명사』「지리지」는 철령위에 대해서 이렇게 설명하고 있다.

철령위. 홍무 21년(1388) 3월 옛 철령성에 설치했다. 홍무 26년
(1393) 4월 철령위를 옛 은주鬮州 땅으로 옮겼는데 지금 철령위
를 다스리는 곳이다. 철령은 서쪽으로 요하가 있고, 남쪽으로
범하汎河가 있고, 또 남쪽에 소청하小淸河가 있는데 모두 요하로
흘러간다. (『명사』「지리지 요동도지휘사사」 철령위)

철령위의 위치는 그 근처를 흐르는 강을 통해서 알 수 있는데, 가장
먼저 나오는 강이 요하다. 요하는 지금의 요령성을 남북으로 가로지
르는 강으로 고대 요수遼水와는 다른 강이다. 고대 요수는 지금의 하북
성 난하灤河였다. 명의 철령위 서쪽에 있는 강이 요령성 요하다. 함경
남도나 강원도 서쪽에 요하가 없다는 사실은 굳이 쓸 필요도 없다. 또
그 남쪽에 범하와 소청하가 있는데 모두 요하로 흘러간다고 말했다.
고려 우왕 14년(1388) 명의 주원장이 옛 철령성 자리에 철령위를
설치했다가 조선 태조 2년(1393) 옛 은주 땅으로 옮겼다는 것이다. 지
금의 심양 북쪽에 있는 철령시鐵嶺市 은주구鬮州區로 옮겼다는 것이다.
그러면 명에서 먼저 철령위를 설치했다는 옛 철령성은 어디를 말
하는지 『명사』「지리지」의 철령위의 설명을 계속 들어보자.

또 남쪽에 의로성懿路城이 있는데, 홍무 29년(1396) 의로천호懿
路千戶를 이곳에 설치했다. 또 범하성范河城이 철령위 남쪽에 있
는데 또한 범하성汎河城이라고도 부른다. (명 영종의 연호인) 정통
正統 4년(1439) 범하천호汎河千戶를 설치했다.

철령위 남쪽에 있다는 의로성은 어디일까? 현재 철령시 철령현 신태자진新台子鎭에 의로성이 있다. 『명사』「지리시」는 철령성의 위치에 대해서도 정확하게 설명하고 있다.

동남쪽에 봉집현奉集縣이 있는데, 이곳이 옛 철령성으로 고려와 국경을 접하고 있다. 홍무 초에 현을 설치했다가 얼마 후 폐지시켰다. 또 남쪽에 함평부가 있는데 원의 요동행성遼東行省에 직접 소속되었고, 원 지정至正 2년(1342) 정월 부를 현으로 강등시켰다가 홍무 초년에 폐지했는데 요동도지휘사사에서 남쪽까지 거리가 240리이다.

철령위에 속한 봉집현 자리가 명에서 철령성을 설치했던 자리라는 뜻이다. 이곳은 현재 심양시 소가둔구蘇家屯區 진상둔진陳相屯鎭 봉집보촌奉集堡村이 있는 곳으로 '봉집보 유지遺址'라고 부른다. 또한 진상둔진 탑산塔山이라고도 부르는데 요遼·금金 때의 성 자리가 있다고 해서 '천년고성 자리'라고도 부른다. 요·금 때의 성 자리뿐만 아니라 고려의 성 자리도 있었던 곳이다.

봉집보는 봉집현과 같은 뜻인데, 요의 정사인 『요사遼史』「지리지」는 동경도東京道 산하의 집주集州 회중군懷衆軍 산하에 봉집현이 있었다면서 발해에서 설치한 현이라고 말하고 있다. 금의 정사인 『금사金史』「지리지」에서는 동경로東京路 산하 귀덕주貴德州에 봉집현이 있다. 『금사』역시 발해에서 설치했는데 혼하渾河가 있다고 말하고 있다. 철령

심양시 봉집보촌에 있는 봉집보 유지 기념 비석

『명사』에서 1393년 이전했다고 말하는 철령위

심양시 진상둔진 봉집보

철령시 은주구

안변

『명사』에서 1388년 설치했다고 말하는 철령위

일본인 학자와 강단 사학이 주장하는 철령 (함경남도 안변)

철령위의 위치

은 이곳에 있었지 지금의 함경남도나 강원도에 있지 않았다.

우왕과 최영 장군에게 부끄러운 후손들

명의 주원장은 원이 북쪽으로 퇴각하면서 요령성 지역에 힘의 공백이 생긴 틈을 이용해 철령위를 설치해 차지하려고 하다가 고려 우왕과 최영 장군의 강력한 저항을 받았다. 우왕은 외교적으로 박의중을 사신으로 보내 철령(심양)부터 공험진까지는 고려 강역이라는 내용의 국서를 보내는 한편 군사적으로 요동 정벌군을 북상시켰다.

우왕이 강온 양면책을 구사하자 주원장은 "고려에서 말이 있다"면서 지금의 심양 진상둔진 봉집현 자리에 설치했던 철령위를 심양 북쪽 철령시로 옮겼다.

이성계와 조민수는 왕명을 어기고 위화도에서 군사를 되돌렸다. 국력을 기울여 보낸 대군이 왕명을 어기고 말머리를 되돌린 사건은 우리 역사상 유례를 찾을 수 없는 반역이었다. 우왕을 쫓아내고 어린 창왕을 세운 이성계 일파는 우왕 14년(1388) 7월 하찬성사門下贊成事 우인열禹仁烈과 정당문학政堂文學 설장수를 명나라에 보내 우왕이 자의로 왕위를 양보했다고 조작하고, 최영을 비난했다.

병마도통사 최영이 매와 개를 바쳐 사냥으로 저를 이끌고 서연書筵(임금이 신하와 공부하는 것)을 파하게 해서 신(우왕)이 이 때문에 견문과 지식이 없게 되었습니다. 근래에 최영이 권신 임견미 등을 죽이고 마침내 문하시중이 되어 제멋대로 군국의 권한을 휘둘러 자의로 사람을 죽였습니다. 군대를 일으켜 요양을 공격하려 하니, 여러 장수들이 모두 불가하다고 하였습니다. 신이 조심스레 생각건대 최영이 여기에 이른 것은, 진실로 신의 소치로 말미암은 것이니, 이렇게 망하게 된 것이 부끄럽고 두려워 죄를 피할 길이 없습니다. 하물며 신은 본디 어릴 때부터 병이 있는데 나랏일은 번다하니, 한가하게 거처하면서 휴양하기를 원합니다. (『고려사』「신우열전」)

우왕의 이름만 빌렸지만 회군 세력들이 쓴 국서였다. 회군 세력은 그해 12월 최영을 처형하고 이듬해(1389) 2월 동지밀직사사同知密直司事 윤사덕尹師德을 남경에 보내 최영을 죽였다고 아뢰었다. 명에 맞서 요동을 정벌하려던 군주를 내쫓고 최영을 죽이고, 나라 전체를 들어서 제후국이라고 깎았다.

이들은 우왕의 아들 창왕도 내쫓고 공양왕을 옹립했는데, 공양왕 2년(1390) 4월 위화도회군에 가담한 신하들의 공을 『공신록』에 기록해 표창했다. 공양왕은 이렇게 말했다.

거짓 임금 신우辛禑가 부도한 일을 자행하고 무진년(1388년, 우왕 14) 최영과 함께 요양을 범하려 해서 장차 나라로 하여금 천조天朝(명)에 죄를 지어 사직의 존망이 터럭 사이에도 용납하지 못할 정도였다. 수문하시중守門下侍中 이태조(이성계)와 전 시중侍中 조민수가 대의大義를 앞장서 외치고 여러 장수들을 깨우쳐서 회군의 계책을 정해 사직을 편안하게 했으니 그 공은 황하가 허리띠처럼 가늘어지고 숫돌이 다 갈려도 잊기가 어려울 정도다.

농민 봉기군 출신 주원장이 세운 명을 천조天朝(하늘의 조정)라고 떠받들면서 우왕과 최영의 요동 정벌이 사직을 망하게 할 뻔했다고 주장했지만 정작 사직을 망하게 한 것은 회군 세력이었다.

이후 우리 역사는 사대주의가 흥하고 주체적 역사관이 거의 사라지면서 민족의 정신세계가 크게 타락했다. 『고려사』 「최영열전」은 "간대부諫大夫 윤소종尹紹宗이 최영을 논해서 '공은 한 나라를 뒤덮지만 죄는 천하에 가득 찼다'라고 했는데 세상 사람들이 명언이라고 하였다"고 전하고 있다. 윤소종이 말한 천하는 곧 명의 천하를 뜻한다. 우왕과 최영 장군이 지하에서 크게 통곡하고 있을 것이 틀림없다. 조선 초 성현成俔이 지은 『용재총화慵齋叢話』에는 최영의 처형 장면에 대해서 이렇게 말하고 있다.

"최영이 처형에 임하여 말하기를 '내가 평생 탐욕하는 마음이 있었다면 무덤 위에 풀이 날 것이고, 그렇지 않았다면 나지 않을 것이다'라고 했는데 무덤이 지금까지 벌거숭이라 사람들이 적분赤墳(붉은 무덤)이라 부른다."

최영 장군의 무덤에 풀이 나지 않았다는 이야기는 단순히 그가 탐욕하는 마음이 없었다는 개인 수신修身 차원의 이야기가 아니다. 나라를 바로잡는 데 인생을 바쳤던 치국治國은 물론 요동을 정벌해 이룩하고자 했던 평천하平天下가 사대주의자들의 반역으로 무산되면서 나라가 극도의 사대주의에 빠진 것에 대한 회한의 이야기일 것이다.

8장

어떻게 사육신이
일곱 명인가

사육신공원의 일곱 신하

서울시 동작구 노량진에는 '사육신공원'이 있다. '사육신역사공원'
이라고도 한다. 서울시에서 운영하는 '서울의 공원' 홈페이지에는 '사
육신공원'에 대한 설명이 있다.

> 단종을 모시던 신하들로서 벼슬과 목숨을 초개같이 여기고 단
> 종 복위 모의를 꾀하다가 배반자의 밀고로 발각된 후 능지처사
> 를 당한 하위지河緯地, 성삼문成三問, 유성원柳誠源, 이개李塏, 유
> 응부兪應孚, 박팽년朴彭年, 김문기金文起 일곱 분의 묘가 이 공원
> 에 모셔져 있으며, 묘역 앞 건물에는 위 일곱 분의 위패를 모신
> 사당 의절사가 있고 의로운 충혼을 위로하고 불굴의 충의 정신
> 을 널리 기리고자 매년 10월 9일에 추모 제향을 올리고 있다.

사육신묘

사육신공원은 1978년 5월 19일에 개원되었으며, 공원 내의 사
육신묘는 서울특별시 유형문화재 제8호로 지정되었다.

초등학생은 물론 유치원생도 고개를 갸웃거릴 만한 설명문이다.
단종 복위를 꾀하다가 사형당한 사육신死六臣 일곱 분의 묘를 모셨다
는 것이다. 이 무덤을 조성한 사람들은 6자와 7자도 구분하지 못한다
는 뜻이다. 설명문이 이렇게 만들어진 이유는 무엇일까? 그 해답은 사
육신공원이 조성된 해가 '1978년 5월 19일'이라는 데 있다.

국사편찬위원회 특별위원회라는 조직

사육신은 세조 3년(1457) 상왕 단종을 복위시키려다 사형당한 '성삼문·박팽년·하위지·이개·유성원·유응부'의 여섯 인물을 뜻하는 말이다. 이 여섯 사람을 '사육신'으로 명명한 인물은 생육신의 한 사람인 남효온南孝溫(1454~1492)이다. 그가『육신전六臣傳』에서 이 여섯 사람을 사육신으로 명명했다.

그런데 이 중 유응부를 빼고 김문기를 넣어야 한다는 주장이 박정희 대통령 정권의 유신 말기에 대두되었다. 방송 작가 구석봉이『조선일보』1977년 7월 27일자에 "추강 남효온이 쓴『육신전』중 유응부는 김문기를 잘못 기재한 것이므로, 사육신은 유응부가 아닌 김문기이어야 한다"고 주장하고 나선 것이다.

한국 역사학자들은 역사를 전공하지 않은 사람이 역사를 언급하면 그 주장이 맞든 틀리든, 근거 사료가 있든 없든 일단 무시하고 본다. 역사는 역사학자들의 전유물이니 다른 분야의 사람들은 손대지 말라는 뜻이다.

그런데 이때 놀라운 일이 발생했다. 대한민국 국사편찬위원회에서 이 문제를 해결하겠다면서 적극 발 벗고 나선 것이다. 당시 국사편찬위원장은 최영희는 즉각 특

사육신 중 한 사람인 성삼문의 글씨

별위원회를 조직해서 이 문제를 푸는 해결사를 자청했다. 필자가 과문한 탓인지는 모르겠지만 국사편찬위원회가 특정 문제를 해결하기 위해서 '특별위원회'라는 별도 조직을 만들었다는 말은 들은 적이 없다.

그런데 이 특별위원회의 위원 명단은 그야말로 한국의 국가 대표 역사학자들 명단이라고 해도 과언이 아니다. 특별위원회 위원은 이병도, 신석호, 이선근, 고병익, 백낙준, 최영희, 유홍렬, 조기준, 한우근, 전해종, 김철준, 김도연, 이기백, 이광린, 김원룡 등 15명인데 먼저 주목을 끄는 두 위원은 한국 국사학계의 태두라는 이병도 서울대 교수 겸 대한민국학술원 원장과 신석호 고려대 교수 겸 국사편찬위원장이다. 태두泰斗란 '태산북두泰山北斗'의 준말로서 태산과 북두성을 이르는 말이다. 신석호도 이병도 못지않은 인물인데 이병도가 서울대학교 사학과와 대한민국학술원을 장악하고 한국 지식 사회를 좌지우지했다면, 신석호 역시 고려대학교 사학과와 국사편찬위원회를 장악하고 국사학계를 좌지우지했다. 해방 이후 국사편찬위원회는 물론 전국 각 대학의 사학과 교수 및 연구원 자리는 이병도, 신석호 두 사람이 임명했다고 해도 과언이 아니다. 『두산백과』는 국사편찬위원장 최영희에 대해서 "2005년 10월 22일 세상을 떠난 원로 역사학자로서 제1대 국사편찬위원회 위원장을 지낸 신석호의 제자이다"라고 설명하고 있다. 고려대학교 사학과에서 신석호에게 배웠으며 국사편찬위원회에 들어가 위원장까지 역임한 인물이다. 이 특별위원회는 표면상 최영희가 조직했지만 그가 주도할 수 있는 위치는 아니었다.

이병도, 신석호 다음으로 고병익 전 서울대 총장과 백낙준 전 연세대 총장이 들어가 있다. 한국 역사학계는 같은 역사학자라도 다른 분야에 대해서 언급하거나 개입하는 것은 극도로 꺼리는 분위기인데, 고병익은 조선사가 아니라 중국사를 연구한 학자로서 서울대 총장을 거쳐 전두환 정권 때인 1980년부터 한국정신문화연구원(현 한국학중앙연구원) 원장을 역임하다가 이후 한림대학교 교수로 갔다. 백낙준은 미국 프린스턴신학교를 거쳐 예일대학교 대학원에서 종교사학을 전공했는데 한국 개신교사 전문가로서 문교부(현 교육부) 장관까지 역임했다.

이선근의 이력도 앞 사람들 못지않다. 이선근은 서울대학교 교수를 거쳐 성균관대 총장, 영남대 총장, 동국대 총장과 초대 한국정신문화연구원 원장을 역임했고 문교부 장관까지 지냈다. 이선근은『화랑도연구』로 서울대학교에서 박사 학위를 받았는데 그의 저술 중에서 특이한 것은『한국독립운동사』를 서술했다는 점이다. 『한국독립운동사』를 서술한 것이 왜 특이하냐면 그는 1940년 일제가 설립한 만주국의 '동남지구특별공작후원회' 상무위원과 만주국 국회격인 협화회 협의원을 역임한 친일 반민족 행위자이기 때문이다. 그가 자신의 친일 매국 행각을 반성하고『한국독립운동사』를 저술했다면 칭찬할 만하지만 한국의 숱한 친일 매국노 중에 자신의 친일 행위를 반성한 사람은 고대 법대 학장과 홍익대 총장을 지낸 이항녕 외에는 별로 기억이 없다.

김철준은 서울대학교 사학과 교수로서 서울대학교 인문대학장을 역임했고, 한우근도 서울대학교 사학과 교수로서 서울대학교 대학원장을 역임했다. 김원룡도 서울대학교 교수를 역임했는데, 한국 고고학계의 대부로 불린다. 이기백은 서울대학교 사학과를 나와서 서강대학교 교수로 있으면서 『한국사신론』을 집필했는데 한때는 모든 공무원 시험의 필독서였다. 유홍렬도 경성제국대학을 나와서 서울대학교 총장 서리를 역임했으니 이들에게는 문교부 장관이나 대학 총장 등이 기본 이력이라고 해도 과언이 아닐 것이다. 나머지 인물들도 쟁쟁한 이력을 갖고 있다.

그럼 이 기라성 같은 학자들이 역사학자도 아닌 방송 작가 구석봉의 "사육신은 유응부가 아니라 김문기다"라는 주장에 대해서 어떤 결론을 내렸는지 알아보자.

사육신은 김문기라는 특별위원회의 결정과 반론

특별위원회는 놀랍게도 구석봉의 주장을 그대로 추종해 만장일치로 "김문기를 사육신의 한 사람으로 현창顯彰하는 것이 마땅하다"고 결의했다. 그러자 『동아일보』는 '5백년 만에 햇빛을 본 충신의 고절高節, 사육신 유응부는 김문기의 잘못'이란 제목 하에 "국사편찬위원회에서는 교과서 개편에 착수한다"(1977년 9월 24일)고 보도하고 나섰다. 지금으로서는 『조선일보』나 『동아일보』가 왜 이런 보도를 했는지 경위를 알 수 없다. 『조선일보』로서는 한 작가의 독특한 견해에 지면을 내준 것일 수 있고, 『동아일보』는 문교부 장관과 대학 총장이 기본 이

력인 15인의 역사학자들이 결정한 것이니 사실일 것이라고 판단했을 수도 있다.

이 기사에 일반 국민들은 큰 충격을 받았다. 그때까지 사육신이었던 유응부가 갑자기 내몰린 것이었다. 그것도 국내 대표격 역사학자들이 만장일치로 사육신은 유응부가 아니라 김문기라고 발표했으니 "내 상식이 잘못되었나?"라는 의문을 갖는 것이 당연했다. 구석봉이라는 한 방송 작가의 주장을, 문교부 장관과 총장이 직업인 국가 대표급 역사학자들 15명이 '국사편찬위원회 특별위원회'의 공식 결의로, 그것도 만장일치로 결정함으로써 상황이 뒤바뀌는 듯했다. 이 기세면 국사 교과서에 유응부는 삭제되고 김문기가 들어갈 것이었다.

그러나 우리 역사에서는 늘 이런 대세에 맞서 목소리를 내는 소수가 있었다. 연세대 교수인 한문학자 이가원이 『중앙일보』(1977년 10월 2일)에 이의를 제기하고 김성균 씨가 『동아일보』(1977년 9월 30일/10월 12일)에, 이재범 씨가 『한국일보』(1977년 11월 3일)에, 정구복 씨가 『전북대학신문』(1977년 11월 11일)에 또한 이의를 제기했다.

이런 경우 다수의 편을 드는 인물도 반드시 나타나기 마련이어서 김창수 씨가 다시 『동아일보』(1977년 9월 26일/10월 7일)에 사육신은 김문기가 맞다면서 특별위원회 결정을 옹호하고, 성신여자대학교 사학과 교수 이현희 씨가 『중앙일보』(1977년 10월 2일)에 가세했다. 이때만 해도 한국 언론은 지금보다는 건강했던 것으로 보인다. 쟁쟁한 역사학자들의 주장을 반박하는 목소리에도 지면을 내주었기 때문이다.

사육신을 김문기로 바꾸는 것에 반대한 이가원 교수는 퇴계 이황

李滉의 후손으로서 성균관대에서 박사 학위를 받고 같은 대학 교수로 있었다가 이승만 정권에 의해 파면당했다는 이력이 있다. 또한 이가원은 『규원사화揆園史話』라는 역사서와도 특별한 인연이 있다. 『규원사화』는 조선 숙종 1년(1675) 북애자北崖子라는 인물이 저술했는데 단군조선의 여러 임금들에 대해서 저술한 책이다. 북애자는 과거에 급제하지 못하자 붓을 던지고 전국을 유람하던 중 산골에서 고려 말 청평清平 이명李茗이 저술했다는 『진역유기震域遺記』를 얻어 『규원사화』를 썼다. 진역震域은 동쪽에 있는 나라라는 뜻으로 우리나라를 뜻한다. 그런데 『진역유기』는 발해(대진)에서 편찬한 『조대기朝代記』를 참조해 편찬했다고 하니 그 연대는 발해 때까지 올라갈 수 있다.

『규원사화』에 단군에 대한 이야기가 나오자 한국 역사학계는 발칵 뒤집혔고 일제히 가짜로 몰았다. 그러나 『규원사화』의 내용은 1925년 간행된 『단전요의檀典要義』에 일부가 인용되었고, 1929년 간행된 『대동사강大東史綱』에서도 인용되었는데, 1932년 5월 이전에도 그 내용이 등사되었으므로 무작정 후대의 위작으로 몰 수는 없었다. 논란이 커지자 국립중앙도서관은 조선 시대 것으로 추정되는 필사본을 가지고 1972년 고서심의위원이었던 이가원과 고고학자인 연세대 손보기 교수, 한문학자인 임창순 등에게 진위 감정을 맡겼다. 필사본의 내용, 서체, 종이의 재질 등을 다각도로 검토한 위원들은 『규원사화』가 조선 중기에 쓰여진 원본임을 확인하고, 인증서를 작성하여 국립중앙도서관의 직인을 찍었다. 이런 경우 한국 역사학계는 일시 잠잠해진다. 국민들이 검증 결과를 잊어버린 듯하자 다시 나서서 위서라고 주장하고 있는 형편이다.

국사편찬위원회 특별위원회의 결정에 이의 제기를 한 인물 중에서 가장 주목받은 학자는 부산대 사학과 이재호 교수였다. 그는 1977년 9월 28일『부산일보』에 반론을 제기한 데 이어서『독서신문』에 두 차례(10월 23일/11월 20일) 반론을 기고했다. 이재호 교수의 반론이 주목받은 이유는 그가 조선 시대사

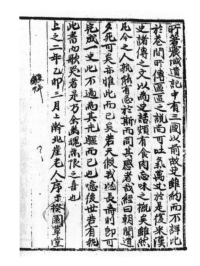

「규원사화」, 국립중앙도서관 귀중본

전공자인데다가 한문 서적을 한글 서적보다 더 편하게 볼 수 있는 최고의 실력자였기 때문이다.

나는 새도 떨어뜨리는 중앙정보부의 개입

그 당시 국사편찬위원회 특별위원회의 만장일치 결론, 즉 사육신은 유응부가 아니라 김문기라는 발표에 이의를 제기하는 것은 상당한 용기를 필요로 하는 일이었다. 단순히 학문적으로 옳고 그름의 문제만이 아니라 막강한 권력의 배경이 있었기 때문이다. 그 권력의 배경이란 당시 중앙정보부장 김재규였다. 김문기의 후손인 김재규가 짧

김재규

은 역사적 견해 속에서 사육신을 유응부에서 김문기로 바꾸려고 했던 것이다. 이재호 교수는 나중에 펴낸 『조선사 3대 논쟁』(역사의 아침, 2008)에서 이렇게 말했다.

1970년대 후반 갑자기 사육신 문제가 대두한 배경에 당시 나는 새도 떨어뜨린다는 중앙정보부장의 개입이 있었다는 사실은 당시 내놓고 말을 하지 못했지만 알 만한 사람들은 다 알고 있었다. 그리고 사관 정신을 내팽개친 일부 학자들의 행태에 대해 식자들이 우려를 금치 못했던 것도 사실이다. (20쪽)

당시 중앙정보부장은 지금의 국가정보원장과 비교할 수 있는 자리가 아니었다. 박정희 대통령의 유신 정권을 떠받치는 두 축이 군부와 중앙정보부(중정)였던 것이다. 그런데 아무리 중정부장이 배후에 있다고 해도 어떻게 갑자기 사육신을 바꿔치기할 수 있었을까? 여기에 바로 이른바 국사학계의 태두라고 불리는 이병도의 적극적 작용이 있었다. 김재규의 부탁을 받은 이병도는 '내가 하면 바꿀 수 있다'는 자신감을 가지고 움직였다. 그리고 실제로 그의 자신감대로 흘러갔다. 장관이나 대학 총장이 직업인 15명의 쟁쟁한 역사학자들이 만장일치로 "사육신은 유응부가 아니라 김문기가 맞다"라고 발표했다. 김삼웅 전 독립기념관장은 『역사와 융합』 제1집(2017)에 「이병도의 행적과 그의 역사관」이란 논문을 투고 했는데, 특별위원회 15명의 명단을 그대로 적시한 후 이렇게 평가했다.

> 이들은 해방 후 한국사학계와 동양사학계를 주도했던 인물들이었다. 이런 인물들이 만장일치로 "사육신은 유응부가 아니라 김문기다"라는 결의를 한 것이다. 그런데 여기에는 배경이 있었다. 당시 나는 새도 떨어뜨린다는 김재규 중앙정보부장이 금녕 김씨였는데, 그가 이병도를 만나 유응부 대신 자신의 선조인 김문기를 사육신에 넣어 달라고 부탁했다는 것이다.
> 한국 국사학계의 태두(?)이자 고등 문헌 비판의 대가(?)였던 이병도는 유신 중앙정보부장에게 "제가 하면 될 수 있습니다"라고 말하고 사육신 바꿔치기 공작에 들어갔다. 일본인 스승들에게 배웠던 역사 바꿔치기 수법이 그대로 동원되었다.

이재호 선생은 필자에게 당시 중정 직원이 집까지 찾아왔다고 말했다. 유신 말기에 중정 요원이 찾아왔을 때 위협을 느끼지 않을 사람이 있었을까? 그러나 우리 사회 마지막 선비 중 한 사람이라고 해도 과언이 아닌 이재호 선생은 중정 요원의 방문에 위축되지 않았다. 또한 김재규도 "사육신은 김문기가 아니라 유응부가 맞다"고 주장한다고 학자를 남산으로 끌고 가서 고문할 정도로 막된 인물도 아니었다.

이 사건은 한국 역사학계의 거장이라는 사람들이 아무 거리낌 없이 역사 조작을 자행하고 있다는 현실을 적나라하게 보여 준 것이었다. 이 사건은 1977년 한국 역사학계가 공식적으로 파산을 선언한 것과 마찬가지였다. 일본인 스승들에게 배운 역사 바꿔치기 수법을 광복 후에도 거리낌 없이 자행하다가 스스로 파산한 것이다. 조선사편수회에 근무했던 이병도, 신석호가 중정부장의 하수인이 되어서 "사육신을 김문기로 바꾸라"고 지시를 내리자 장관과 대학 총장이 직업인 부하들이 만장일치로 "사육신은 유응부가 아니라 김문기가 맞다"고 조작한 것이었다. 이 15명을 역사학자라고 말할 수 있을까? 남효온의『육신전』은 사육신의 절의를 숭상하던 선비들이 몰래 돌려 보던 책이었다. 남효온의『육신전』이래 500년 이상 사람들이 사육신으로 여겼던 유응부를 삭제하고 김문기로 대체하려는 일사불란한 행태는 조폭의 행태지 역사학자의 행위는 아니었다. 역사학은 과거의 '사실'을 탐구하고 '해석'하는 학문이지 사실을 만들거나 바꾸는 학문이 아니다.

사육신은 어떻게 나왔나

조선시대는 사육신死六臣이라는 용어보다는 육신六臣이라는 용어를 더 많이 썼다. 『조선왕조실록』에서 육신六臣이란 용어를 찾아보면『인종실록』1년(1545) 4월 9일자에 처음 나온다. 중종의 아들이었던 인종은 절의를 숭상하다가 사화를 겪은 사림을 동정했던 임금인데, 아침 경연 조강朝講에서 시강관侍講官 한주韓澍가 이렇게 아뢰었다.

노산군(훗날의 단종)이 어둡고 나이가 어려서 종사가 위태롭자 천명과 인심이 모두 세조에게 돌아가서 즉위하셨으니, 이는 종 사의 큰 계책을 위하여 마지못한 데에서 나온 것입니다. 그 뒤 에 성삼문·하위지·박팽년·유응부·이개·유성원 등이 난을 꾀 하다가 주살誅殺되었습니다. 대개 충의의 인사는 이런 때에 많 이 나오는 것인데 저 육신은 그때는 큰 죄를 입은 것이 마땅했 지만 그 본심을 논하면 옛 임금을 위한 것입니다.

이병도·신석호를 비롯한 서울대, 연세대, 성균관대 총장들을 역임 한 이 땅의 국가 대표급 역사학자들이 "사육신은 유응부가 아니라 김 문기가 맞음"이라고 만장일치로 발표하기 433년 전에 인종 임금이 신 하들과 학문과 정책을 토론하는 경연 자리에서 시강관 한주가 사육신 은 "성삼문·하위지·박팽년·유응부·이개·유성원"이라고 말했다. 한 주는 이때 이미 『육신전』을 근거로 사육신의 명단을 정확하게 말했 다. 그로부터 31년 후인 『선조실록』 9년(1576) 6월 24일자는 이렇게 말하고 있다.

주상이 경연관이 아뢴 바에 따라서 남효온의 『육신전』을 취해 서 보고 삼공三公(영의정·좌의정·우의정)을 불러서 전교했다.

"지금 이른바 『육신전』을 보니 매우 놀랍고 해괴하다. 내가 처음에 이 같을 줄 생각지도 못하고 아랫사람이 잘못 권한 것이라고 여겼는데 눈으로 그 글을 보니 춥지 않은데도 떨린다. 옛날 우리 광묘光廟(세조)께서 천명을 받아 중흥시키셨으니 진실로 사람의 힘으로 할 수 있는 것이 아니었는데, 저 남효온이란 자는 어떤 자이기에 감히 글을 도둑질하고 희롱해서 국가의 일을 함부로 드러냈다는 말인가? 이는 곧 우리 조정의 죄인이다. 옛날 최호崔浩는 나라의 역사를 함부로 드러냈다는 이유로 죽임을 당했는데, 이 사람이 만약 살아 있다면 내가 끝까지 추국하여 죄를 다스릴 것이다."

육신은 사육신과 생육신으로 나누는데 『육신전』의 저자 추강 남효온도 생육신 중 한 사람이다. 사육신은 단종을 복위시키려다가 죽은 신하들이고, 생육신은 단종의 왕위를 빼앗은 조정에 벼슬하지 않겠다면서 출사를 거부한 학자들로서 오세신동 김시습金時習을 필두로 남효온·원호元昊·이맹전李孟專·조려趙旅·성담수成聃壽를 뜻한다.

최호는 선비족 탁발씨가 세운 후위後魏의 벼슬아치로서 『국서國書』를 저술했다가 내용이 문제가 되어 사형당한 인물이다. 선조는 남효온이 살아 있으면 최호처럼 사형시키겠다는 것이었다.

선조는 나아가 사육신을 격렬하게 비난했다. "또 한 가지 논할 것이 있다. 저 육신이 충신인가? 충신이라면 어째서 왕위를 물려주던 날 쾌히 죽지 않았으며, 또 어째서 신발을 신고 떠나가서 서산에서 고사

250

리를 캐먹지 않았단 말인가?"

사육신이 충신이라면 왜 단종이 왕위를 물려주던 날 자살하지 않았으며, 은나라의 백이·숙제같이 수양산에 들어가 고사리를 캐어 먹지 않았느냐는 것이었다. 선조는 사육신을 이렇게까지 비난했다. "하물며 사람은 각각 임금을 위하는 것이니 이들은 우리 조정에서 같이 하늘을 이고 살 수 없는 역적이다. 이 책은 곧 오늘날 신자臣子로서 볼 수 있는 책이 아니다. 내가 이 책을 모두 거두어 불태우고 혹시 이에 대해 서로 이야기하는 자가 있으면 중한 죄로 다스리려 하는데 어떠한가?"

선조의 비뚤어진 역사관을 잘 보여 주는 사례이다. 임진왜란 때 일본군이 도성 근처에 나타나기도 전에 짐 싸들고 도망갔던 못난 군주의 행태가 우연이 아님을 알 수 있다. 선조는 임금의 아들이 아닌데도 왕이 된 이른바 방계승통傍系承統으로서 자신이 왕이 된 것이나 세조가 왕이 된 것은 모두 천명이라는 믿음이 있었다.

선조의 말에 놀란 삼공이 『육신전』을 수색하면 큰 소동이 일어날 것이라고 반대해서 수색은 이루어지지 않았지만 선조가 조선 임금 중에서 가장 낮은 평가를 받는 임금 중 한 명인 이유를 잘 말해 주고 있다. 이 사례는 여섯 신하를 사육신의 틀로 포괄한 계기가 남효온의 『육신전』임을 말해 주고 있다. 단종을 지키거나 단종을 복위시키려다가 죽은 신하들의 숫자는 300여 명 가까이 되는데 남효온은 그중에서 아무런 흠이 없는 인물 여섯 명을 추려서 『육신전』을 썼던 것이다.

사육신 신원의 머나먼 길

율곡 이이李珥의 『석담일기石潭日記』에는 인종 때보다 앞선 성종 때 사림의 영수 김종직金宗直이 성종에게 "성삼문은 충신입니다"라고 말했더니 성종의 얼굴색이 변했다고 전한다. 김종직이 "만약 그런 변이 있다면 신은 마땅히 성삼문이 될 것입니다"라고 말하니 성종의 얼굴색이 안정되었다는 것이다. 『육신전』을 쓴 남효온은 끝내 출사를 거부하다가 세상을 떴는데, 연산군 10년(1504)의 갑자사화 때 김종직의 문인이자 단종의 모후 권씨의 능을 복위시켜야 한다고 상소했다는 이유로 관에서 시신을 꺼내 다시 죽이는 부관참시剖棺斬屍를 당했다.

그러나 연산군을 쫓아낸 중종반정 이후 사림이 조정에 다시 진출하면서 사육신 문제가 재론되었다. 그러나 이는 뜨거운 감자여서 쉽게 해결되지 못했다. 쫓겨난 전 임금을 위해서 새 임금을 쫓아내려 한 행위에 대해서 임금마다 평가가 달랐기 때문이다. 이 문제가 해결되려면 세조 3년(1458) 상왕 복위 사건 실패 후 노산군으로 강등되어 영월로 쫓겨난 후 서인庶人으로 살해당한 이홍위李弘暐(단종)에 대한 신원이 먼저 이루어져야 했다.

상왕 복위 기도 사건 발생 220여 년 후인 숙종 6년(1680) 12월 강화유수 이선李選이 육신과 황보인皇甫仁·김종서 등의 신원을 청하는 상소를 올리면서 물꼬를 텄다. 숙종은 이렇게 답했다.

"상소 중에 육신에 대한 일은 내가 모르는 것이 아니지만 열성조列聖朝(앞의 임금들)에서도 죄를 용서한 적이 없다."

숙종은 그들의 무덤을 높이는 것은 금지하지 않겠지만 "별도로 은전을 베풀기는 어렵다"고 답했다. 머뭇거리던 숙종의 마음을 움직인 것이 바로 노량진의 사육신묘였다. 숙종은 재위 17년(1691) 9월 노량진을 건너다가 성삼문 등 육신의 무덤이 길 옆에 있는 것을 보고 관원을 보내어 제사를 지내라고 명했다. 그 절의節義에 감동했다는 것이다. 일부 신하들이 "여러 조정에서 서두르지 않은 데에는 은미한 뜻이 있는 듯하니 이제 쉽사리 거행하는 것은 마땅하지 못합니다"라고 반대하자 다시 중지시켰지만 사육신묘를 직접 본 감동은 사그라지지 않았다.

이긍익李肯翊의 『연려실기술燃藜室記述』에는 노량진에 사육신묘가 조성된 경위에 대해서 이렇게 말하고 있다.

> 노량 남쪽 언덕 길가에 다섯 무덤이 있다. 그 앞에 각각 작은 돌을 세웠는데, 기록하기를 가장 남쪽이 박씨 묘라 하고, 다음 북쪽이 유씨 묘라 하고, 또 다음 북쪽이 이씨의 묘라 하고, 또 다음 북쪽이 성씨의 묘라 하는데 또 성씨의 묘가 그 뒤 10여 걸음 사이에 있다. 세상에서 전하기를, "어떤 승려가 육신六臣의 시체를 져다가 묻었는데 그 승려는 김시습이라 한다"고 하였다. 성씨의 두 묘는 세상에서 전하기를, 성씨 부자의 묘인데 뒤에 있는 것이 성삼문의 아버지 성승成勝의 묘라 한다.

박씨는 곧 박팽년이고, 유씨는 곧 유응부이고, 이씨는 곧 이개이고,

성씨는 곧 성삼문이다. 『연려실기술』은 또 지봉芝峯 이수광李睟光이 다섯 묘 중에 세 묘만을 일컬어 "성삼문·박팽년·유응부의 묘가 틀림없다"고 말했다고 기록하고 있다. 노량진 사육신묘가 조성된 초기부터 유응부 묘는 그곳에 있었던 것이다.

숙종은 사육신 문제를 자신 때 해결해야 한다는 의지를 지녔다. 숙종은 재위 17년 12월 6일 특명을 내려 성삼문 등 육신을 복직시키고 관원을 보내서 제사를 지내게 하고 사당의 편액을 '민절사愍節祠'라고 내렸다. '절의를 가엾게 여긴다'는 뜻이었다. 숙종은 비망기備忘記(임금이 직접 승정원에 내리던 문서)를 내려서 "나라에서 먼저 힘쓸 바는 진실로 절의를 장려하고 높이는 것보다 큰 것이 없고, 신하로서 가장 어려운 것도 절의에 엎드려 죽는 것보다 큰 것이 없다. (…) (사육신은) 당대에는 난신이나 후대에는 충신이라는 분부가 있었다"고 말했다.

사육신을 신원시켰으니 상왕 노산군도 신원시키지 않을 수 없었다. 노산군의 묘도 사육신의 묘처럼 기구한 운명을 겪었다. 살해당한 노산군(단종)의 시신은 아무도 거두지 않아서 방치되어 있었다. 시신을 거두었다가 어떤 일을 겪을지 두려웠기 때문이다. 그때 영월의 호장 엄흥도嚴興道가 목숨을 무릅쓰고 시신을 거두어 관을 갖추어 장사지낸 뒤 무덤을 비밀에 감추어 두었다. 노산군의 무덤은 아는 사람만 아는 절대 비밀이었다가 선조 때 사림들이 사육신 신원을 제기하면서 돌을 세워 무덤을 표시했다.

숙종이 사육신을 신원시키자 노산군의 무덤을 능으로 승격시켜야 한다는 의논이 일었다. 숙종은 노산군을 일단 노산대군으로 높였다가

강원도 영월에 있는 장릉

재위 24년(1698) 다시 임금의 예로 승격시켰다. 임금의 시호인 묘호를 '단종端宗', 무덤의 이름인 능호를 '장릉莊陵'이라 하고, 또 부인 송씨의 시호를 '정순定順', 능호를 '사릉思陵'이라고 높였다. 그해 12월 25일 숙종은 종묘에 모실 새 신주를 쓰고 이튿날 백관을 거느리고 종묘로 가서 부친 문종대왕 아래 모셨다. 「숙종대왕 묘지문」은 이때 성대한 의식을 거행하자 신神과 사람이 함께 기뻐했다면서 이때 "아울러 그 육신들까지 함께 제사 지내어 신하의 절개를 장려하였다"고 전하고 있다. 단종의 신주를 새로 만들어 종묘의 아버지 문종 곁에 모시고 사육신까지 국가에서 제사를 지내게 됨으로써 긴 여정의 마침표를 찍은 것이었다.

유응부는 당연히 육신의 일원이었다. 「영조대왕 행장」을 보면 영조 12년(1736) 문치주의에 빠진 동래의 선비들이 임진왜란 때 순절한 송상현宋象賢과 정발鄭撥이 함께 제사를 받는 것에 문제를 제기하면서 "송상현은 문사이고 정발은 무사인데 한 사당에 함께 제사 지낼 수 없으니 나누소서"라고 주청하자 영조는 이렇게 말했다고 한다.

"유응부는 어찌 무사가 아니라고 하겠는가. 그러나 육신사六臣祠에 같이 제사를 지낸다. 무사라 하여 그 절의를 낮출 수 없다."

육신사에 유응부를 함께 모시는 것은 임금도 아는 것으로 상식 중에 상식이었다. 사육신 문제가 국가 차원에서 최종적으로 정리된 것은 정조 때였다. 단종의 능인 장릉에 제사 지낼 때 함께 제사를 모시는 「어정배식록御定配食錄」을 작성하고 그 순서에 '육신'을 포함시켰다. 어정御定이란 임금이 정했다는 뜻으로 국가에서 정한 국가 예식이라는 뜻이다. 배식配食이란 단종을 제사 지낼 때 함께 제사 지내는 신하들을 뜻하는데 사계절의 첫 달 초하루에 지방관이 제사를 모셨다.

정조 때의 어정배식단

정조가 「어정배식록」을 작성하게 된 것은 재위 15년(1791) 2월 경기도 유생 황묵黃默의 상언에서 비롯되었다. 황묵은 세종이 영빈 강씨에게서 난 화의군 이영李瓔의 충효의 큰 절개는 육신과 다를 바 없다면서 이영을 창절사彰節祠에 제사 지내야 한다고 상언했던 것이다. 창절사는 단종이 목숨을 잃은 강원도 영월에 있는 사당으로서 사육신과 생육신 김시습 등 10인의 위패를 모셨는데 숙종 11년(1685) 강원도관찰사 홍만종洪萬鍾과 영월군수 조이한趙爾翰이 세운 것이다. 정조는 이 상언을 보고 이렇게 답했다.

"얼마 전 노량진을 지나다가 육신의 사당과 묘소 옆에서 어가를 세우고 사당과 무덤을 쳐다보면서 한숨을 쉬었다."

정조는 이렇게 말했다.

"육신은 진실로 혁혁하고 뛰어나 사람들의 이목을 적시고 있지만 금성대군과 화의군의 절의는 종실에서 나왔으니 더욱 특이하고 장하지 않은가? 이 두 사람 이외에도 사육신 못지않은 사람들이 많으니 이번에 추가로 제사할 때 일체로 함께 시행하는 것이 실로 절의를 권장하고 충성을 표창하는 조정의 정사에 부합할 것이다."

정조는 학문에 밝은 규장각과 홍문관에 여러 문헌을 조사해서 함께 제사 지낼 사람들을 보고하라고 명했다. 정조는 재위 15년(1791) 2월 21일 「어정배식록」을 정했다. 단종은 집 안인 각閣에서 제사를 받고 신하들은 그 아래 단壇에서 제사를 받았다. 장릉배식단의 순서와 그 명단을 보면 이병도·신석호를 비롯한 이 나라의 이른바 국사학계의 태두들이 역사에 얼마나 무지한지를 쉽게 알 수 있다.

배식단은 정단正壇과 별단別壇으로 나뉘는데 정단에 배식된 사람은 32인, 별단에 배식된 사람은 198인으로 모두 230명이었다. 이 230명은 모두 단종에 대한 충절을 지키다가 목숨을 잃은 사람이었다. 남효온은 이 중 여섯 명을 추려서 『육신전』을 지었고 이후 이 육신이 단종을 복위시키려다 목숨을 잃은 절의의 대명사처럼 인식된 것이다.

이병도·신석호를 비롯해서 역사학자라는 배경으로 직업이 장관, 총장이었던 직함은 쟁쟁했던 학자들이 몰랐거나 무시했던 것은 배식 순서였다.

정단에 배식된 신하들의 순서는 육종영六宗英→사의척四懿戚→삼상신三相臣→삼중신三重臣→양운검兩雲劒→육신六臣 등의 순서였다.

가장 높은 육종영은 단종을 지키려다 목숨을 잃은 여섯 왕자를 뜻한다. 세종의 아들이자 세조의 친동생으로서 단종을 지키려 한 안평대군, 금성대군과 세종이 영빈 강씨에게서 난 화의군 이영, 세종이 혜빈 양씨에게서 난 한남군 이어李𤥽와 영풍군 이전李瑔 형제, 태조 이성계의 이복동생인 의안대군義安大君 이화李和의 손자인 판중추원사 이양李穰이 그들이다.

그다음의 사의척은 단종을 위해 죽임을 당한 왕실의 네 외척을 뜻한다. 수양(세조)의 옛 친구이자 단종의 장인 송현수宋玹壽, 단종의 어머니 현덕왕후의 아우이자 단종의 외삼촌 권자신權自愼, 문종의 딸 경혜공주의 남편이었던 부마 정종鄭悰과 권완權完이다. 권완은 송현수의 딸이 단종의 왕비로 간택될 때 그의 딸이 왕비를 모시는 숙의淑儀가 되었다가 단종 복위 기도 사건에 참여해 능지처참당하고 온 집안이 연좌되어 도륙당했다.

삼상신은 정승급의 세 대신을 뜻하는데, 영의정 황보인, 좌의정 김종서, 우의정 정분鄭苯이 그들이다.

그다음 삼중신은 단종을 복위시키려다 죽은 판서급 세 대신을 뜻하는데, 이조판서 민신閔伸, 병조판서 조극관趙克寬, 이조판서 김문기로서 김문기는 바로 삼중신에 해당한다.

그다음이 양운검으로서 명 사신을 맞이하는 연회 당일 세조의 뒤에서 칼을 갖고 입시하기로 되어 있던 성삼문의 아버지 성승과 박쟁朴崝이었다.

그다음이 육신으로서 우승지 성삼문, 형조참판 박팽년, 직제학 이개, 예조참판 하위지, 성균사예 유성원, 도총부부총관 유응부였다.

그 외에 정단에 모셔진 인물로는 형조판서 박중림朴仲林, 지평 하박河珀, 좌참찬 허후許詡, 수찬 허조許慥, 증이조참판 박계우朴季愚, 순흥부사 이보흠李甫欽, 도진무 정효전鄭孝全, 영월호장 엄흥도 등이었다.

그 후 순조 연간 때 명단이 추가되어 모두 268위가 되었다. 단종을 지키거나 단종을 복위시키려다 죽임을 당한 사람이 모두 268명이라는 뜻이다. 수양대군의 왕위 찬탈에 반발하고 단종의 복위를 기도하다가 죽임을 당한 사람은 국가에서 공인한 숫자만 최소한 268명이었다. 이들 중 32명은 정단正壇에서 제사를 지내고 나머지 236명은 별단別壇에서 제사를 지내는 것으로 국가에서 정한 것이었다. 그리고 제사를 지내는 순서 또한 국가에서 법으로 정한 것이었다. 정조의 문집인 『홍재전서弘齋全書』에는 「장릉배식록」과 「정단」, 「별단」 등의 문서가 있다. 「정단」에는 "사판祠版에는 충신지신忠臣之神이라고 쓰고, 제사의 의식은 축문이 있고, 제품祭品은 밥 한 주발, 소탕素湯 한 대접, 나물과 과일 각 한 소반과 술 한 잔"이라고 말하고 있다. 이 글에서 정조는 축문과 시를 지어 표창하고 정단과 별단에 배식한 신하들의 사적을 자세히 실었다. 이 중 김문기에 대해서는 이렇게 썼다.

이조판서 충의공忠毅公 김문기

본관은 김해이다. 세종 병오년(1426, 세종 8)에 생원이 되고 같
은 해에 문과에 급제하였다. 병자년(1456, 세조 2)에 성삼문·권
자신 등과 함께 죽었는데, 아들 김현석金玄錫도 연좌되었다. 숙
종조에 복관을 명하였고, 내가 무술년(1778, 정조 2)에 충의忠毅
라는 시호를 내렸다. 강령康翎 충렬사忠烈祠에 배향되었다.

정조가 쓴 축문에는 김문기의 본관을 김해라고 했는데, 김문기 문
중은 김수로왕을 시조로 삼는 김해 김씨와 달리 신라 경순왕의 후예
다. 그래서 본관을 후 김해 김씨, 또는 김해의 옛 지명 김녕金寧을 따서
금녕 김씨라고 한다.

정조는 규장각과 홍문관에게 단종에게 충성을 바치다가 목숨을 바
친 여러 신하들의 행적을 보고하게 했는데, 김문기에 대해서는 이렇
게 보고했다.

"충장공 권자신과 충의공 김문기는 육신이 화를 당하던 날 함께 죽
었는데, 영조 때에 함께 시호를 주는 은전을 받았습니다."

단종의 외삼촌 권자신과 김문기는 사육신이 화를 당하던 날 함께
죽었다는 것이다. 그래서 정조는 "성삼문·권자신 등과 함께 죽었다"
고 썼던 것이다. 유응부에 대해서는 이렇게 썼다.

증병조판서 행도총부 도총관 충목공忠穆公 유응부

자는 선장善長이고, 본관은 천녕川寧이며, 무과에 급제하였다.

병자년(1456, 세조 2)에 성승·박쟁과 별운검이 되었다가 일이 발각되어 죽었다. 유응부는 성격이 강직하고 과감했는데 처음에 모사를 결정하고 나서 곧장 여러 사람 앞에서 주먹을 불끈 쥐며, "권람權擥과 한명회韓明澮를 죽이는 데는 이 주먹만으로도 족할 것이다. 어디에다 대검을 쓰겠는가"라고 하였다. 아들 유사수兪思守도 연좌되었다. 숙종 신미년(1691, 숙종 17)에 복관되고, 영종 무인년(1758, 영조 34)에 병조판서에 추증되면서 충목이라는 시호가 내려졌다. 녹운서원과 낙빈서원, 민절사, 창절사, 충렬사 등에 배향되었다.

정조는 「별단」에서 죽은 사람들의 이름과 행적을 열거한 다음에 "이 밖에도 사실이 인멸되어 전하지 않는 자가 의당 적지 않겠지만, 여러 서책들을 상고하여 보아서 꼭 명확한 증거를 입증하고 나서야 기록하였으며, 또 연좌된 사람의 죽음의 선후를 가지고 그 차례를 정하였다"고 말하고 있다. 정조는 규장각과 홍문관 관원들의 도움을 받아 직접 정단과 별단에 제사 지낼 인물들을 정했던 것이다.

과거 사실을 바꿀 수 있다는 오만한 역사학자들

이병도나 신석호가 정상적인 사고를 가진 역사학자였다면 김재규 중정부장이 "사육신을 유응부에서 김문기로 바꾸자"고 제안했을 때 이렇게 했을 것이다.

"부장님! 김문기 선생은 사육신보다 먼저 제사를 받는 삼중신입니다. 사육신 유응부 선생을 김문기 선생으로 대체하기보다는 국민들이 잘 모르는 삼중신을 높이는 사업을 하시는 것이 좋습니다."

그러나 이병도는 정상적인 역사학자가 아니었다. 이병도뿐만 아니라 장관과 대학 총장이 직업이었던 역사학자들이 정상적인 사고만 가진 사람들이었어도 사육신을 바꿔치기하려는 이병도에게 이렇게 말했을 것이다.

"두계(이병도) 선생님! 그러시면 안 됩니다. 사육신은 조선 조정에서 법으로 정한 것인데 후대 역사학자들이 바꿀 수 없습니다."

그러나 그렇게 반대한 역사학자들은 단 한 명도 없었다. 왜 그럴까? 역사 조작이 직업이자 일상인 일본인 식민 사학자들을 추종하기 때문이다. 일본인 스승들에게 배운 것이 과거의 '사실'을 바꿀 수 있다는 역사 조작술이었다. 단종을 복위시키려다 목숨을 바친 김문기 선생은 과연 유응부를 몰아낸 자리에서 제향을 받고 싶을까?

반성을 모르는 국사편찬위원회와 역사학자들

중앙정보부장 김재규가 박정희 전 대통령 시해 사건의 주범으로 사형당한 후인 1982년 11월 11일 국사편찬위원회(위원장 이현종)는 이 사건을 다시 심의한 끝에 "종래의 사육신 구성을 변경한 바 없다"면서 사육신은 "성삼문·박팽년·하위지·이개·유성원·유응부"라고 발표했다. 이렇게 결론 내렸으면 "김문기는 사육신이 아니라 삼중신"이라고 발표해야 하는데, 그렇게 하지 않고 딴소리를 했다.

> 세조 2년 6월 8일 병오조丙午條에 병자정난丙子靖難 관련자를 군기감 앞길에서 능지처사 및 효수하게 한 사실과 주모 관원의 활동성에 관한 기록을 검토하건대, 그중 특히 성삼문, 박팽년, 하위지, 이개, 유성원, 김문기 순으로 육신六臣만을 들고 있으며, 김문기가 도진무都鎭撫로서 박팽년과 모의할 때 군 동원의 책임을 맡은 사실이 기록되어 있으므로, 위에 든 육신이 세조 때에 가려진 육신이라고 판정함.
> 결론: 충의공 김문기를 현창하여야 한다고 사단史斷함.

'사단史斷'이란 역사로서 판단한다는 뜻이다. 그러나 이는 사단史斷이 아니라 '속일 사詐' 자를 써서 '사단詐斷'으로 쓰면 명실이 상부하다. 사육신은 '성삼문·박팽년·하위지·이개·유성원·유응부'라고 발표해 놓고, '성삼문·박팽년·하위지·이개·유성원·김문기'가 '세조 때에 가려진 육신'이라는 희한한 논리로 김문기를 다시 사육신에 포함시키고 있는 것이다. 그러면서 그 근거로『세조실록』2년 6월 8일 병오조를 들었다. 국사편찬위원회의 설명을 들으면 이 날짜『세조실록』에 유응부는 없고 김문기가 있는 것으로 생각할 것이다. 이날 의금부에서는 세조 이유李瑈에게 이렇게 보고했다.

"이개·하위지·성삼문·박중림·김문기·유응부·박쟁·송석동宋石同·권자신·윤영손尹令孫·아가지·불덕 등이 결당하여 어린 임금을 끼고 나라의 정사를 마음대로 할 것을 꾀하여, 6월 초1일에 거사하려 하였으니, 그 죄는 능지처사에 해당합니다."

의금부의 보고에는 유응부도 있고 김문기도 있는데 이때는 아직 사육신이란 용어가 없을 때다. 이 날짜 『세조실록』은 김문기가 거사에 중요한 역할을 맡았다고 말하고 있다.

> 김문기는 박팽년과 족친族親이 되었고, 또 친밀히 교제하였는데, 그때 김문기가 도진무가 되어서 박팽년·성삼문과 함께 모의했다.
> "그대들은 궁 안에서 일을 성공시키라. 나는 밖에서 군사를 거느리고 있으니, 비록 거역하는 자가 있다 한들 제압하는 것이 무엇이 어렵겠는가?"

김문기는 군사에 대한 제반 업무를 관장하는 도진무를 맡고 있었으므로 안에서 박팽년·성삼문 등이 일을 성사시키면 자신은 밖에서 군사를 이끌고 혹시 거역하는 자를 제압하겠다는 것이다. 『세조실록』이 말하는 김문기의 행적은 남효온의 『육신전』이 말하는 유응부와 비슷하다. 『육신전』은 유응부에 대해서 이렇게 말하고 있다.

> 병자년(1456, 세조 2)에 사건이 발각되어 대궐 뜰로 잡혀 왔다.

상이 "너는 무엇을 하려느냐?"라고 묻자 "(명의) 사신을 청하여 잔치하던 날을 맞아 일척一尺의 검劍으로 족하足下를 베고 옛 임금을 복위하려 했으나, 불행히도 간사한 사람의 고발을 당했으니 응부가 다시 무엇을 하겠소. 족하는 빨리 나를 죽이시오"라고 대답했다. 광묘光廟(세조)가 노하여 꾸짖기를 "그대는 상왕을 명분으로 삼고서 사직을 도모코자 한 것이다"라면서 무사로 하여금 살갗을 벗기게 하면서 그 정상을 물었으나 인정하지 않고, 성삼문 등을 돌아보며 "사람들이 '서생과는 함께 도모하지 못한다'라고 했는데 과연 그렇구나. 지난번 사신을 청하여 잔치하던 날에 내가 검을 시험하려 했으나, 그대들이 굳게 저지하면서 '만전의 계책이 아니다'라고 막아서 오늘의 화를 불러들였다. 그대들은 사람이면서 꾀가 없으니 어찌 짐승과 다르랴"라고 말하고는 상에게 "만약 정상 밖의 일을 들으려면 저 어린 유학자들에게 물어보시오"라고 하고는 입을 닫고 대답하지 않았다. 상이 더욱 노해서 불에 달군 쇠로 배 아래를 지지라고 명하니 기름과 불이 함께 지글거렸으나 낯빛이 변하지 않았다. 천천히 쇠가 식기를 기다렸다 쇠를 집어 땅에 던지며 말하기를 "이 쇠가 식었으니 다시 달구어 오라"라고 말하고는 끝내 죄상을 인정하지 않고 죽었다.

김문기는 무과에 급제한 유응부와 달리 문과에 급제한 문신 출신이지만 그 성향은 유응부와 비슷했다. 유응부·김문기처럼 군사력의 중요성을 아는 인물들이 상왕 복위 사건을 주도했으면 성공했을 가능성이 높았다.

조금만 사료를 찾아보면 사육신이 무엇인지 초등학생도 알 수 있다. 그러나 국사학계의 태두 이병도에게 반성은 없다. 이병도는 이후에도 『한국사대관韓國史大觀』 개정판(1983)에서 "사육신은 김문기, 성삼문, 박팽년, 하위지, 이개, 유성원"이라면서 "김문기가 군대 동원의 책임을 진 영도자로 있음을 발견하였다"고 말하고 "남추강南秋江(남효온)의 『육신전』이 세조에 불복한 김문기를, 불복한 기사가 없는 유응부로 착각한 것임을 더욱 알게 되었다"라고 말하고 있다. 죽어서 말할 수 없는 남효온에게 잘못이 있다고 돌리는 것은 후안무치라고밖에 말할 수 없다. 사육신은 김문기가 맞다고 반박한 이현희도 『알기 위한 우리 역사』 상上(1987)에서 "세조의 찬위에 대해 못마땅하게 여긴 신하들은 예전의 집현전 학사들인 성삼문, 박팽년, 이개, 하위지, 유성원, 김문기의 사육신 등과 성삼문의 아버지 성승, 무사 유응부 등이었다"라고 말했다.

두 사람은 자신의 역사 왜곡을 사실로 우기기 위해 역사 조작도 서슴지 않았다. 이병도는 1987년 출간한 『한국사』에서는 "남추강의 『육신전』은 세상에 전하지 않는다"고 말했다. 이현희는 『정조실록』에 김문기가 '삼중신'에 기록된 사실이 없다고 억지 주장했다. 국사학계의 태두 이병도는 남효온의 『육신전』이 세상에 전하지 않는다고 말하고, 평생 역사학자로 살아온 이현희는 『정조실록』에 '삼중신'이 나오지 않는다고 말했다. 그런데 이병도는 실제로 『육신전』이 전하지 않는 것으로 알았던 것 같다. 그는 『한국유학사韓國儒學史』(1987)에서 김문기가 사육신의 우두머리라면서 이렇게 썼다.

> 남효온의 저술은 『추강집秋江集』 몇 권과 『추강냉화秋江冷話』·『육신전』·『사우명행록師友名行錄』·『귀신설鬼神說』이 있는데, 다만 『육신전』만은 세상에 전하지 않는다. (93쪽)

이에 대해 이재호 선생은 이렇게 평가했다.

> 이현희 교수는 김문기가 삼중신이란 기록이 『정조실록』에 없다고 억지 주장을 하고 있으며, 이병도 교수는 남추강이 찬술한 『육신전』이 『추강집』과 그 외의 각종 기록(『왕조실록』·『장릉지莊陵誌』)에 명백히 기재되어 있는데도, 전하지 않는다고 쓰고 있으니 『육신전』이 실제 전하지 않는다고 믿었다면 국사학계의 태두라는 그의 명성이 얼마나 허명에 지나지 않는가를 말해 주는 것이며, 일부러 전하지 않는다고 말했다면 자신의 목적을 위해 현전하는 사료까지 부인하는 학자로서는 할 수 없는 행위를 한 것에 지나지 않으므로 다시 거론할 필요조차 느끼지 않는다. (『조선사 3대 논쟁』, 76~77쪽〔역사의 아침, 2008〕)

현재 전하는 『추강집』, 곧 『추강선생문집』 권8에는 두 편의 전이 있는데 하나는 『육신전』이고 다른 하나는 『허후전許詡傳』이다. 허후 또한 상왕 복위를 지지했다는 혐의로 사형당한 인물이다.

　김삼웅 전 독립기념관장은 이병도에 대해서 이렇게 평가하고 있다.

　학문적으로는 조선총독부의 역사관을 추종했으며, 정치적으로는 평생을 친일, 친독재로 일관한 이병도가 현재도 국사학계의 태두로 추앙받는다는 사실 자체만으로도 한국 국사학계가 왜 외국과 달리 국민들의 질책을 받는지 그 이유를 알 수 있다고 말할 수 있을 것이다. (「이병도의 행적과 그의 역사관」, 『역사와 융합』 제1집)

　그때나 지금이나 이 나라 국사학계는 전혀 반성을 모른다. 아직도 조선총독부의 황국 사관을 추종한다. 그러니 가야 고분을 유네스코에 등재 신청하면서 임나일본부에 나오는 용어를 버젓이 실어 신청했고, 『전라도천년사』를 편찬하면서 전라도를 고대부터 야마토왜의 식민지라고 썼다. 한국이 전 세계에서 유일하게 자국사를 사랑하는 국민들과 자국사 전공 교수들이 충돌하는 이유는 아직도 총독부 역사관을 추종하기 때문이다. 그래서 김삼웅 관장의 이병도에 대한 평가는 과거에 대한 평가가 아니라 현재의 역사학계에 대한 평가일 수밖에 없다.

9장

세상을 버린 신동, 김시습

과거 급제가 효도의 마지막인가

우리 사회는 '천재天才'를 '머리 좋은 사람'과 같은 의미로 쓴다. 그러나 천재는 '하늘이 내려준 특출한 재주'를 뜻한다. 비단 '머리'뿐만 아니라 예술이나 과학 분야에서도 특출한 재주가 있으면 천재라고 할 수 있다. 우리 사회에서 천재를 머리 좋은 사람으로 여기는 것은 조선 유학 사회의 유풍이라고 할 수 있다. 조선의 사대부들은 과거를 급제해 벼슬길에 나서는 것을 최고의 가치로 쳤다. 과거는 '벼슬'에 나아가기 위한 '수단'이 아니라 때로는 '목적'이라고 말해도 좋을 정도였다.

조선은 조상의 덕으로 벼슬길에 나설 수 있는 음서제蔭敍制가 있었다. 고려는 문무관 5품 이상, 조선은 2품 이상을 역임한 벼슬아치의 자제들에게 음서로 벼슬길에 오를 수 있게 했다. 음서는 세력 있는 가문 출신임을 말해 준다. 그러나 음서 출신들은 문과에 급제한 인물들에게 콤플렉스를 가졌다. 음서 출신들은 음직蔭職 또는 남행南行이라고 불러서 문·무과 급제자와 따로 취급했다. 남행 출신은 임금의 비서격인 승정원의 승지나 백관에 대한 탄핵권이 있는 대간臺諫, 즉 사헌부, 사간원, 홍문관에는 가지 못하는 것이 관례였다. 조선은 정3품 당상관 이상은 두 마리 말이 각각 앞뒤의 가마채를 메고 가는 쌍교雙轎를 탈 수 있었지만 남행 출신과 무관 출신은 탈 수 없었다. 또한 승지를 지낸 당상관은 쌍교를 탈 수 있었지만 승지를 지내지 못했으면 한 마리의 말이 끄는 독교獨轎를 타야 했다.

조선 어린이들의 필독서 중에 『효경孝經』이 있다. 공자가 제자인 증삼曾參에게 효에 대해서 설명한 책으로 효도에 대한 유학 경전이다. 『효경』은 "몸을 바로 세우고 이름을 날려서 부모님을 드러나게 하는 것이 효도의 마지막이다"라고 말하고 있다. '몸을 바로 세우는 것'이 '입신立身'이고 '이름을 날리는 것'이 '양명揚名'이다. '몸을 바로 세워 이름을 날린다'는 뜻인데, '과거에 급제하여 부모의 이름을 드러나게 한다'는 의미로 변질되면서 조선의 사대부 집안 아이들에게 과거 급제를 강요한 책이 되었다.

조선 후기 고종 때 머리를 서양식으로 깎으라는 단발령이 내려졌을 때 전국의 사대부들이 격렬하게 반발한 논리도 『효경』에서 나왔다. 『효경』의 「개종명의장開宗明義章」에서 이렇게 말하고 있기 때문이다.

이 몸과 머리카락과 피부는 부모님께 받은 것이니 감히 다치지 않게 하는 것이 효의 시작이요, 자신의 몸을 바르게 세우고 바른 도를 행하여 이름을 후세에 드날림으로써 부모님을 드러나게 하는 것이 효의 마지막이다.

원래는 "바른 도를 행하여 부모님을 드러나게 하는 것"이었는데, "과거에 급제하여 부모님을 드러나게 하는 것"으로 변질되면서 과거에 목을 매게 된 것이다. 그러니 과거에 손쉽게 급제할 수 있는 '하늘이 내린 머리'를 가진 아이들은 큰 축복을 받은 것으로 여기게 되었다. 어릴 때부터 머리가 특출 나게 좋은 아이를 '신동神童'이라고 불렀다.

오세신동 김시습

조선에서 신동으로 유명했던 인물을 꼽으라면 단연 매월당梅月堂 김시습(1435~1493)이다. 세종 17년(1435) 태어난 그는 불과 다섯 살 때 신동으로 전국에 이름이 자자했다. 방송이나 신문이 없던 그 당시 신동으로 이름이 자자했다는 것은 지극히 이례적인 일이었다.

김시습보다 약 100여 년 후의 인물인 율곡 이이(1536~1584)는 선조 임금의 명으로 『김시습전』을 써서 바쳤다. 이이는 『김시습전』에서 김시습의 고향이 강릉인데 신라 김알지金閼智의 후손 김주원金周元이 강릉으로 이주하면서 김시습의 선조가 강릉에 터를 잡은 것으로 기록하고 있다. 태종무열왕의 후손 김주원이 서라벌에서 강릉으로 이주한

데는 사연이 있다.

김시습

신라의 제37대 선덕왕(재위 780~785)이 세상을 떠났는데 후손이 없었다. 신하들이 상의 끝에 선덕왕의 조카 김주원을 옹립하기로 했다. 김주원의 집은 서라벌 왕궁 북쪽 20리 떨어진 곳에 있었는데 마침 내린 큰비로 알천閼川의 물이 넘치는 바람에 왕궁에 가지 못했다. 그러자 김주원을 추대했던 사람들의 마음이 달라졌다.

"임금은 큰 자리여서 진실로 사람이 도모할 수 있는 것이 아니다. 오늘 갑자기 비가 쏟아진 것은 하늘이 혹시 주원을 임금으로 세우고 싶지 않았기 때문이 아니겠는가! 지금 상대등 김경신金敬信은 선왕의 동생으로 본래 덕망이 높으니 임금의 용모가 있다고 하였다."

김주원이 왕으로 추대되는 날 갑자기 큰비가 내려 왕궁에 오지 못한 것은 하늘의 뜻이 아니냐는 것이다. 김주원 대신 선덕왕의 동생 김경신을 세우려는 하늘의 뜻이 아니냐는 해석이었다.

그래서 김경신의 왕위 계승을 찬성하는 사람들이 늘어났는데 때마침 비가 그치자 나라 사람들은 하늘의 뜻이라며 만세를 불렀다는 것이 『삼국사기』 기록이다. 그가 원성왕인데, 785년에 벌어진 사건이다.

김주원은 지금의 강원도 강릉시 일대로 추정되는 명주溟州로 이주하여 명주군왕溟州郡王으로 불리게 되었다. 그런데『신증동국여지승람』은 「강릉대도호부」조에 김주원에 대해서 전혀 다른 설명을 하고 있다.

> (김주원의) 친척 상대장등上大長等 김경신이 여러 사람들을 위협해서 스스로 서서 먼저 궁에 들어가 왕이 되자 김주원은 화를 입을 것을 두려워 물러나 명주에 거주했다. 2년 후에 김주원을 명주군왕으로 봉하고 명주(강릉)에 속한 속현인 삼척과 근을어와 울진 등의 고을을 떼어서 식읍으로 삼게 하였다. 그래서 그 자손은 명주부를 관향貫鄕으로 삼았다.

『삼국사기』는 갑자기 큰물이 내려서 김경신이 왕이 된 것처럼 설명하고 있는데,『신증동국여지승람』은 김경신이 사람들을 위협해 왕이 되었다고 말하고 있다. 화를 입을까 두려워진 김주원이 명주로 물러나자 그를 명주군왕으로 봉해 주었다는 것이다. 그래서 김주원 가문은 이 지역의 지배 가문이 되었고 김주원은 강릉 김씨의 시조가 되었다.

그의 후손들은 고려 왕조에서도 지금의 총리 격인 시중을 역임했던 명가였다. 고려 때 시중을 역임한 김태현金台鉉의 후손 김구주金久柱는 안주목사를 역임했는데 그가 김시습의 증조할아버지다. 김구주는 김겸간金謙侃을 낳았고 김겸간은 김일성金日省을 낳았는데 음서로 충순위에 근무했다. 충순위는 세종이 3품 이상 고관의 자손을 우대하기 위해서 설치한 관직이니 김시습의 집안사람들은 조선 때도 높은 벼슬을 역임했다고 할 수 있다. 김일성은 선사仙樣(울진) 장씨에게 장가들어서 1435년 김시습을 낳았다.

글은 알지만 말은 못하던 신동

김시습이 태어난 곳은 서울 성균관 부근 마을이었다. 김시습의 외가가 성균관 부근 마을에 있었는데, 아마도 김시습은 태어난 곳과 자란 곳이 모두 어머니의 친정이었을 것이다. 율곡 이이가 어머니의 친정인 외가 강릉에서 태어난 것처럼 조선 초기까지는 사대부들도 외가에서 태어나 외가에서 자라는 경우가 흔했다. 동이족 특유의 모계사회 유풍이 남아 있었다.

그에게 시습時習이란 이름을 지어준 인물은 이웃에 살던 최치운崔致雲(1390~1440)이었다. 최치운은 과거 급제 후 집현전에 들어가 공부했는데 문신이면서도 평안도도절제사 최윤덕이 여진족을 정벌할 때 종사관으로 출전한 경력도 있다. 그는 학자로서 최고의 영예인 예문관 제학까지 지냈는데, 강릉 최씨였으므로 강릉 김씨인 김시습의 집안과 일찍부터 교류가 있었다. 최치운은 『논어』의 첫 문장인 "배우고 때로 익히면 어찌 즐겁지 아니한가(學而時習之 不亦說乎: 학이시습지 불역열호)"에서 따서 시습時習이라는 이름을 지어 주었다. 그러나 최치운은 김시습이 여섯 살 때 세상을 떠났으므로 시습의 이후 인생에 직접적 영향을 미치지는 못했다.

김시습은 양양부사를 지낸 유자한柳自漢에게 자신은 태어난 지 여덟 달 만에 글을 알았다고 말할 정도로 똑똑했지만 두 살 때까지 말을 못했다. 그에게 글을 가르치던 외할아버지는 시습이 비록 말을 못하지만 글의 뜻은 알지 않는지 의심했다. 할아버지는 세종 18년(1436) 두 살 난 시습에게 "화소함전성미청花笑檻前聲未聽(꽃은 난간 앞에서 웃는데 웃는 소리는 들이지 않네)"라는 시구를 보여 주면서 뜻을 아느냐고 물었다. 시습이 손으로 병풍의 꽃을 가리키며 빙그레 웃자 글귀를 아는 것으로 여겼다. 외할아버지가 또 "조제임하누난간鳥啼林下淚難看(새가 수풀에서 울지만 눈물을 보기 어렵네)"라는 시구를 보여 주자 시습은 손으로 병풍의 새를 가리키며 빙그레 웃었다. 말은 못해도 글자는 아는 아이였다. 세 살 때인 세종 19년(1437) 무렵에야 말을 조금씩 할 수 있게 된 시습이 외할아버지에게 물었다.

"시는 어떻게 짓습니까?"

"일곱 글자를 이어 놓은 것이 시이다."

"제가 일곱 자를 이을 테니 첫 자를 불러 주세요."

외할아버지가 "봄 춘春" 자를 부르자 "춘우신막기운개春雨新幕氣運開"라고 답했다. "봄비가 갓 지은 초막에 내리자 새 기운이 열리네"라는 뜻이다. 세 살 때 유모가 맷돌에 보리를 가는 것을 보고 시를 지었다.

무우뢰성하처동無雨雷聲何處動(비는 오지 않는데 어디에서 우레 소리가 울리는가?)

황운편편사방분黃雲片片四方分(누런 구름이 조각조각 사방으로 흩어

지네)

맷돌 가는 소리를 청각으로 묘사하고, 누런 보리가 흩어지는 모습을 시각으로 묘사한 것이다. 세 살짜리 아이가 한시를 지으니 신동이라는 말이 퍼지지 않을 수 없었다. 김시습은 어린 시절 많은 시를 지었지만 시를 적었던 책을 잃어버려 전하지 않는다고 스스로 말하기도 했다.

세종도 감탄한 신동

김시습이 천재라는 소문이 서울 시내에 널리 퍼졌다. 만 네 살 때인 세종 21년(1439) 초봄 우의정 허조許稠(1369~1439)가 찾아왔다. 김시습을 시험해 보기 위한 방문이었다.

"늙은 나를 위해 '늙을 노老' 자로 시구를 지어 보아라."

허조는 만 70세로서 환갑이 드물던 당시에는 크게 장수하던 인물이었다. 말이 떨어지자마자 김시습은 시구를 지었다.

"노목개화심불로老木開花心不老(늙은 나무에 꽃이 피었으니 마음은 늙지 않았네)."

허조는 무릎을 치면서 감탄했다.

"이것이 이른바 기이한 신동이다."

허조는 이해 음력 2월에 세상을 떠나지만 우의정이 기이한 신동이라고 평가한 것이 널리 퍼지면서 세종의 귀에도 들어갔다. 호기심 많은 세종은 김시습을 궁궐로 불렀다. 만 네 살짜리 아이가 임금의 명으로 입궐했다는 자체로 화제가 만발했다. 세종은 김시습을 직접 불러서 시험해 보고 싶었으나 임금이 사가私家의 어린아이를 만난 전례가 없었다. 세종은 비서실장격인 지신사知申事 박이창朴以昌에게 시험하게 했다. 박이창은 승정원으로 시습을 불러 무릎에 앉히고 세종이 전한 질문을 물었다.

"네 이름을 넣어서 시구를 지을 수 있겠느냐?"

김시습은 곧바로 "래시강보김시습來時襁褓金時習(포대기에 쌓여서 온 김시습)"라고 답했다.

박이창은 벽에 그린 산수화를 가리키며 "저 그림을 두고 시를 지을 수 있겠느냐?"라고 물었다.

김시습은 곧바로 "소정주택하인재小亭舟宅何人在(작은 정자 같은 배 집에는 누가 있는가?)"라고 답했다.

세종은 또 환관을 보내 글씨를 시험해 보라고 했고, 김시습은 거침없이 글씨를 써 내려갔다. 승지의 보고를 들은 세종이 말했다.

"내가 직접 만나고 싶지만 전례가 없는 일이어서 사람들이 놀랄까 두렵다. 성장하여 학문이 이루어지기를 기다려 크게 쓰리라."

이후 '오세신동 김시습'은 고유명사처럼 널리 퍼졌다. 그 유명한 비단 사건도 이때 생긴 일이다. 조선 중기 학자 권별權鼈(1589~1671)이 지은 『해동잡록海東雜錄』에는 이때 세종이 비단 30필을 주면서 혼자 가지고 가라고 했다고 전한다. 비단 한 필의 무게만 해도 상당한데 이를 어떻게 가져갈지 시험했다는 것이다. 김시습은 비단 30필을 풀어서 그 끝과 끝을 이어서 끌고 갔다고 전해지고 있다. 이때 세종이 내린 비단이 50필이라는 말도 있고, 100필이라는 말도 있을 정도로 김시습은 장안에 큰 화제를 낳았다. 오세신동 김시습이 높은 벼슬을 하게 될 것으로 누구나 생각했다. 김시습 자신도 이때 사람들이 자신에게 기대했던 것을 시로써 남겼다. '근심을 풀다'라는 뜻의 「서민敍悶」이라는 시이다.

여덟 달에 글을 이해했고/ 세 살에 글을 지을 수 있었네/ 비와 꽃을 가지고 시를 지었고/ 소리와 눈물과 손을 다듬어 시구를 나누었네/ 정승이 집에 직접 임하고/ 여러 종친들이 책을 보내주셨네/ 내가 벼슬길에 나아가는 날/ 경학과 재주로 밝은 임금을 보좌하기 바라셨네

팔삭해타어八朔解他語 삼기능철문三碁能綴文 우화음득구雨花吟得句 성루수마분聲淚手摩分 상상림정우上相臨庭宇 제종황전분諸宗貺典墳 기여취사일期余就仕日 경술화명군經術佐明君

그가 벼슬길에 나아가 군주를 보좌할 것이라는 미래를 의심하는 사람은 없었다. 그러나 세상은 사람들의 예상대로 흘러가지 않았다.

운명을 바꾼 계유정변

　김시습을 크게 쓰겠다던 세종은 재위 32년만인 1450년 2월 세상을 떠나고 아들 문종이 즉위했다. 문종은 세종의 뒤를 이을 재목으로 많은 기대를 받았으나 재위 2년 4개월 만인 1452년 5월 세상을 떠났다. 『야언별집野言別集』은 이렇게 말하고 있다.

　"문종이 승하할 때 세자는 어리고 종실宗室(세종의 아들들)은 강성한 것을 염려해서 황보인, 김종서에게 특별히 명해서 '유명遺命을 내리니 어린 임금을 보필하라'고 하였다"고 전하고 있다. 유명이란 임금이 세상을 떠나면서 내린 명령으로서 법적인 지위를 지니는 명령이다. 만 열한 살의 단종이 즉위했을 때 세 정승과 여러 대신들이 단종을 보필했는데 문종의 유명에 따른 것이었다.

　그러나 세종의 둘째 아들이자 문종의 동생인 수양대군이 왕위에 뜻을 두면서 파란이 일었다. 김시습이 만 열여덟 살 때인 단종 원년(1453) 10월 10일, 수양대군은 단종의 버팀목이었던 좌의정 김종서를 때려죽인 후 대궐로 들어갔다. 승지 최항崔恒이 대궐 문을 열고 수양대군을 맞아들이자 단종이 놀라서 일어나면서 말했다.

　"숙부는 나를 살려 주시오."

　수양대군은 단종의 명으로 여러 대신들을 불렀고, 한명회는 한 손에 『생살부生殺簿』를 들고 입궐하는 대신들의 생사를 결정했다. 첫째 문에 들어오면 따르는 하인들을 떼어 내고, 둘째 문에 들어오면 홍윤성洪允成, 유수柳洙, 구치관具致寬 등이 쇠몽둥이를 들고 있다가 이름이

「살부殺簿」에 실렸으면 때려죽였다. 황보인, 조극관, 이양李穰 등 수많은 사람들이 단종의 명을 받고 입궐하다가 아무런 죄도 없이 죽임을 당했다.

이를 수양 측은 '계유정난'이라고 불렀는데 정난靖難이란 나라의 난리를 평정했다는 뜻이다. 실제 성격은 '계유정변', 곧 '계유 쿠데타'였다. 이 사건 이후 단종은 왕이라는 명목뿐이고 수양대군이 영의정과 문관의 인사권이 있는 이조판서, 무관의 인사권이 있는 병조판서를 겸임한 사실상의 임금이었다.

수양대군은 여기에서 만족하지 못하고 김시습이 만 스물한 살 때인 단종 3년(1455) 윤6월 11일 조카의 왕위까지 빼앗았다. 이 사건이 김시습의 미래를 결정지었다. 김시습과 함께 생육신의 한 사람으로 꼽히는 남효온은 단종이 왕위를 빼앗기는 장면을 『추강집』에서 이렇게 전하고 있다.

세조(수양대군)의 어진 초본

세조가 선위를 받을 때 덕이 없다고 사양했으나 좌우에 따르는 신하들이 모두 실색하여 감히 한 마디도 내지 못하였다. 성삼문이 그때에 예방승지로서 국새國璽(옥새)를 안고 실성하여 통곡하자 세조가 엎드려서 겸손히 사양하는 척하다가 머리를 들어 빤히 쳐다보았다. 이

날 박팽년이 경회루 연못에 임하여 빠져 죽으려 하자 성삼문이 말리면서 말했다.

"지금 신기神器(왕위)는 비록 옮겨졌으나 임금께서 아직 상왕으로 계시고 우리들이 살아 있으니 아직은 일을 도모할 수 있다. 다시 도모하다가 이루지 못하면 그때 죽어도 늦지 않다."

박팽년이 그 말을 따랐다.(『추강집』)

이때 김시습은 삼각산 등안봉 아래 있던 중흥사重興寺에서 학문을 연마하고 있었다. 중흥사는 고려의 보우普愚선사(1301~1382)가 중흥한 사찰이었다. 김시습은 수양이 단종의 왕위를 빼앗은 사실을 몰랐다가 중흥사를 찾아온 사람에게 이 소식을 듣고 큰 충격을 받았다. 사흘 동안 방문을 걸어 잠그고 밖으로 나오지 않았다.

수양에게 붙은 스승 이계전

그가 받은 충격 중에는 그에게 한때 학문을 가르쳤던 이계전李季甸(1404~1459)이 수양 측에 붙어서 단종을 내쫓는 데 가담했다는 점도 있었다. 김시습은 우의정 허조가 집으로 찾아왔던 세종 21년(1439) 때부터 이계전에게서 『중용中庸』과 『대학大學』을 배웠다. 공자의 손자 자사子思가 썼다는 『중용』은 인간의 본성에 관한 책이었다. 역시 자사가 지었다는 『대학』은 유학자의 기본자세에 대해서 서술한 책이다. 『중용』과『대학』은 원래부터 따로 나뉜 각 권의 책들이 아니라『예기禮記』라는 책의 한 편씩을 이루고 있었는데, 남송의 주희朱熹를 비롯한 성리학자들이 독립적인 책으로 떼어 낸 책이었다. 주희 등의 성리학자들이『중용』,『대학』을 공자의 어록인『논어』, 맹자의 어록인『맹자』와 함께 묶어 이른바 사서四書의 반열로 올려놨기 때문에 유학자라면 모두 외워야 하는 책들이었다.

『중용』은 '하늘이 인간에게 부여해 준 천성天性'부터 시작한다.

> 하늘이 부여해 준 것이 성性이고, 그 성을 따르는 것이 도道이고, 그 도를 닦는 것이 교敎이다. 도라는 것은 잠시도 떨어질 수 없는 것으로 잠시라도 떨어질 수 있다면 도가 아니다.

이계전은 어린 김시습에게 하늘이 사물에게 부여한 것이 성性이고, 그 성을 따르는 것이 곧 도道라고 가르쳤다. 그 도를 끊임없이 닦는 것이 가르침인데, 이 도는 잠시라도 떨어질 수 없어서 잠시라도 떨어지면 이미 도가 아니라고 이계전은 가르쳤다.

유학자에게 기본적인 성性 중에서 중요한 것은 부모에 대한 효孝와 나라에 대한 충忠이었다. 하늘이 부여해 준 효와 충을 따르는 것이 도道이고, 이 도를 끊임없이 닦는 것이 교敎였다. 그 도는 잠시라도 떨어질 수 없는 것이라고『중용』은 말하고 있었다. 유학자에게 효와 충은 하나였다. 그런데 스승 이계전이 이를 버리고 역逆의 길로 들어섰다는 사실이 김시습은 믿어지지 않았다.

『대학』도 마찬가지다. 『대학』은 '대학의 도', 즉 '큰 학문의 길'부터 시작한다.

> 큰 학문의 길은 밝은 덕을 밝히는 데 있으며, 백성들과 친하게 지내는 데 있으며, 지극히 착한 것에 머무르는 데 있다.

큰 학문이란 자신의 밝은 덕을 더욱 밝게 밝히는 데 있으며, 백성들과 함께하는 데 있으며, 지극히 착한 것에 머무는 데 있다는 것이다.

도를 가르치고 큰 학문을 가르친 이계전이 단종을 지키는 충忠의 길이 아니라 수양대군이 단종의 왕위를 빼앗는 역逆의 길에 합류한 것을 김시습은 받아들일 수 없었다.

김시습이 이계전을 존경했던 이유는 그가 한산 이씨로써 목은 이색(1328~1396)의 손자이기 때문이기도 했을 것이다. 목은 이색은 무너져 가는 고려 왕조를 붙잡으려고 했던 고려 왕조의 충신이었다. 이성계는 위화도회군 때 조민수와 우왕을 내쫓고 그 핏줄은 세우지 않기로 합의했다. 그러나 이색이 조민수를 설득해서 우왕의 아들 창왕을 세웠다. 이색은 끝까지 고려 왕조를 지키려고 했고 조선 왕조가 들어선 이후에는 벼슬을 거부하고 은거하다가 세상을 마쳤다.

그런 이색의 손자 이계전은 계유정변 때 지금의 국방부 차관 격인 병조참판으로 있다가 정변에 가담해서 다음 날 장관 격인 병조판서로 승진하고, 정난공신 1등에 책봉되었다. 뿐만 아니라 사육신 사건, 곧 상왕 단종 복위 기도 사건 때 이계전은 사육신 이개의 숙부면서도 세조 측에 가담해 좌익 2등공신에 책봉되고, 상왕 복위 기도 사건에 가담했다가 사형당한 인물들의 집안 아녀자까지도 나누어 받았다.

김시습은 이계전 스스로 유학의 기본 가치를 송두리째 뒤집는 천지개벽을 경험했다. 더 이상 학문은 그에게 필요가 없었다. 과거는 더더욱 필요가 없었다. 김시습은 중흥사를 나왔다. 은거와 방랑이 그의 길이었다.

노산군의 신하들

김시습의 임금은 여전히 쫓겨난 단종이었다. 영월로 쫓겨난 노산군은 두견새(자규새)에 자신을 빗댄「자규사子規詞」를 지었다고 전해진다.

달 밝은 밤에 두견새 우는데/ 시름 겨워 누각에 기대네/ 너 우는 소리 슬퍼서 나 듣기 괴롭네/ 네 소리 없었다면 내 시름도 없을 것을/ 세상 근심 많은 이들에게 말하니/ 춘삼월 자규루에는 오르지 말라

월백야촉백수月白夜蜀魄啾 함수정의루두含愁情依樓頭 이제비아문고爾啼悲我聞苦 무이성무아수無爾聲無我愁 기어세상고로인寄語世上苦勞人 신막등춘삼월자규루愼莫登春三月子規樓

이 시는 조선 인조 때 윤순거尹舜擧(1596~1668)가 영월군수로 있을

단종이 유배 생활을 하던 영월 청령포의 어소

때 편찬한 『노릉지魯陵志』에 전해지는데, 경종 즉위년(1720) 역대 임금들의 시문을 묶은 『열성어제列聖御製』에도 수록되었다. 이 외에도 노산군(단종)이 이었다는 한 수의 시가 더 전한다.

원통한 새 한 마리 궁궐에서 나온 뒤로
외로운 몸 그림자 하나 푸른 산속을 헤매네
(…)
하늘은 귀먹어서 이 하소연 못 듣는데
서러운 몸 어쩌다 귀만 홀로 밝았는가
일자원금출제궁一自冤禽出帝宮 고신척영벽산중孤身隻影碧山中 (…)
천롱상미문애소天聾尙未聞哀訴 하내수인이독총何奈愁人耳獨聰

『노릉지』에는 이때의 정경을 이렇게 전한다.

상왕이 객사客숨인 동헌東軒에 머물러 있을 때 매번 관풍매죽루
觀風梅竹樓에 올랐는데, 밤이면 그곳에 앉아서 사람에게 피리를
불게 하였으므로 그 소리가 멀리 있는 마을에까지 들렸다. 또
한 누각에서 근심스럽고 적막하여 짧은 시구를 읊었으니, 나라
사람들이 그것을 듣고 눈물을 흘리지 않는 자가 없었다.

영월로 쫓겨난 것으로 끝이 아니었다. 사육신 사건이 실패하자 종
친 중에서 가장 서열이 높은 양녕대군과 신하 중에서 가장 높은 영의

단종 사사賜死에 앞장섰던 정인지

정 정인지鄭麟趾 등이 연일 상소
를 올려 노산군과 그를 복위시키
려던 종친, 외척들을 죽여야 한
다고 주장했다. 세조 3년(1457)
10월 21일 양녕대군과 정인지
등은 노산군과 그의 편에 섰던
종친들을 죽여야 한다고 또 상소
를 올렸다. 세조는 이날 금성대
군과 노산군의 장인 송현수를 사
형시켰는데『세조실록』은 "노산
군이 이를 듣고 또한 스스로 목
매어서 죽으니 예로써 장사 지냈

다”라고 전하고 있다.

조선 중기 학자 이자李耔(1480~1533)는 『음애일기陰崖日記』에서 “실록에 ‘노산이 영월에서 금성군의 실패를 듣고 자진하였다’ 하였는데, 이것은 당시의 여우나 쥐 같은 놈들의 간악하고 아첨하는 붓장난이다”라고 격렬하게 비난했다. 금부도사 왕방연王邦衍이 사약을 가지고 갔으나 차마 전달하지 못하고 있는데 관청의 심부름하던 통인通引이 활줄에 긴 노끈을 이어서 목에 걸고 잡아당겨 죽였다는 것이다. 이때 단종의 나이 17세였는데 그 통인은 문밖으로 나오지 못하고 아홉 구멍에서 피가 흘러 즉사했다는 것이다. 단종의 시신은 동강에 던져져서 둥둥 떠 있었지만 아무도 수습할 엄두를 내지 못했다. 영월의 호장 엄흥도가 시신을 수습해 몰래 묻었다.

아무도 거두지 않던 단종의 시신을 영월의 호장 엄흥도가 거둔 것처럼 아무도 거두지 않았던 사육신의 시신을 거둔 인물이 김시습이었다. 김시습은 형장에 버려져 있던 성승·성삼문 부자와 박팽년, 유응부의 시신을 몰래 수습해 노량진가에 묻고 작은 돌로 묘표墓表를 대신했다. 현재의 노량진 사육신묘가 만들어지는 계기가 되었다.

삼각산 중흥사를 나온 김시습은 강원도 김화金化 초막동草幕洞으로 갔다. 그곳에 세조의 왕위 찬탈을 거부하고 은거의 길을 택한 박계손朴季孫(1415~1475)이 살고 있었다. 1910년 대한제국이 멸망했을 때 24일간 단식하다가 순국한 향산響山 이만도李晚燾(1842~1910)는 중국과 한국에서 절개를 지킨 사람들에 대해서 서술한 『양단세적良丹世蹟』에 대한 서문을 썼다. 『양단세적』은 신라의 충신 박제상朴堤上을 비롯하여 백결선생, 박구朴球, 칠의사七義士 등의 사적을 후손인 박기태朴基泰가 묶은 책이다. 퇴계 이황의 직계 후손인 이만도는 이 서문에서 "우리 조선에는 칠의사가 있었다"고 말했는데, 칠의사란 김화 초막동에 은거하면서 단종 복위를 모의했던 박도朴渡·박제朴濟 형제와 이들의 조카들인 박규손朴奎孫·박효손朴孝孫·박천손朴千孫·박인손朴璘孫·박계손의 일곱 지사를 가리킨다. 나중에 이 일곱 박씨와 김시습과 조상치曹尙治도 이곳에 은거했다고 해서 이 마을을 구은동九隱洞이라고 부르고, 구은사九隱祠라는 사당도 세웠다.

이곳에서 김시습이 박계손, 조상치 등과 상왕 복위를 꾀했다는 소문도 전해지고 있지만 그 사실 여부는 알 수 없다. 상왕 복위 기도에 관련되어 수백 명이 죽어 나가는 와중에 복위를 꾀하기는 어려웠을 것이고, 시국을 한탄하고 벼슬을 거부한 것은 사실일 것이다.

조상치는 세조가 왕위를 찬탈한 후 예조참판에 임명했으나 벼슬을 거부하고 은거했는데, 그 은거지는 강원도 김화가 아니라 경상도 영천永川이었다. 『정조실록』은 정조 때 단종의 장릉에 배식단을 정할 때 조선 후기 임영林泳(1649~1696)이 조상치의 묘지에 대해서 쓴 내용을 기록하고 있다.

세조가 왕위를 물려받자 영천에 물러가 살면서 일생 동안 서쪽을 향해 앉지 않았다.

조상치는 비석에 스스로 "노산조 부제학 포인조상치지묘魯山朝副提

學通人曹尙治之墓"라고 쓰고 스스로 지은 자서自序에서 비명에 대해서 설명했다고 한다.

> 노산(훗날의 단종)조라고 쓴 것은 오늘(세조)의 신하가 아님을 분명하게 밝힌 것이고, 벼슬 품계를 쓰지 않은 것은 임금을 구제하지 못한 죄 때문이고, 부제학이라 쓴 것은 사실을 없애지 않기 위해서이고, 포인逋人(도망간 사람)이라 쓴 것은 망명하여 도피한 사람임을 말한 것이다.

조상치는 아들에게 "내가 죽거든 이 돌을 무덤 앞에 세우라"고 했다고 한다. 비석을 만들어 땅속에 묻어 두었는지는 모르겠지만 상왕에 충성을 바쳤다는 이유로 수많은 사람들과 그 가족들이 죽어 나가는 상황에서 아들이 이런 내용을 새긴 비석을 세우지는 못했을 것이다.

동학사로 향하다

김시습은 유학을 버렸다. 머리를 깎고 입산해서 승려가 되었다. 조선의 유학자들이 일심동체로 불교를 공격하는 상황에서 유학자로서 승려가 된 것은, 자신들이 임금으로 모셨던 군주를 죽음으로 몬 유학자들에 대한 조롱이기도 했다.

김시습은 상왕이 죽임을 당한 이듬해인 세조 4년(1457) 봄 충청도 공주의 동학사東鶴寺로 향했다. 이곳에 조선 왕실에 출사를 거부한 포은圃隱 정몽주鄭夢周, 목은牧隱 이색, 야은冶隱 길재吉再를 제사 지내는 삼은각三隱閣이 있었기 때문이다. 생육신의 한 사람인 원호의 문집인 『관란유고觀瀾遺稿』에 따르면 동학사는 태조 3년(1394) 야은 길재가 동학사에 와서 영월선사와 함께 고려 임금에 대한 초혼제招魂祭를 지냈는데, 나중에 정몽주가 와서 그 제사 지낸 곳을 초혼각招魂閣이라고 불렀다고 한다.

동학사 초혼각에는 조상치 등이 김시습을 기다리고 있었다. 상왕을 추모하는 제사를 모시기 위해서였다. 조상치가 축문을 썼다.

전 행이조참판 조상치는 감히 왕 전하의 영령에 밝게 고합니다. 멀리 영월산을 바라보니 눈물이 흘러 말을 하지 못합니다. 회계산의 예에서 의리를 취해서 이곳에 사당을 세우고 상사를 마치지 않고, 지팡이와 신을 봉안하는 제사를 받들어 올립니다. 이에 절기를 만나 변변치 않은 예물을 올리니 흠향하소서. (『어계선생집漁溪先生集』)

회계산의 의리가 정확히 무엇을 뜻하는지는 분명하지 않다. 남방을 순행하다가 회계산에서 죽어 묻힌 우왕禹王에 대한 의리를 뜻하는 것일 수도 있고, 월왕越王 구천句踐이 오왕吳王 부차夫差에게 패해서 회계산에서 굴욕적인 화의를 체결했다가 귀국 후 20년 동안 전쟁 준비를 해서 오나라를 멸망시킨 일화를 말한 것일 수도 있다. 후자의 경우

기회가 오면 세조를 제거하겠다는 뜻으로 해석할 수도 있다.

이때 김시습은 「상왕제각초혼사上王祭閣招魂辭」를 지어 단종에게 바쳤다.

> 물이 맑구나, 산이 깊구나, 달이 중천이구나
> 상왕의 영혼이 오르내리며 임하셨네
> (…)
> 수려혜산심혜월오혜水麗兮山深兮月午兮 척강왕령래림혜陟降王靈來臨兮

이때 상왕의 시신을 수습한 엄홍도도 동학사에 합류했다는 이야기가 전한다. 그가 단종의 어포御袍(임금이 입던 옷)를 가지고 와서 함께 제사를 올렸다는 것인데 사실 여부는 알 수 없다. 이때 세조가 오대산에서 동학사에 와서 사육신 등 200여 명을 표창하는 초혼 예식을 올렸다는 기록도 있지만 훗날 조작된 이야기임에 틀림없다. 세조가 동학사에 와서 단종을 위해 죽임을 당한 200여 명을 표창한 것이 사실이라면 공신들에게 노비로 나누어 준 그 가족들을 풀어 주지 않았을 리가 없다.

조상치, 김시습 등이 동학사 초혼각에서 상왕을 위한 제사를 지낸 것은 목숨을 건 행위였다. 세조나 정인지, 신숙주申叔舟, 한명회 등 공신들의 귀에 들어가면 목숨을 잃게 될 것이 틀림없었다.

이후 김시습은 전국 각지를 돌아다녔다. 기록으로 확인할 수 있는 곳만 해도 개성과 영변 등지의 관서 지방과 철원 등지의 관동 지방과 청주, 은진 등지의 충청 지방과 전주, 변산, 나주 등지의 호남 지방과 경주 등지의 영남 지방 등 전국 각지를 돌아다녔다. 여러 사찰들을 돌아다니며 승려들을 만나서 불교에 대해서 논의했다. 금강산 장안사를 비롯해서 서울 근교의 소요사, 회암사 등 전국 각지의 사찰 중 그의 발길이 닿지 않은 곳이 거의 없었다.

인생과 권력의 허무함

그는 경상도의 금오산에 머물면서 소설집인『금오신화金鰲新話』를 지었다. 그중「만복사저포기萬福寺樗蒲記」는 산 사람과 죽은 사람 사이의 사랑 이야기를 다룬 내용이다.

「금오신화」「만복사저포기」 부분

전라도 남원에 사는 양생梁生은 일찍이 어버이를 잃은 후 만복사 동쪽 골방에서 혼자 지냈다. 3월 24일이면 많은 남녀들이 만복사를 찾아 향불을 피우고 소원을 비는 풍습이 있는데, 그 전날 양생은 소매 깊게 간직했던 저포樗蒲를 꺼내 부처님과 내기하자고 청했다. 저포란 백제 때부터 있었다는 놀이로 주사위나 윷 같은 것을 던져 겨루는 것인데, 양생은 자신이 지면 법연法筵(불전의 절하는 자리)을 차려서 부처께 갚을 것이고 자신이 이기면 어여쁜 아가씨를 얻게 해 달라는 내기였다. 저포를 던져서 양생이 이겼는데 얼마 후 월궁의 선녀처럼 아름다운 소녀가 들어왔다. 양생은 소녀와 대화를 나누다가 행랑 끝의 좁은 방으로 그녀를 데려가 운우雲雨의 정을 나누었다.

두 남녀는 술잔을 나누며 권주가를 부르고 함께 손을 잡고 저자 복판을 지났는데 이상하게도 양생이 그녀와 거니는 것을 봤다는 사람이 아무도 없었다. 어느 초당에서 그녀는 친척과 이웃들을 초대해서 시를 낭송했다. 헤어질 때 소녀는 은잔 하나를 양생에게 주면서 '내일 부모님이 저를 위해 보련사에서 음식을 베푸실 것이니 함께 부모님을 뵙는 것이 어떠냐'고 말했다. 이튿날 은잔을 가지고 보련사 가는 길에서 기다렸는데 한 양반이 딸의 대상을 치르기 위해 보련사로 가다가 앞서가던 마부가 양생이 갖고 있는 은잔을 보았다. 마부가 "아가씨 장례 때 함께 묻었던 은잔"이라고 보고하자 양반은 양생에게 그 경위를 물었다. 양반은 하나뿐인 여식이 왜구에게 죽임을 당해서 정식으로 장례를 치르지 못하고 개녕사 곁에 묻어 두었다가 오늘 장례를 치르는 길이라면서 오라고 초청했다. 약속한 시간이 되자 양생에게 소녀가 나타났고 둘은 법당에 올라 부처님께 예를 올리고 한 휘장 안으로 들어갔는데, 아무도 그녀를 보지 못했고 양생만 그 뒤를 따랐다. 소녀는 한시바삐 저승길로 떠나야 한다면서 '훗날을 기약할 수 없다'고 울었다. 소녀의 부모는 양생의 말이 사실임을 알고 은잔과 소녀가 갖고 있던 밭과 노비 몇 명을 주면서 '내 여식을 잊지 말아 달라'고 부탁했다.

이튿날 양생이 개녕사를 찾으니 과연 새 무덤이 있었다. 양생은 슬피 울면서 지전紙錢을 불사르고 정식 장례를 치르고 조문을 지어서 읽었다. 양생은 가산을 모두 팔아 저녁마다 재를 드렸는데 하루는 그녀가 공중에서 '당신 은덕으로 남자의 몸으로 태어났다'면서 고마워했다. 그 뒤 양생은 지리산에 들어갔는데 소식을 아는 이가 아무도 없었다는 것이다. 김시습은 현생과 이생을 넘나드는 인생과 사랑 이야기를 통해 인생과 권력의 허무함을 토로한 것이다.

김시습과 남효온은 같은 생육신이지만 걸은 길은 달랐다. 남효온은 정치를 바로잡기 위한 행동에 나섰다. 성종 9년(1478) 흙비가 내리자 성종은 내외에 자신에게 올바른 정치의 길을 제시해 달라면서 구언求言을 했다. 임금이 내외에 널리 의견을 구하는 구언에 대한 상소를 응지상소應旨上疏라고 하는데 응지상소는 어떤 말이 담겨 있어도 처벌하지 않는 것이 관례였다.

남효온은 지금의 천재지변은 단종의 모후인 현덕왕후 권씨의 억울함 때문이라면서 소릉昭陵(권씨의 능) 추복追復(다시 복위시킴)을 주청하고 나서서 파란을 일으켰다. 도승지 임사홍任士洪은 '소릉을 추복하자는 것은 신자臣子로서 의논할 수 없는 것인데 지금 남효온이 마음대로 의논했다'면서 비판했다. 임금의 구언에 의한 상소는 처벌하지 않는 것이 관례였지만 소릉 추복을 주장한 것은 시대의 금기를 건드린 것이었다. 성종은 세조의 손자였으니 세조가 잘못했다고 비판한 것이나

마찬가지였다. 남효온을 국문하라는 요청이 빗발쳤으나 성종은 남효온을 비판하면서도 국문은 하지 않았다. 만약 국문을 했으면 형장의 이슬이 되었을 것이니 죽지 않는 것만도 다행이었다. 겨우 살아남은 남효온은 이후 유랑의 길로 나섰다.

김시습은 「만복사저포기」에서 이미 생과 사, 인생과 사랑의 허무함을 토로한 것처럼 정치에는 관여하지 않았다. 불가에 귀의했지만 불경뿐만 아니라 『황정경黃庭經』, 『주역참동계周易參同契』 같은 도가의 서적을 읽었다. 또한 어느 도인에게 곡식을 끊는 벽곡술辟穀術에 관한 책을 구해 읽는 것으로 현실을 벗어나려 했다.

그러나 마음까지 현실을 외면할 수는 없었다. 전국시대 초楚나라 시인으로 참소를 당하자 강에 투신해 자결한 굴원屈原의 「회사부懷沙賦」에 주석을 단 「회사부정의正義」를 지었다. 김시습은 이 글을 이렇게 시작한다.

"「회사부」 한 편은 시속時俗의 세태에 대해서 극언했는데, 아픈 감정과 처량한 감정이 감정을 움직여서 그 언사가 보는 사람을 더욱 절실하게 하니 태사공 사마천이 『사기』에 표출해서 실었다."

「회사부」를 지은 굴원

비록 불가에 귀의하고 도가에 집착했지만 그는 끝내 현실을 외면할 수 없었던 것이다. 만 56세 때인 성종 22년(1491) 다시 중흥사에 머물렀는데, 남효온과 김일손이 찾아왔다. 이해 김일손은 다시 소릉 복위를 주장했다. 그 이듬해 남효온이 세상을 떠났고, 다시 그 이듬해인 성종 24년(1493) 김시습도 충청도 홍산鴻山의 무량사無量寺에서 세상을 떠났다. 유해는 불교식으로 다비 茶毗를 해서 무량사에 부도로 안치했다. 그 5년 후인 연산군 4년(1498) 의 무오사화 때 김일손은 스승 김종직이 단종의 죽음을 애도한 「조의 제문弔義帝文」을 사초에 실었다가 능지처참을 당했다. 수양이 단종의 왕위를 빼앗은 무도無道한 행태가 이후 두고두고 수많은 비극을 낳은 것이다.

세종이 인정한 기재奇才였지만 김시습은 잘못된 세상과 타협하지 않았다. 스승 이계전의 흉내를 내는 시늉만 했어도 한평생이 보장되 었을 것이다. 그러나 그는 잘못된 세태에 몸을 담지 않고 유랑의 한평 생을 보냈다. 불가에 귀의하는 것으로 임금에게 불충하는 유학자를 조롱하고, 도가에 집착하는 것으 로 현실을 잊으려 했다. 불행한 시 대와 타협할 수 없었던 불우한 천 재의 길을 걸었다. 앞서 인용한 「서 민」의 몇 구절에 자신의 운명을 압 축한 구절을 남겼다.

「조의제문」을 지은 김종직

세종께서는 비단 도포를 내리셨고/ 지신사(승지)는 날 무릎에 앉혔네/ 중사(환관)는 붓을 휘두르라고 권하

며/ 진정한 영물이라고 다투어 말하고/ 봉황의 털빛이 났다고
다투어 보았네/ 어찌 알았겠는가? 집안이 쇠퇴하고/ 늙은 쑥대
처럼 영락해 버릴 줄을

영릉사금포英陵賜錦袍 지신호상슬知中呼上膝 중사권휘호中使勸揮
호 경도진영물競道眞英物 쟁첨출봉모爭瞻出鳳毛 언지가사체焉知家
事替 영락노봉호零落老蓬蒿

10장

사도세자는
정신병자였는
가

영화 '사도'에서 그린 사도세자

2015년 상영된 '사도'라는 영화가 있다. 비운의 사도세자와 그 부친
영조 사이의 갈등을 그린 영화이다.

'왕의 남자', '황산벌'처럼 나름의 역
사관을 가진 영화를 만든 감독이기
에 기대하며 봤다. 기대는 곧 실망으
로 바뀌었다. 사도세자에 대해 기존
의 관점, 곧 그를 죽인 가해자의 관
점으로 그렸기 때문이다. 사도세자
가 정신병자이기 때문에 죽었다는
관점으로서 그 부인 혜경궁 홍씨가
『한중록閑中錄』에서 말한 관점이기도

사도세자의 초상

하다.

영화 '사도'는 서울대 국문과 교수 정병설이 자문을 했다고 한다. 정병설은 사도세자를 죽인 노론과 그 친정의 관점에서 서술한 『한중록』을 아무런 비판 없이 수용했다. 곧 사도세자는 정신병자이기 때문에 죽임을 당했다는 노론의 관점이다. 정병설의 사도세자에 대한 관점의 문제점은 이주한 한가람역사문화연구소 연구위원이 『노론 300년 권력의 비밀』과 필자가 『사도세자의 고백』(1998)의 개정판인 『사도세자가 꿈꾼 나라』(2011)의 개정판 서문에서 충분히 다루었기 때문에 관심 있는 독자들의 일독을 바란다.

먼저 사도세자가 정신병자라 죽임을 당했다는 전제에 대해서 생각해 보자. 영조의 조부인 현종 14년(1673) '민신閔愼 승중承重 사건'이라는 것이 있었다. '승중'이란 손자가 할아버지를 계승한다는 뜻이다. 할아버지에게 호주의 권리를 이어받는다고 생각하면 될 것이다. 민신의 할아버지는 교관敎官 민업閔業이었는데 아들 민세익閔世翼이 있었다. 그런데 민세익은 광역狂易, 곧 정신병이 있었다. 민업이 세상을 떠나자 누가 장례를 주관해야 하는지를 두고 논란이 되었다. 여러 친척들은 민세익이 장례를 주관할 수 없으니 그 아들 민신에게 장례를 주관하게 하고 승중복承重服을 입게 하였다. 이 사건은 숙종 즉위년(1674)에 문제가 되었다. 민신은 산림의 영수이자 예법에 밝다는 송시열宋時烈(1607~1689)의 의논을 따른 것이었지만 『숙종실록』에서 "시비가 물 끓듯 일어났다"고 말하고 있는 것처럼 큰 논쟁이 발생했다. 살아 있는 아버지를 제치고 아들이 장례를 주관할 수 있느냐는 것이다. 한 선비는 남인 영수였던 허목에게 편지를 보내 이렇게 비판했다고 전해 주고 있다.

> 예법은 죽은 사람 섬기기를 산 사람 섬기듯이 하고 없는 사람 섬기기를 살아 있는 사람 섬기듯이 하는 것인데, 지금은 산 사람 섬기기를 죽은 사람 섬기듯이 하고 살아 있는 사람 섬기기를 죽고 없는 사람 섬기듯이 하니, 이것도 예법이라 할 수 있겠습니까. 죽은 사람을 죽은 사람으로 치는 것도 인仁이라 할 수 없는데, 산 사람을 죽은 사람으로 치는 것을 효도라 하겠습니까.(『허목 연보』)

아버지 민세익이 정신병이 있다고 해서 있는 사람을 없는 사람 취급할 수 있느냐는 것이었다. "살아 있는 부친을 죽은 사람 취급하고 할아버지를 아버지로 삼은 인륜의 막대한 변고를 일으켰다"는 비판이 잇따르면서 처벌론이 높았다. 전 사헌부 장령 박세채朴世采는 민신의 복제를 잘못 이끌었다는 혐의로 벼슬아치의 명단인 사판仕板에서 이름이 삭제당하는 형을 받았다. 사판에서 삭제되면 이름이 다시 오를 때까지 벼슬길에 오를 수 없었다. 이 사건은 송시열의 당인 서인과 반대당인 남인 사이의 정쟁으로 비화되었는데 송시열의 제자인 우의정 김수항金壽恒(1629~1689)이 사직을 청할 정도로 물의를 일으켰고 결국 민신은 귀양 갔다.

정치를 빼고 사도세자 사건을 볼 수 있는가

민신 사건은 정신병에 대한 조선 사대부들의 시각을 잘 말해 준다. 부자 관계는 인륜에 관한 문제다. 조선의 유학자들은 상이 났을 경우 그 달을 넘겨 매장하는 유월장踰月葬이나 죽은 지 석 달 후에 매장하는 삼월장三月葬을 지내는 것이 보통이었다. 정신병에 걸린 사람이 이 긴 기간 동안 전국 각지에서 오는 손님을 맞이하면서 장례를 주관하는 것은 사실상 불가능했다. 그럼에도 민신이 살아 있는 아버지 대신 상주가 되었다가 귀양까지 갔던 것이다.

마찬가지로 정신병에 걸린 아들을 뒤주 속에 가두어 죽이는 것은 상상도 못할 일이었다. 유학의 기본 이념, 곧 공자의 기본 사상 인仁은 유교 국가를 표방한 조선의 왕실부터 실천해야 할 덕목이었다. 사도세자가 정신병 때문에 죽임을 당했다는 것은 가해자의 논리로서 가장 중요한 요소인 정치적 상황을 배제하고 피해자 개인의 잘못에 초점을 맞추는 논리다. 사도세자 사건을 이해하기 위한 필수적인 인식이 조정의 정치 역학 관계였다.

사도세자는 영조 11년(1735) 1월 21일 태어났다. 당시 조선은 개창 이래 가장 격렬한 정쟁의 터널을 지나는 중이었다. 영조의 아버지 숙종은 여당을 자주 바꾸는 환국을 왕권 강화의 수단으로 삼았는데 이는 큰 부작용을 낳았다. 숙종은 환국 때마다 여당에게 야당에 대한 정치 보복을 허용함으로써 수많은 비극을 낳았다.

서인들은 숙종 6년(1680)의 경신환국으로 정권을 잡은 후 남인 영의정 허적許積과 그 아들 허견許堅을 죽였다. 집권 서인은 심지어 남인에 대한 정치 보복의 문제를 두고 분당되었다. 정치 보복을 찬성하는 노론과 정치 보복을 반대하는 소론으로 나뉜 것이다.

숙종 14년(1688) 남인가 여인 희빈 장씨가 숙종의 첫 왕자를 낳자 숙종이 원자로 책봉하려 했는데 서인들이 일제히 반대했다. 원자로 책봉되면 이변이 없는 한 세자가 되고 왕이 될 것이기 때문이다. 숙종은 15년(1689) 기사환국으로 남인에게 정권을 주고 원자 책봉 반대를 주도한 송시열을 사형시켰다. 숙종은 서인계 여인이었던 왕비 민씨를 폐위시키고 장씨를 왕비로 승격시켰다. 숙종은 다시 재위 20년(1694)의 갑술환국으로 남인을 몰아내고 서인(노론)에게 정권을 주면서 장씨를 희빈으로 깎고 민씨를 왕비로 복위시켰다.

이때 남인들이 죽거나 유배 가면서 이후 남인들은 몰락했다. 정국은 노론과 소론 사이의 정쟁으로 전개되었는데 핵심은 남인계 여인 장씨가 낳은 세자를 둘러싼 것이었다. 노론은 세자를 쫓아내려 한 반면 소론은 세자를 보호하려 애썼다. 숙종은 재위 43년(1717) 노론 영수 이이명李頤命과 독대 직후 세자에게 대리청정을 명했다. 소론은 세자를 대리청정시킨 후 꼬투리를 잡아 내쫓으려는 기도라고 극력 반발했다. 그러나 세자가 예상을 뒤엎고 대리청정 기간에 아무런 실수를 하지 않자 노론은 세자를 내쫓지 못했고 숙종의 뒤를 이어 즉위했는데, 그가 바로 경종이었다.

경종이 즉위하자 노론은 경종을 내쫓고 이복동생 연잉군을 추대하는 당론을 채택했다. 신하들이 임금을 선택하는 택군擇君은 그 자체로

노론 영수 이이명　　　　노론 4대신 중 한 명이었던 김창집

반역이자 왕조 정치의 말기적 증상이었다. 노론은 먼저 경종을 윽박질러 연잉군을 세제世弟로 삼는 데 성공했다. 노론은 한발 더 나아가 세제 대리청정을 밀어붙여 경종의 왕권을 빼앗으려고 하다가 역풍을 맞았다. 경종 1년(1721, 신축년) 소론 강경파 김일경金一鏡 등은 세자 대리청정을 주창한 영의정 김창집金昌集·좌의정 이건명李健命·중추부판사 조태채趙泰采·중추부영사 이이명 등의 노론 4대신을 "사흉四凶"으로 성토하는 '신축소'를 올려 노론 정권을 무너뜨렸다. 노론은 경종 독살에 나섰는데 이 모의에 참여했던 목호룡睦虎龍이 변심해 고변에 나서면서 노론 4대신이 사형당했다.

　그러나 결국 경종은 재위 4년 만에 독살설 끝에 세상을 떠나고 세제 연잉군이 즉위했는데 그가 바로 사도세자의 아버지 영조다. 영조 4년(1728) 남인 이인좌李麟佐가 소론 강경파와 손잡고 봉기한 명분은 "선왕을 독살"한 영조를 타도하겠다는 것이었다. 소현세자의 증손인 밀풍군 이탄李坦을 국왕으로 추대한 봉기 세력은 청주성을 점령하고 서울로 북상하다가 안성·죽산에서 소 론 온건파 오명항吳命恒이 이끄는 관군 에게 패하는 바람에 좌절되고 말았다. 이인좌의 봉기는 실패했지만 이 사건 은 영조에게 평생 씻지 못할 콤플렉스 로 남았다. 영조가 경종을 독살했다는 소문이 전국에 퍼졌고, 영조는 온 백 성의 임금이 아닌 노론 한 당파의 임 금일 수밖에 없었다. 경종 독살설은 영조의 영원한 아킬레스건이었다.

영조의 어진

혜경궁 홍씨는 사도세자가 죽음에 이르게 된 계기가 경종 독살설에 대한 견해에 있음을 정확하게 알고 있었다. 홍씨는 『한중록』에서 사도세자가 비극에 이르게 된 첫 번째 계기로 어린 시절 저승전儲承殿에 거처하게 된 것을 들었다.

> 저승전으로 말하면 어대비(경종의 부인 선의왕후 어씨)께서 계시 던 집인데 안 계신 지 얼마 되지 않았고, 저승전 저편의 취선당 이라는 집은 희빈(장희빈)이 갑술년(숙종 24년, 후궁으로 강등된 해) 후에 머물러 인현성모를 저주하던 집이다. 그런데도 포대기에 싸인 아기네(사도세자)를 이런 황량한 전각에 혼자 두시고, 장희 빈 처소는 소주방으로 삼으시니 어찌 이상한 일이 아니리요.

어린 사도세자가 경종의 부인 어씨가 지내던 저승전에서 지낸 것이 비극의 뿌리라는 것이다.

> 어대비께서 돌아가신 지 3년 후에 어대비를 모시던 나인들은 모두 밖으로 나갔더니 동궁을 차릴 적에 각처 나인들들 불러 모으는 것은 당연한데 (영조께서) 어찌 생각하신 성의이신지 경묘(경종)와 어대비를 모시다 나간 나인 최상궁 이하를 전부 불러들여 원자궁의 나인으로 만드셨으니 그 나인들에게 그곳은 경묘가 계신 듯싶을 것이요, 또한 그 나인들이 억척스럽고 냉정하기 이를 데 없어서 지극히 작은 일로 그런 큰 탈이 나시니 어찌 한 되지 않으리요.

노론이 연잉군(영조)을 세제로 만들고 대리청정까지 시키려는 무리수를 둔 것은 경종의 왕비 어씨가 양자를 들이려 했기 때문이다. 임금이 들인 양자가 왕위를 이어받기 때문에 노론이 무리수를 둔 것이었다. 경종과 어씨를 모시던 궁녀들은 당연히 경종 독살설을 믿었을 것이고, 어린 세자에게 그런 인식을 주입시켰기 때문에 비극이 발생했다는 것이 혜경궁 홍씨의 시각이었다.

혜경궁 홍씨는 왜 『한중록』을 썼나

　홍씨의 『한중록』에는 사실도 있고, 과장도 있고, 허구도 있다. 그런데 이 모든 서술의 결론은 하나다. 자신의 친정은 억울하다는 것이다. 과거에 국어 교과서에는 『한중록』만 실려 있었다. 사도세자는 정신병 때문에 죽었다는 가해자의 시각 이외의 기록들은 일체 배제시켰다. 이 사건의 가해 구조가 지금껏 계속된다는 반증이다. 혜경궁 홍씨는 『한중록』을 쓴 이유를 이렇게 밝혔다.

　　임오화변壬午禍變(사도세자 사건)이 천고에 없는 변이라 (…) 연대가 오래고 사적을 아는 이가 없어져 가자 그 사이에 이익을 탐하고 화를 좋아하는 무리들이 사실을 어지럽게 하고 소문을 내 현혹시켰다.

　　경모궁景慕宮(사도세자)께 병환이 아닌 것을 영조께서 참소하는 말을 들으시고 그런 처분을 하오셨다.

　　영묘(영조)께서 못 생각하신 일을 신하가 권해 드려서 그런 망극지경이 되었다.

　　"선왕(정조)이 영명하시고 그때 비록 어린 나이였으나 모두 직접 보신 일이라 어찌 속으시리요마는 부모님을 위한 일에 소홀

하다"고 할까 두려워하셨다.

위의 글에서 주목할 것은 "신하가 권해 드려서 망극지경이 되었다"
는 말이다. 영조는 생각하지도 못했는데 '신하'가 뒤주 속에 넣어 죽이
라고 권했다는 것이다. 문제는 '그 신하'가 누구냐는 것이다. 정조 즉
위 보름여 만인 정조 즉위년(1776) 3월 27일 동부승지 정이환鄭履煥은
'그 신하'를 지목해서 성토했다.

> 죄가 정후겸鄭厚謙보다 크고 악이 정후겸보다 더 극렬하여 전
> 하께서 반드시 보복해야 할 원수이자 온 나라가 반드시 죽여야
> 할 역적이 있습니다. 아! 저 홍봉한洪鳳漢은 천 가지 죄가 있고,
> 만 가지 악 중에 갖추지 못한 것이 없습니다. 그 가장 크고 가
> 장 극도에 달한 것이 곧 임오년壬午年(영조 38년)에 범한 죄입니
> 다. (『정조실록』 즉위년 3월 27일)

혜경궁 홍씨의 친정아버지 홍봉한이 정조가 반드시 보복해야 하는
원수이자 온 나라가 죽여야 하는 역적이라는 것이다. 홍봉한의 죄 중
에 가장 큰 것이 영조 38년(임오년, 1762), 곧 사도세자가 죽임을 당한
사건이라는 것이다. 조선에는 반좌율反坐律이 있었다. 남에게 혐의를
씌웠다가 무고로 밝혀지면 자신이 그 죄를 받는 법이다. 사형에 해당
하는 죄로 남을 고발했는데 무고로 밝혀지면 자신이 사형당하는 법이
었다.

혜경궁 홍씨의 아버지이자 정조의 외할아버지인 홍봉한이 사도세자 사건에 아무런 책임이 없는데 동부승지 정이환이 이런 책임을 제기했다면 살아남기 힘들었다. 정이환은 상소에서 홍봉한의 죄를 특정해 성토했다.

혜경궁 홍씨의 친정아버지 홍봉한

오호라! 임오년에 선대왕(영조)께서 내리신 처분은 곧 성인聖人께서 변화에 통달하셔서 권도權道를 내리신 것이니 신자臣子된 자는 오직 마땅히 애통해하고 피눈물을 흘리면서 공손하게 주상께서 하시는 바를 따라야 할 뿐이었습니다. 심지어 이른바 일물一物에 이르러서는 이전의 역사서에서도 듣지 못한 것인데 홍봉한이 어찌할 사이 없이 갑작스럽게 멋대로 올렸습니다. 그렇지 않다면 선대왕께서 어떻게 일물이 어느 곳에 있는지 아셨겠습니까?(『정조실록』 즉위년 3월 27일)

'일물一物'이 곧 뒤주다. 이 사건은 사도세자가 뒤주 속에 들어가던 영조 38년(1762) 윤5월 13일로 돌아가 살펴봐야 한다. 사도세자 사건이 촉발된 직접적 계기는 나경언羅景彦의 고변이었다. 나경언이 세자를 대상으로 고변하자 영조는 세자를 불렀다. 『영조실록』은 "주상이 세자에게 명하여 땅에 엎드려 관冠을 벗게 하고, 맨발로 머리를 땅에 조아리게 하고 이어서 차마 들을 수 없는 전교를 내려 자결할 것을 재촉했는데 세자가 조아린 이마에서 피가 나왔다"고 묘사하고 있다. 영조가 자결을 재촉하는 광경을, 『영조실록』은 "주상이 칼을 들고 차마 들을 수 없는 전교를 연달아 내리면서 동궁의 자결을 재촉하니, 세자가 스스로 목을 매고자 했는데 춘방春坊(세자궁)의 여러 신하들이 말렸다"고 전하고 있다.

영조가 세자를 죽이는 방법은 둘이 있었다. 하나는 영조 자신이 직접 살해하는 것이었다. 그러나 이는 어느 역사서에서도 없던 사례였다. 다른 하나는 세자 스스로 자결하는 것이었다. 그러나 자결하려던 세자를 세자궁의 신하들이 말리는 바람에 실패했다. 영조는 세자를 죽일 방법이 없었다.

영조가 호위군에게 세자를 찔러 죽이라고 명해도 들을 무사는 없었다. 세자에게 사약을 내려도 세자에게 전달할 신하는 없었다. 연산군의 생모 윤씨에게 사약을 전달했던 이세좌李世佐는 물론 온 가족이 죽임을 당한 것은 잘 알려져 있었다.

이때 영조에게 '뒤주에 가두어 죽이면 된다'는 꾀를 제시한 '그 신하'가 바로 혜경궁 홍씨의 부친 홍봉한이라고 동부승지 정이환은 성토하고 있는 것이다.

혜경궁 홍씨가 말하는 진상

홍봉한이 사도세자 사건의 주범이라는 비판은 정이환 혼자의 생각이 아니었다. 정조 즉위년 8월 22일 성균관과 사학의 학생들이 상소를 올려서 홍인한洪麟漢을 성토하면서 홍봉한도 공격했다. 악인들이 서로 소굴을 이루고 있는 이유가 홍봉한이라는 것이다.

> 그 까닭이 무엇이냐면 하나의 홍봉한이 살아 있기 때문입니다. 홍봉한의 죄를 말하려고 하면 곧 전하의 마음이 슬프실 것이요 그 죄를 다스리려고 하시면 전하의 근심과 관계가 됩니다. 이에 입을 여는 사람들이 없게 되어 드디어 의리를 이루게 되었습니다. 무릇 인신人臣에게 반드시 죽여야 하고 사면하지 못하는 죄가 있는데도 임금이 다스리시지 못하고 조정의 신하가 감히 토벌하지 못한다면 이렇게 하고도 그 나라가 어찌 요행히 보존할 수 있겠습니까? (…) 신 등은 청컨대 먼저 홍봉한을 마땅히 죽여야 된다는 것을 논하고 또 그 죽이지 않을 수 없는 까닭을 분별할 것이니 오직 성명聖明께서는 살펴보소서.(『정조실록』 즉위년 8월 22일)

홍봉한이 혜경궁의 친정아버지이기는 하지만 죄가 있는데도 다스리지 못하면 나라가 어찌 보존되겠느냐는 비판이다. 이들은 상소에서 이렇게 말했다.

전하께서는 홍봉한의 무리가 대략 제거되어서 근심할 것이 없다고 이르시지만 신 등은 감히 '홍봉한의 한 가닥 목숨이 끊어지기 전에는 임금과 신하의 아래 위가 편히 먹고 편히 잘 수 없다'고 생각합니다.

성균관과 사학의 유생들은 지금 홍봉한을 죽이지 않으면 나중에 그가 무리를 불러 모아 일을 도모할 것인데, "그 뒤에 닥쳐올 일은 신 등이 감히 말할 수 없습니다"라면서 홍봉한을 죽여야 한다고 말했다. 예나 지금이나 젊은 학생들은 이해에서 벗어나 사태의 본질을 살피는 눈을 가지고 있는 법이다.

혜경궁 홍씨가 『한중록』을 쓴 이유는 바로 이런 사건의 본질을 뒤집기 위한 것이었다. 『한중록』은 이렇게 말하고 있다.

주상(순조)이 어려서 이 일을 알고자 하시나 선왕(정조)이 차마 자세히 이르지 못하셨는데, 다른 사람이 누가 감히 이 일을 말하며 또 누가 능히 이 사실을 자세히 알리요. 내가 곧 없어지면 궐내에서는 이 일을 알 사람이 없어 모르겠으니 자손이 되어 조상의 큰일을 알리기 위하여 내가 전후사를 기록하여 주상에게 뵈온 후에 없애고자 하나 내가 붓을 잡아 쓰지 못하고 날마다 미루어 왔었다.

사도세자 사건은 자신이 가장 잘 안다는 말이다. 혜경궁 홍씨는

"외인들이 임오화변으로 이러니저러니 하는 것은 모두 허무맹랑하고, 이 기록을 보면 사건의 시종을 소연히 알 것이니라"라고 말했다. 이 사건에 대해서 외인들이 하는 이러니저러니 하는 말은 모두 허무맹랑한 말이니 자신의 말만 들으라는 것이다.

『한중록』은 모두 네 편으로 기록되어 있다. 제1편은 아들인 정조 19년(1795)에 썼고 제2편부터는 손자 순조 때 썼다. 그런데 정조 때 쓴 1편과 순조 때 쓰기 시작한 2편부터는 그 내용이 아주 다르다. 제1편의 주제는 자신의 친정과 사도세자가 얼마나 사이가 좋았는지 아느냐는 것이다. 사도세자가 뒤주에 갇혀 죽을 때 정조는 만 열 살의 어린 나이였다. 그러나 정조는 사도세자 사건의 진상을 알고 있었으므로 거짓말을 할 수가 없었다.

정조가 죽고 나서 손자 순조에게 보여줄 목적으로 쓰기 시작한 것이 제2편부터 제4편까지이다. 이때부터 사도세자의 정신병 이야기가 본격적으로 등장한다. 제2편부터 제4편까지의 일관된 주제는 자신의 친정은 사도세자 사건에 아무런 책임이 없다는 것이다. 자신의 친정이 연루되어 몰락한 것이 억울하니 신원시켜 달라는 것이다.

정조는 즉위하자마자 홍봉한의 동생 홍인한을 현재의 전남 완도군 고금도에 위리안치圍籬安置시켰다가 곧 사약을 내려 죽였다. 명목은 선대왕의 뜻을 거스르고 자신(정조)의 즉위를 방해했다는 것이었지만 내용은 사도세자를 죽음으로 몬 것에 대한 처벌이었다.

정조의 즉위와 동시에 홍봉한을 죽여야 한다는 상소가 빗발쳤고 정조는 "곧 처분이 따를 것이다"라고 동조의 뜻을 표시했다. 혜경궁

정조의 화성행을 묘사한 화성능행반차도華城陵行班次圖(부분)

홍씨는 사도세자가 뒤주에 갇혀 있을 때도 하지 않던 단식투쟁을 하며 아버지의 목숨을 구걸했다. 정조는 억울하게 죽은 부친의 원수를 갚으려면 살아 있는 어머니의 친정아버지를 죽여야 하는 모순된 처지에 놓이게 되었다. 그래서 선뜻 실행에 옮기지 못했는데 홍봉한은 시름시름 앓다가 정조 2년(1778) 음력 12월 4일에 죽고 말았다. 사관들은 홍봉한의 졸기에서 이렇게 말하고 있다.

봉조하 홍봉한이 죽었다. (…) 영종 갑자년(영조 20년)에 과거에 급제했는데 변변치 못한 재능으로 왕실의 지친至親임을 빌려 특별히 영조의 신임을 받았다. (…) 10년 동안 정권을 잡고 있으면서 나라를 좀먹고 백성을 병들게 하였으며 착한 사람들을 미워해서 피해를 입은 사람이 많았다. (…) 임오화변이 일어나던 날 모든 신하들은 무너지고 흩어져서 떨고 있는데 홍봉한이 몸을 앞장서서 "신은 오직 성궁(임금)만 알뿐입니다"라고 했는데, 얼마 후 다시 정승이 되어 방자한 짓을 거리낌 없이 하였다. (『정조실록』 2년 12월 4일)

정조가 그린 묵매도

임오화변이 일어나던 날 다른 신하들은 모두 두려워 떨 뿐이었는데, 홍봉한만은 임금(영조)만 알 뿐이라는 논리로 사도세자를 버렸다는 것이다. 혜경궁은 그렇지 않다는 것이었다. 홍봉한은 영조와 세자 사이를 좋게 만들려고 무수히 애썼다는 것이다.

선친(홍봉한)의 초조하신 근심과 두 부자 사이에서 어렵게 지내신 일이야 어찌 다 기록할 수 있으리요. 잠을 자고 날이 샐 적마다 부녀의 애간장만 태우며 지냈으니 이런 정경을 후세 사람들이 상상으로도 짐작할 수 있을 것이다. (『한중록』)

그러나 이는 혜경궁 홍씨의 일방적 주장일 뿐 홍봉한이 사도세자 사건의 가해자라는 인식은 당시 사람들의 공통된 시각이었다.

나경언의 배후는 누구인가

사도세자를 죽음으로 몬 직접적 계기는 영조 38년(1762) 5월 22일에 있었던 나경언의 고변이었다. 『영조실록』은 나경언을 이렇게 설명하고 있다.

> 나경언은 액정별감 나상언羅尙彦의 형인데 사람됨이 불량하고 남을 잘 꾀었는데 가산이 파산해 자립할 수 없자 이에 춘궁春宮(세자)을 제거할 계책을 내어 형조에 글을 올렸다.

나상언이 근무하던 액정서는 내시들로 구성된 내시부 산하의 부서였다. 양반 출신이 거세하고 내시가 되지는 않으므로 나경언의 집안은 상민 집안인 것이다. 양반 사대부도 아닌 일개 상민이 대리청정하는 세자를 상대로 고변한다는 것은 진짜 정신병 아니면 불가능한 일이었다. 그를 사주한 배후 세력이 있을 것임은 두말할 것도 없다. 그 배후 세력이 누구인지는 『영조실록』의 해당 기사를 보면 유추할 수 있다.

> 참의 이해중李海重이 영의정 홍봉한에게 달려가 (나경언의 고변서를) 보고하니, 홍봉한이 말했다.
> "이는 청대請對(급한 일을 임금께 보고함)하여 보고하지 않을 수 없다."
> 이해중이 이에 세 차례나 청대하였다. 임금의 뜻이 놀라서 이

해중의 입시를 명하자 이해중이 드디어 그 글을 아뢰었다. 임금이 상床을 치면서 크게 놀라서 말했다.

"변란이 주액肘腋(팔꿈치와 겨드랑이)에서 있게 되었으니, 마땅히 친국親鞫하겠다."

경기감사 홍계희洪啓禧가 때마침 입시하고 있다가 임금에게 호위해야 한다고 권하자 임금이 이에 성문 및 아래 대궐의 여러 문을 닫으라고 명하였다. 임금이 즉시 태복시太僕寺에 나아가 국청을 설치했다. (『영조실록』 38년 5월 22일)

나경언의 고변은 잘 짜여진 각본이었다. 첫째, 고변이 이루어진 부서가 형조였다. 조선은 의금부, 사헌부, 형조, 포도청 등에 각각 수사권이 있었지만 그 역할은 조금씩 달랐다. 의금부는 주로 왕족이나 신하들의 역모 관련 사건을 다루었고, 사헌부는 관리들이 부정부패를 다루었으며, 형조와 포도청은 일반 백성들이 저지르는 일반 범죄를 다루었다. 나경언이 세자를 역모로 고변하려면 의금부로 가야 했지만 일반 백성들의 범죄를 관장하는 형조로 갔다.

둘째, 형조참의 이해중이 고변을 듣고 보고한 사람이 직속상관인 형조참판이나 형조판서가 아니라 영의정 홍봉한이었다. 홍봉한은 일개 상민이 대리청정하는 세자를 고변했다는 보고를 듣자마자 즉각 임금께 보고해야 한다고 말했다.

셋째, 일개 상민이 세자를 고변한 사건에 대해서 이해중은 세 차례나 급하게 보고할 것이 있다고 청대했고, 국왕에게 일개 상민의 고변서를 읽게 했다. 이 셋을 하나로 묶는 키워드는 이해중과 홍봉한의 관계이다. 홍봉한은 이해중 누이의 남편, 곧 자형姊兄이었다.

이해중이나 홍봉한이 이 고변과 관련이 없다면 일개 상민이 대리청정하는 세자를 고변한 사건의 배후를 의심해야 했다. 즉각 의금부로 배후 세력을 철저하게 조사해서 밝혀야 했다. 그러나 이해중은 보고 계통을 무시하고 자형 홍봉한에게 보고했고 홍봉한은 "빨리 임금에게 직접 보고하라"고 지시했다. 그래서 일개 상민 나경언이 영조를 직접 만날 수 있었다. 『영조실록』을 계속 보자.

> 나경언이 옷 솔기에서 흉서凶書를 내놓으면서 말했다.
> "이 글을 구중九重의 천폐天陛(임금)께 올리고자 했으나 올릴 길이 없기 때문에 먼저 형조에 원서原書를 올려 (임금께 올리는) 사다리로 삼았습니다."
> 주상이 다 읽지 못하고서 손으로 문 위에 있는 나무를 치면서 "이런 변이 있을 줄 염려했었다"라고 말하고, 그 글을 영의정에게 주어 보도록 했다. 홍봉한이 울면서 보고 말했다.
> "신이 청컨대 먼저 죽고자 합니다."
> (…)
> 임금이 여러 신하들에게 일렀다.
> "오늘날 조정에서 관모를 쓰고 띠를 맨 자는 모두 죄인 중에 죄인이다. 나경언이 이런 글을 올려서 내게 원량元良(세자)의 과실을 알게 했는데 여러 신하 가운데는 한 사람도 이런 일을 나에

게 고한 자가 없었으니 나경언을 볼 때 부끄러움이 없는가?"

대개 나경언이 동궁東宮(세자)의 허물 10여 가지를 낱낱이 열거했는데 말이 매우 이지러졌다. 홍봉한이 말했다.

"이 글을 두어서 어디에 쓰겠습니까? 청컨대 불태우소서."

임금이 그대로 따랐다. (『영조실록』 38년 5월 22일)

홍봉한은 이미 처남 이해중을 통해 나경언의 고변서를 봤지만 처음 보는 것처럼 울면서 읽었다. 할리우드급 연기력이라고 하지 않을 수 없었다. 영조가 보고 난 후 태우라고 권했다. 영조에게 읽히는 것이 목적이었으니 목적을 달성한 것이었다.

조정의 그 누구도 세자를 고변한 배후를 캐지 않자 세자가 직접 배후를 캐러 나섰다. 노론은 나경언의 배후가 드러나는 것을 우려해서 그 배후를 캐자는 말도 없이 죽여 버렸다. 세자는 직접 그 배후를 캐는 수밖에 없었다.

경언을 사형에 처하고, 동궁께서 경언의 아우 상언을 잡아다가 시민당 손지각 뜰에서 형벌하여 교사한 자를 물으셨으나 자백하지 않더라. 이 사건으로 동궁께서는 영상 신만申晚을 더욱 미워하시고 아비 죄로 영성위永城尉(화협옹주의 남편)를 잡아다 죽이신다고 벼르시더라. 그때 화색禍色(재앙의 징조)이 말할 수 없어서 영성위를 오늘 잡아 온다 내일 잡아 온다 하셨으나 영성이 죽지 않을 때였는지 썩 잡아 올리지 않더라. (『한중록』)

혜경궁의 위 진술은 사실과 허위가 섞여 있다. 세자가 나상언을 잡아다 배후를 캔 것은 사실일 것이다. 그러나 화협옹주의 남편 영성위를 오늘 내일 죽이려 했다는 것은 거짓말이다. 혜경궁은 사도세자는 물론 영조도 거의 정신병자에 가까운 성격 이상자로 묘사했는데, 그 중 하나가 자신의 딸들에 대한 지독한 편애였다.

영조의 제1후궁 정빈 이씨가 화순옹주를 낳고, 제2후궁 영빈 이씨가 사도세자와 화평옹주, 화협옹주, 화완옹주를 낳았는데 영조는 화평옹주와 화완옹주는 크게 편애해서 화평옹주가 죽었을 때는 극도로 비통해 했으나 같은 영빈 이씨의 자식인 사도세자와 화협옹주는 극도로 미워했다는 것이다. 심지어 사람을 형벌하고 나서는 사도세자에게 말을 걸어 대답을 듣고는 그 자리에서 귀를 씻고 양치질을 한 후 그 물을 화협옹주가 있는 집에 버리라고 명했다고『한중록』에 썼을 정도로 영조도 정신병자에 가까운 성격 이상자로 몰았다.

혜경궁의 주장은 사도세자 사건은 정신병자인 사도세자와 정신병자에 가까운 성격 이상자인 영조 부자의 충돌의 결과이지 자신의 친정은 책임이 없다는 논리다. 혜경궁은『한중록』에 세자가 정신병이 도져서 환관과 나인들을 여럿 죽였다고 묘사했다. 그 진위나 실제 경과는 알 수 없으나 세자가 자신의 친처남인 영성위까지 죽이려 했다는 것은 너무 나간 이야기였다. 화협옹주의 남편인 영성위 신광수申光綬는 영의정 신만의 아들이었다. 영조의 처벌이 내릴까 봐 전전긍긍한다던 세자가 임금의 사위이자 노론 영수 신만의 아들을 오늘 내일 죽이려 했다는 것은 세자를 포악한 정신병자로 몰기 위해 만든 장치였다.

정조는 나경언의 고변이 기획된 것임을 잘 알고 있었다. 정조는 즉위년(1776) 6월 20일 이해중을 백관에 대한 탄핵권이 있는 사헌부 대사헌으로 임명했다. 그런데 불과 닷새 만에 이해중을 함경도 단천으로 유배 보냈다. 대사헌이 되어 가지고 역적 토죄에 꾸물댄다는 혐의였다. 정조는 이때 혜경궁 홍씨의 외삼촌인 이해중을 이렇게 꾸짖었다.

"나경언의 옥사 때 청대請對하는 마음 같았다면 반드시 감히 그렇게 하지 못했을 것이다. 우선 유배 보내라."

정조는 형조참의 이해중이 나경언이 고변하자 임금에게 세 차례나 급하게 청대한 장본인이라는 사실을 잘 알고 있었다. 그래서 일부러 사헌부 대사헌에 임명했던 것이다. 정조의 예상대로 이해중은 역적 혐의를 받고 있는 인물들을 탄핵하지 않았다. 그래서 나경언 때 청대하던 마음 같았다면 이렇게 하지 않았을 것이라고 힐난하며 유배를 보낸 것이다.

정조 16년(1792) 5월 12일 외방 유생 박하원朴夏源 등이 상소를 올렸는데, 그중에 "이해중은 경적景賊과 한통속입니다"라는 구절이 있었다. 경적이란 역적 나경언이라는 뜻으로 곧 이해중이 나경언과 짜고 사도세자를 죽음으로 몰았다는 공격이었다. 정조는 이 문제가 다시 불거지는 것을 원치 않았기에 그 상소문을 불태우라고 명하고 덮어버렸다.

뒤주 속에 들어가던 날의 풍경

사도세자가 뒤주 속에 갇혀 죽던 날의『한중록』기록을 보면 많은
사실을 알 수 있다.

> 그때가 오정쯤이나 되었는데 홀연히 무수한 까치 떼가 경춘전
> 景春殿(혜경궁 홍씨가 거주하던 곳)을 에워싸고 울더라. 이것이 무
> 슨 징조일까 괴이하더라. 세손(정조)이 환경전에 계셨으므로
> 내 마음이 황망 중 세손의 몸이 어찌될지 걱정스러워서 그리
> 내려가서 세손에게 말했다.
> "무슨 일이 있어도 놀라지 말고 마음을 단단히 먹으라."
> 천만 당부하고 어찌할 바를 몰랐다.

혜경궁 홍씨는 이미 이날 벌어질 일에 대해서 예견하고 있었다. 남
편을 죽음으로 모는 데 가담한 홍씨가 걱정하는 바는 '세손(정조)'뿐이
었다.

> (사도세자가) 나더러 하시는 말씀이 "아무래도 이상하니 자네는
> 잘 살게 하겠네. 그 뜻들이 무서워" 하시기에 내가 눈물을 드리
> 워 말없이 허황해서 손을 비비고 앉았는데, 이때 대조大朝(영조)
> 께서 휘령전으로 오셔서 동궁을 부르신다는 전갈이 왔다. (…)
> (세자가) 용포를 달라 하여 입으시면서 말하셨다.

"내가 학질을 앓는다 하려 하니 세손의 휘항揮項(방한모)을 가져
오라."

내가 그 휘항은 작으니 당신 휘항을 쓰시라고 하면서 나인더러
가져오라고 하였다.

이때는 음력 윤5월 13일로서 1년 중 가장 더운 때였다. 이때 한겨
울에 쓰는 방한모를, 그것도 자신의 것이 아니라 열 살 세손의 휘항을
가져다 달라고 했다. 혜경궁 홍씨는 "세손의 휘항은 작으니 당신 휘항
을 쓰세요"라며 거절했다. 마치 세자가 진짜 정신병으로 인정되어 목
숨을 건질까 우려하는 태도였다. 의미심장한 것은 혜경궁의 반응에
대한 세자의 태도였다.

(세자께서) 썩 하시는 말씀이 이랬다.

"자네는 참 무섭고 흉한 사람일세. 자네는 세손 데리고 오래 살
려 하기에 오늘 내가 나가서 죽겠기로 그것을 꺼려서 세손의
휘항을 내게 안 씌우려는 그 심술을 알겠네."

내 마음은 당신이 그날 그 지경에 이르실 줄은 모르고 이 일이
어찌 될까? 사람이 설마 죽을 일이요, 또 우리 모자가 어떠하랴
하였는데 천만 뜻밖의 말씀을 하시니 내가 더욱 서러워서 세자
의 휘항을 갖다 드렸다.

"그 말씀이 하도 마음에 없는 말이시니 이 휘항을 쓰소서."

"싫다! 꺼려 하는 것을 써 무엇 할고."

이런 말씀이 어찌 병드신 이 같으시며, 어이 공손히 나가려 하시던가, 모두 하늘이 시키는 일이니 원통하고 원통하다.

사도세자는 정신병은커녕 자신의 운명을 정확히 예견하고 있었다. 영조가 자신을 폐하고 세손에게 왕위를 넘기려는 의도도 정확하게 파악하고 있었다. 그래서 "세손 데리고 오래 살려 하기에"라고 힐난한 것이었다. 혜경궁 홍씨는 『한중록』에서 자신이 사도세자를 돕는 세력은 제거하기 위한 정보를 제공한 사실을 의도치 않게 밝혔다.

동궁께서 당신이 스스로 위태하셨는지 원임대신(전직 대신) 조재호趙載浩가 춘천에 있었는데 계방桂坊(세자 호위 부서) 조유진趙維鎭에게 말을 전하여 상경하라고 하시더라. 이런 일을 보면 병계신 이 같지 않으니 이상한 하늘의 조화로다.

영의정 홍봉한이 노론 영수라면 전 우의정 조재호는 소론 영수였다. 조재호는 그때 판부사判府事라는 명예직만 갖고 있었는데 『영조실록』은 그에 대해 "조 판부사는 세속을 떠나 산림에 은거하는 선비와 다름이 없다"고 평할 정도로 홍봉한과는 대조적인 인물이었다. 세자는 홍봉한을 필두로 노론이 자신을 죽이려 한다는 사실을 잘 알고 있었다. 그래서 급하게 조재호를 불러 우익으로 삼으려 한 것이다.

그런데 혜경궁 홍씨가 이 사실을 부친에게 전하는 바람에 세자의 희망과는 거꾸로 흘러갔다. 딸에게 이 사실을 전해 받은 홍봉한은 곧 조재호의 동태를 엄하게 감시했다. 조재호는 세자를 구하기 위해서 급히 서울로 달려왔으나 이것이 홍봉한의 계략에 걸렸다. 세자가 뒤주 속에서 신음한 지 닷새째 되는 윤5월 17일 홍봉한은 조재호를 낚아챌 수 있었다. 『영조실록』은 이렇게 말하고 있다.

> 임금이 태복시에 나아가 죄인 엄홍복嚴弘福을 직접 국문하였다. 이때 엄홍복이 조재호가 불령不逞(불평불만)한 말을 한 것을 듣고 이미李瀰에게 전하자 이미는 홍봉한에게 전했고, 홍봉한이 주상에게 아뢰어 이런 명이 있게 되었다. (『영조실록』 38년 윤5월 17일)

혜경궁 홍씨로부터 사도세자가 조재호에게 도움을 요청했다는 정보를 인지한 홍봉한이 조재호를 죽이기 위해 움직인 결과였다. 영조는 엄홍복은 죽였지만 조재호까지 죽이지는 않았는데 이는 홍봉한의 의도와는 달랐다. 다음 날 사간원과 사헌부에서 조재호를 먼 변방에 안치하라고 청하자 영조는 받아들였다. 그러나 조재호를 유배 보내 목숨을 건지게 하는 것 또한 홍봉한이 원하는 바는 아니었다.

조재호가 머나먼 유배지로 향하고 있을 때 여드레 동안 물 한 모금 못 마시고 뒤주 속에서 신음하던 세자는 윤 5월 21일 죽고 말았다. 세자 제거에 성공한 홍봉한은 이에 만족하지 못했다. 세자의 우익인 조재호를 반드시 죽여야 한다고 여겼다. 대간에서 거듭 조재호를 죽여야 한다고 청하는 가운데 조재호는 세자 사망 한 달여 뒤인 영조 38년

6월 22일 죽임을 당했다. 『영조실록』은 이날 영조가 조재호와 연루된 유채柳綵와 남경용南景容을 직접 국문했는데 남경용이 이렇게 말했다고 전하고 있다.

"조재호가 늘 말하기를, '한쪽 사람들이 모두 소조小朝(세자)에게 불충했지만 나는 동궁을 보호하고 있다'라고 하였습니다."

한쪽 사람들이란 곧 노론을 뜻하는데 그 영수가 홍봉한이었다. 또한 유채는 이렇게 진술했다.

"조재호가 늘 '동궁을 보호한다'고 말했는데 제 마음도 그랬습니다. 조재호는 또 '남인이 70~80년 굶주렸으니, 하늘의 이치로 보아 반드시 남인이 뜻을 얻을 것이요, 노론은 반드시 그들의 손에 죽을 것이다'라고 했습니다. 또한 '세도世道를 조제調劑(조절)하려고 했으나 할 수 없기 때문에 세상을 개탄하며 이곳에 왔다'고 하였습니다."

조재호는 늘 세자를 보호한다고 말했다는 발언이 빌미가 되어 6월 22일 사약을 마시고 사도세자의 뒤를 따랐다. 영조는 "아! 조재호가 누구의 아들인가?"라고 탄식했다. 조재호는 풍릉부원군 조문명趙文命의 아들이자 영조의 장남 효장세자의 부인인 효순세자빈의 오빠였다. 효순세자빈 조씨는 11년 전인 영조 27년(1751) 서른일곱 살의 나이로 세상을 떠났다.

이 사건은 조재호 집안과 홍봉한 집안을 극명하게 대립시켰다. 효장세자의 처가 조씨는 사도세자를 보호하려고 애썼는데 사도세자의 처가 홍씨는 세자를 죽인 것도 부족해 세자를 도우려던 조재호까지 제거했기 때문이다.

세자의 예언과 혜경궁 홍씨의 슬픔

이 사건에서 혜경궁 홍씨가 가장 슬퍼한 일은 사도세자의 비극이 아니었다. 사도세자의 비극은 그 자신이 가해자의 한 사람이므로 슬퍼할 일도 아니었다. 그가 가장 슬퍼한 일은 따로 있었다.

> 갑신년(영조 40년) 2월 처분은 하도 천만 꿈밖이니 위에서 하신 일을 아랫사람이 감히 이렇다 하리요마는 (…) 내가 임오화변 때 모진 목숨을 끊지 못하고 살았다가 이런 일을 당할 줄은 천만 죄罪의 한恨이로다. 곧 죽고 싶되 목숨을 뜻대로 못하고 그 처분을 원하는 듯하여 스스로 굳이 참으니 그 망극罔極(한이 없는 슬픔) 비원悲冤(서럽고 원통함)하기 모년(영조 38년)보다 못하지 않고 (…) (『한중록』)

> 슬프고 슬프도다. 차마 갑신년의 일을 어찌 말하리요. 그때 애통망극하여 모자가 서로 잡고 죽을 바를 모르던 정경을 어찌 다 기록하리오. (『한중록』)

갑신년 2월 처분이란 영조 40년(1764) 2월 21일 영조가 특명으로 세손(정조)을 효장세자의 아들로 입적시킨 일을 뜻한다. 혜경궁은 큰 충격을 받았다. 효장세자의 부인은 세자를 보호하려다가 사형당한 조재호의 손아래 누이로서 이는 대놓고 "세자를 죽인 너의 집안에 세손을 맡길 수 없다"고 선언한 격이었다.

놀랍게도 사도세자는 영조가 자신을 죽이고 세손의 호적을 효장세자에게 입적시킬 것을 예측하고 있었다. 『한중록』은 이렇게 말하고 있다.

그날 (세자가) 나에게 이렇게 말씀하셨다.

"아무도 무사치 못할 듯하니 어찌 할고?"

내가 대답했다.

"안타깝소마는 설마 어찌하시오리까?"

"왜 그럴까. 세손은 귀여워하시니 세손이 있는 이상 날 없이한들 관계할까?"

"세손이 내 아들인데 부자가 화와 복이 같지 어찌 하오리까?"

"자네는 못 생각하네. 나를 미워하심이 점점 심하여 어려우니 나는 폐하고 세손을 효장세자의 양자로 삼으면 어찌할까 본가."

"그럴 리 없나이다."

"두고 보소⋯."

내가 슬퍼서 울고 들었는데, 그 후 갑신년(영조 40년)에 망극지원 극통을 당하여 하시던 말씀을 생각하니 미래의 일을 짐작하여 그날 말씀하시던 일이 이상하고 밝으시던 것이 지극히 원통하도다.

사도세자는 영조가 자신을 죽일 수 있는 배경으로 세손이 있다는 사실을 알고 있었다. 또한 세손을 효장세자의 호적에 입적시킬 것까지 예견하고 있었다. 영조가 세손의 호적을 바꾼 것은 세손을 보호하기 위한 것이었다. 세자를 죽인 노론의 과녁은 세손으로 바뀌었다. 과거 경종 제거를 당론으로 삼았던 노론은 세손 제거를 당론으로 삼고 "죄인의 아들은 임금이 될 수 없다(罪人之子不爲君王: 죄인지자불위군왕)"이라는 '8자 흉언凶言'을 퍼뜨려 세손을 제거하려 했다.

세손의 운명도 풍전등화였는데 부친의 비극을 목도한 세손은 외할아버지 홍봉한에게 매달렸다. 홍봉한은 세손이 즉위하더라도 자신의 뜻대로 움직일 수 있다고 판단하고 세손을 보호하기로 마음먹었다. 홍봉한과 혜경궁은 세자 제거에는 노론과 뜻이 같았지만 세손까지 제거하려는 노론에 반대했다. 홍봉한은 영조에게 스스로 세손의 교육을 담당하겠다고 나섰고 『정사휘감正史彙鑑』이라는 책자를 만들어 세손의 교육 교재로 삼았다. 숙부 홍인한이 계속 세손 제거의 뜻을 거두지 않자 혜경궁은 숙부에게 편지를 보내 "그러지 마옵소서"라고 말렸다. 홍인한은 조카 혜경궁의 편지에도 아랑곳하지 않고 세손을 제거하려 했으나 영조가 세손 보호에 동의하면서 세손은 겨우 목숨을 건질 수 있었다.

사도세자의 병명은 무엇이었나

혜경궁은 『한중록』에서 사도세자의 정신병에 대해서 구구히 설명하고 있다. 그런데 혜경궁이 말하는 사도세자의 병과『영조실록』이 말하는 세자의 병은 사뭇 다르다. 세자의 병에 대한『한중록』과『영조실록』의 내용을 비교해 볼 수 있는 소재가 세자의 온양 행궁행이다. 『한중록』은 세자의 온양 행궁행이 칼로 화완옹주를 위협했기 때문이라고 말한다.

그 (화완)옹주를 잡아다가 칼을 뽑으려고 칼자루에 손을 잡고 위협하시더라.

"이후에 내게 무슨 일이 있으면 이 칼로 너를 베리라."

선희궁(세자의 모친 영빈 이씨)께서도 그 옹주를 어찌할까 염려하고 따라오셔서 그 광경을 당하셨으니 그 심사가 어떠하시리요. 옹주가 울면서 애걸했다.

"이후는 정말 잘할 것이니 목숨만 살려 주시오."

동궁은 또 옹주를 졸랐더라.

"이 대궐에만 있어도 갑갑하여 싫으니 네가 나를 온양으로 가게 해 주려느냐? 내가 습기로 다리가 허는 것은 너도 알 것이니 가게 해라."

"그리하겠나이다."

대조께서 이어移御(임금이 거처를 옮김)하시고 동궁에게 온양 거둥이 내리매, 그 옹주가 대조께 간곡히 보채는 곡절을 하였기에 이런 일이 순조롭게 되었지, 그렇지 않고는 어찌 동궁에게 온양을 가시게 할 리가 있으리요. 과연 신통도 하다. (…) 모두 하늘이 시키는 일이니 홀로 하신 것을 어찌 하리요.

혜경궁은 세자가 칼로 화완옹주를 위협해서 영조에게 세자의 온천
행을 조르게 한 결과라는 것이다. 이 이야기는 큰 모순이다. 혜경궁에
의하면 세자는 영조를 극도로 두려워했다. 이런 상황에서 영조가 사
랑하는 여동생을 칼로 위협한다는 것은 이치에 앞뒤가 맞지 않는다.

『영조실록』은 세자의 온양 온궁행을 어떻게 말하고 있는지 살펴보
자. 『영조실록』 36년(1760) 7월 10일자는 세자의 병을 "다리의 습창濕
瘡"이라고 말하고 있다. 습창이란 다리에 부스럼이 난 병으로 정신병
과는 거리가 멀다. 신하들은 습창에는 온천욕이 좋다면서 세자의 온
천행을 권했다. 같은 날 영조는 약방藥房의 의관들을 관장하는 세 제
조提調(책임자)를 불러서 만났다.

> (영조가 약방제조) 이후李㷞에게 물었다.
> "경이 동궁을 친히 보았는가?"
> 이후가 말했다.
> "신이 비로소 종기가 난 곳을 보니 혹은 부르텄고 혹은 곪아 터
> 졌습니다."
> 임금이 말하기를,
> "여러 의관들은 무엇이라고 이르던가?"
> 이후가 말했다.
> "온천에 목욕하는 것이 마땅하다고 하였습니다."

(…)

이어서 하교했다.

"(…) 여러 의원들이 모두 온천 목욕을 청한다고 한다. 이 뜻은 내가 이미 있었고 혹시 효력이 있는데 허락하지 않으면 어찌 아비가 된 도리겠는가? (…) 이제 한더위를 당하여 조섭하는 중에 (세자가) 어떻게 말을 몰고 달리겠는가? 군병軍兵이 길에서 상하는 것과 농민이 대후待候(윗사람의 명령을 기다림)는 아픔이 몸에 있는 것과 같다. 이를 돌아보지 않을 수 없으니 처서가 지나고 시원해진 후에 날을 가려 거행하라. (『영조실록』36년 7월 10일)

모든 의원들이 세자의 병인 습창에 온천욕이 효과적이라고 처방해서 세자는 온양 행궁에 가게 되었다는 것이다. 영조는 세자가 습창으로 말을 타기 어려운 것과 군사들과 백성들의 노고를 걱정하면서 처서 이후에 가라고 명했다. 처서는 입추와 백로 사이에 있는 절기로서 양력으로는 대략 8월 22일 전후이다. 세자의 온양행에 대한 『한중록』과 『영조실록』의 내용은 아주 다르다. 『영조실록』은 실제 있었던 일을 사관들이 적은 것이고 『한중록』은 친정의 신원이라는 특수한 목적을 위해 혜경궁이 꾸며 낸 거짓이다. 세자의 온궁 행차에 대해서도 두 기록은 아주 다르다.

그러나 (온양에) 거둥하시는 위의威儀(위엄과 거둥)는 쓸쓸하기 말이 못 되더라. 당신(사도세자)은 전배前陪(행차 때 앞을 인도하는 인원)나 많이 세우고 순령수巡令手(영기令旗를 드는 군사) 소리나 시원히 시키시고, 풍악이나 장하게 잡히고 가려고 하셨으나, 부왕께서는 마지못하여 보내시니 어찌 그렇게 차려 주셨으리요. (『한중록』)

『한중록』에서 말하는 세자의 온양 행차는 전배도, 순령수도 거의 없는 초라한 행차였다. 이 또한『영조실록』과 완전히 다르다.

백성들에게 보인 세자의 참모습

세자는 7월 18일 대궐을 떠나 온양으로 행했는데,『영조실록』은 행차 규모에 대해 이렇게 설명하고 있다. 대리청정하는 세자의 행차이므로 임금의 가마를 호위하는 협련군挾輦軍을 구성했다. 협련군은 수도 경비를 담당하는 훈국군訓局軍 120명, 수도와 대궐을 지키는 금위영禁衛營과 국왕을 호위하던 어영청御營廳에서 각각 200명씩 차출한 520명으로 조직했다. 『한중록』은 앞을 인도하는 전배도 없었다고 말했지만『영조실록』은 앞을 인도하는 전도前導는 물론 세자의 행렬이 지나갈 때마다 문을 열고 닫을 때 육각六角(북·장구·해금·피리·태평소의 한 쌍)을 대령했으며, 군대가 떠날 때 나팔을 부는 삼취三吹도 포砲로 대행해 더욱 웅장한 소리가 나게 했다. 『한중록』은 영기를 드는 군사도 없다고 말했지만 『영조실록』은 영기 세 쌍과 흑기黑旗 두 쌍 등 수 많은 깃발이 펄럭였다고 말한다.

대리청정하는 세자가 도성을 나서는 것이므로 조정을 둘로 나누는 분조分朝도 단행했다. 승정원을 나눈 분승지分承旨, 군사를 총괄하는 도총부를 나눈 분도총부分都摠府, 병조를 나눈 분병조分兵曹, 오위五衛를 나눈 분오위장分五衛將이 수행했고, 도의 감사들은 각 도 입구에서 세자 행렬이 오기를 기다렸다. 『한중록』은 『영조실록』에 버젓이 기록되어 있는 내용도 거짓으로 조작했으니 다른 내용은 미루어 짐작할 만하다.

세자의 궁 밖 행차는 큰 구경거리였다. 궁궐 안에서 혜경궁이 세자가 정신병이란 말을 만들어 내면 노론 소속의 여러 내시와 상궁들이 확산시켰고, 집권 노론이 조직적으로 퍼 날랐다. 백성들 중에도 세자가 진짜 정신병이 있는 것으로 아는 사람들이 적지 않았을 것이다.

영조 36년(1760) 7월 18일 세자가 궁 밖으로 나오자 많은 백성들이 구경 나온 것은 행차를 구경하려던 이유도 있었지만 실제 세자가 정신병에 걸렸는지 확인하려는 사대부나 백성들도 있었을 것이다.

이날부터 세자의 진면목이 드러나게 된다. 첫날은 과천에서 유숙했는데 세자는 병조좌랑에게 명해서 수행 관원들과 군사들을 여러 관청에 나누어 자게 하고 민가에 머물지 못하게 했다. 이때 세자의 "사부와 빈객이 한 사람도 따르지 않아서 식자들이 근심하고 탄식했다"고 『영조실록』은 전한다. 19일은 수원에서 묵고 20일에는 진위에서 묵었다. 이때도 세자는 군병들이 민가에 들어가지 못하도록 엄명을 내렸다.

충청수군절도사 임시척任時倜이 피리를 불어 군사를 점검하는 사건이 발생했다. 세자를 따르는 여러 신하들이 '숙위宿衛(군주를 호위하는 것)의 사체가 엄중한데 피리를 불어서 군사를 불렀으니 일이 크게 놀랄 만하다'면서 군율에 따라 죽이기를 청했다. 세자는 이렇게 조치했다.

"군율은 가볍게 의논할 수 없다. 그러나 경계하지 않을 수 없으니 잡아들여서 곤장을 치라."

혜경궁은 세자가 사람 죽이기를 좋아하는 살인마처럼 묘사해 놨지만 실제 세자의 모습은 달랐다. 신중하면서도 법도에 맞게 처리했다. 21일에는 직산에 머물렀는데 충청감사 구윤명具允明에게 하령했다.

"멀고 가까운 곳에서 사람들이 와서 구경하는 자가 매우 많으니, 사람과 말이 많이 몰려 복잡한 가운데 반드시 넘어지거나 쓰러질 염려가 있다. 그런 사람들을 살피고 물어서 각별히 존휼存恤하고 구경하는 사람을 구타해서 쫓지 말고 군사들이 논밭의 곡식을 상하지 않게 하라."(『영조실록』36년 7월 21일)

세자의 행차는 22일 목적지인 온양 행궁에 도착했는데 도착한 날 밤에 비가 내리자 다음 날 이렇게 말했다.

"내가 밤낮으로 마음을 쓰는 것은 오직 군민軍民에게 있다. 온양에 들어가는 날 밤 비오는 소리를 들었는데 이렇게 날이 푸른 것은 삼영三營의 560 군사를 보살피는 뜻이다. 벌떡 일어나서 날이 푸른 뜻을 몸받아 백성을 더욱 돌보는 것이 마땅하다. 분승지와 두 도의 감사에게 하유하는데 길가의 백성들을 매질하여 쫓아내지 말라고 금오랑金吾郎에게 엄하게 경계하라."(『영조실록』 36년 7월 23일)

세자는 온궁에서 습창을 치료하면서도 백성들을 세심하게 살폈다. 7월 25일에는 군마가 무리를 벗어나 논의 곡식을 상하게 하자 군마 주인의 곤장을 치게 하고 쌀 한 섬을 주인에게 주었다. 7월 18일 서울을 떠난 세자는 8월 4일 다시 창덕궁으로 돌아왔다. 그 보름 동안 많은 사대부와 백성들에게 노출되었다. 그 사이 단 한 번도 폭군의 모습은커녕 백성들을 위하며 노심초사하는 성군의 자질만 보였다. 온양행에 대해서 혜경궁은 이렇게 썼다.

동궁께서는 온행하려 하실 적은 사람이 다 죽게 되어 보이더니 성문을 나가시매 울화가 내리셨는지, 영을 내려서 일로一路의 작폐를 못하게 하시고, 지나시는 길에 은위恩威(은혜와 위엄)가 병행하시니 백성들이 고무하여 성명지주聖明之主(성스럽고 밝은 군주)라 하고, 행궁에 드신 후도 한결같이 덕을 베푸시니 온양 일읍이 고요 안정하여 왕세자의 덕을 축수 찬양하였다 하더라. (…) 온양 소읍에 무슨 경치가 있으며 장려한 물색이 있으리요. 10여 일 머무르시다 또 답답하여 팔월 초6일에 환궁하신 후 "온양은 답답하니 평산平山이나 가자" 하셨으나 또 평산 가겠다고 말씀할 길이 없어서, 평산은 좁고 갑갑하기 온양만도 못하다 하여 그 길은 안 가시게 하더라. (『한중록』)

혜경궁의 말은 앞뒤가 맞지 않는 모순투성이다. 혜경궁은 세자가 중증의 정신병이 있어서 사람을 죽여야 화가 풀린다고 수없이 말했다. 정신병은 스스로 정신을 통제하지 못한다. 그래서 지금도 유수의 기업 창업주가 자살하고, 국내 최고 탤런트가 자살하는 것이다. 궁내에서는 살인마가 백성들 앞에서는 성군일 수는 없다. 보름이란 긴 기간 동안 자신의 정신을 통제하며 선정을 베푸는 것은 불가능하다.

또한 혜경궁은 세자가 그토록 궁을 나가고 싶어 했는데 정작 온양에 와서는 답답하다고 빨리 올라가자고 하고서는 또 평산에 가려고 했다고 말했다. 평산행은 실제 이루어지지도 않은 사건을 온양행을 깎아내리기 위해서 조작한 내용에 불과하다.

세자가 노론의 적이 된 이유와 혜경궁이 『한중록』을 쓴 이유

사도세자가 노론에게 적으로 간주된 것은 영조 31년(1755) 2월의 나주 벽서 사건 때문이다. 『한국민족문화대백과사전』은 '나주 괘서 사건'의 정의에서 "1755년(영조 31) 소론 일파가 노론을 제거할 목적으로 일으킨 역모 사건"이라고 설명하고 있다. 마치 소론이 군사를 동원해 노론을 죽이려 한 것 같은 설명이다. 이 사건의 실체는 영조 31년 2월 4일 나주 객사에 영조의 정치를 비판하는 대자보가 한 장 걸린 것에 불과했다. 범인 윤지尹志는 경종을 보호하려다가 영조 즉위 직후 사형당한 훈련대장 윤취상尹就商의 아들로서 31년째 유배 중인 인물이었다. 윤지가 벽서 한 장 붙인 것을 대단히 위협적인 실체가 있었던 것처럼 서술한 것이 『한국민족문화대백과사전』의 내용이다. 아직도 이 나라 역사학자들은 노론의 시각으로 그 시대를 본다는 반증이다. 석 달 후인 5월에 영조는 나주 벽서 사건 토벌을 축하하는 과거를 실시했는데 이때 영조의 정치를 비난하는 답안지가 제출되었다. 이것이 '토역 경과 사건'인데 이 두 사건은 영조의 형식적 탕평책까지 파탄으로 몰고 갔다.

수많은 소론계 인사들이 영조와 노론의 정신병적 광기에 목숨을 잃었다. 경종 때 발생했던 목호룡의 고변 사건 때 연잉군은 역적의 수괴로 등재되었으므로 사형당할 운명이었다. 이때 수세에 몰린 연잉군을 도왔던 소론 온건파마저 모두 죽이고, 이미 죽은 인사들의 관을 열고 다시 죽였다. 한가람역사문화연구소의 김수지 연구위원이 저술한 『영조와 사도』에 의하면 벽서 한 장과 답안지 한 장 때문에 참수당한 인사가 200여 명, 귀양 가거나 가족으로 연루되어 노론가 노비로 전락한 인사들이 300여 명으로 모두 500여 명이 화를 입었다.

영조와 노론의 정신병적 광기에 맞서 한 명의 인명이라도 구하기 위해 애썼던 유일한 정상인이 대리청정하던 세자였다. 한명회가 『생살부』를 들고 단종 측에 선 인사들을 죽인 것처럼 노론은 매일 같이 죽여야 하는 사람들의 명단을 보고했고, 세자는 "윤허하지 않겠다"고 버텼다.

이는 위험한 일이었다. 영조와 노론은 세자의 당색을 소론으로 확신했다. 이 사건이 세자를 영조의 정적으로 만들었다.

어린 세손은 사도세자가 왜 죽었는지 잘 알고 있었다. 그래서 즉위 직후 홍인한을 죽이고 혜경궁 홍씨 친정을 몰락시켰다. 혜경궁 홍씨 가『한중록』에서 일관되게 말하는 것은 자신의 친정은 억울하다는 것 이었다. 『한중록』에서 임오화변에 대해서는 자신의 말만 들으라고 손 자 순조에게 거듭거듭 강조한 이유는 이 때문이었다. 혜경궁 홍씨는 정조가 사도세자와 자신이 환갑이 되는 갑자년(1804)에 자신의 집안 을 신원시켜 주기로 약속했다고 거듭거듭 주장했다.

> 또 이 일은 선왕(정조)이 크게 깨닫고 갑자에 누명을 씻겠노라
> 하신 말씀이 여러 번이시고, 병신년, 임자년 두 번 분부가 더욱
> 분명한 증거가 되매 이 일을 신설伸雪(억울한 일을 품)하는 것이
> 선왕의 유의(뜻)다. 금상(순조)께서 불안해하시거나 주저하실
> 일이 아니다.(『한중록』)

정조가 혜경궁의 친정을 신원시켜 주겠다고 약속했다는 것이다. 둘이 있을 때 그런 약속을 했다는 것이다. 약속한 사람은 이미 죽었지 만 혜경궁은 자신의 말을 믿으라고 거듭거듭 말하고 있다. 혜경궁은 『한중록』에서 정조가 이렇게 말했다고 적었다.

> (정조가) 선친의 일에 대해서는 "내 과하게 하였다"고 많이 뉘우
> 치시고 매양 말씀하시었다.
> "외조부(홍봉한)께서 뒤주를 들이지 않으신 것은 내가 목도하였

다 해도 그놈들이 종시 우겨서 죄라 하니 우습도다."

정조는 즉위년 3월 27일 정이환이 일물一物(뒤주)을 홍봉한이 바쳤다면서 사형에 처해야 한다고 주청하자 이렇게 대답했다.

비록 봉조하(홍봉한)의 죄가 용서할 수 없는 죄라고 하더라도 봉조하는 곧 자궁慈宮(혜경궁)의 아버지이고 나는 곧 자궁의 아들이다. 그런데 법대로 쉽게 단죄해 버린다면 그 나머지 팔의 八議(임금의 친척)의 친척들에 대해서 어찌 다시 논할 수 있겠느냐?(『정조실록』 즉위년 3월 27일)

뒤주를 들였던 홍봉한은 죽여 마땅하지만 어머니의 아버지이기 때문에 죽이지 못한다는 뜻이다. 『한중록』이 가장 충격적인 것은 자신의 손자에게 들려주는 할머니의 이야기라는 점이다. 억울하게 죽어간 할아버지를 두고 할머니는 손자에게 이렇게 거듭 말하는 격이다.

"네 할아버지가 얼마나 나쁜 놈이었는지 아니?"
"네 할아버지는 사람을 마구 죽인 정신병자였어."
"네 증조할아버지도 마찬가지로 정신병자에 가까웠다."
"우리 친정아버지는 네 할아버지 죽이는 데 가담하지 않았어."
"우리 친정은 억울해."
"네 아버지가 우리 친정을 신원시켜 준다고 약속했어. 언제나고? 나와 둘이 있을 때."

『한중록』이 우리에게 주는 교훈은
악의 평범성의 범주를 넘어선다. 많
은 사람들은 자신의 작은 잘못에도
부끄러워하고 반성하지만 어떤 부류
의 인간들은 절대 반성하지 않는다
는 사실이다. 반성은커녕 자신의 악
을 합리화하기 위해 피해자를 두 번
죽인다는 사실이다. 우리 사회에는

이완용

악의 평범성을 넘어 악의 의도성이 너무 많다. 악의 세력들이 한 번도
제대로 된 징계를 받지 않은 까닭이다. 세자를 죽인 노론의 마지막 당
수가 나라를 팔아먹은 이완용이다. 대리청정하는 군주를 죽인 당파에
게 나라를 팔아먹는 일이 대수겠는가? 이들 친일 매국 세력들은 광복
후에도 아무런 처벌을 받지 않고 그대로 권력과 금력을 장악한 채 현
재까지 우리 사회의 주류를 차지하고 있다. 피해자인 사도세자를 가
해자로 둔갑시키는 세력이 학문 권력을 독점하고 있다는 사실이 우리
사회의 이런 현실을 그대로 웅변하고 있다. 이런 사회 지형과 학문 지
형을 근본적으로 바꾸지 못하는 한 우리 사회는 미래로 나아갈 수 없
을 것임을 사도세자 사건은 말해 주고 있다.

    전 세계는 지금 역사 전쟁 중이다. 러시아는 우크라이나가 역사적
으로 자국의 역사 영토라고 주장하면서 영토를 침략했다. 중화인민공
화국(중국)은 중화민국(대만)이 자국의 역사 영토라며 전쟁을 불사하겠
다고 말하고 있다. 이는 역사 전쟁이 영토 전쟁의 전초전임을 말해 준
다. 역사 전쟁이 격화되면 영토 전쟁으로 이어진다.

    그래서 각국은 역사 연구에 몰두한다. 역사 연구가 영토 보전의 목
적인 국체 보전과 직결되기 때문이다. 전 세계 모든 나라의 역사학계
는 자국을 위한 역사 연구를 당연한 것으로 여긴다. 오직 한 나라, 대
한민국만 예외이다. 이 나라는 자국사와 자국 문화에 대한 애정을 조
금만 표시하면 곧장 '국뽕'이란 공격을 받는다. '국뽕'이란 비판을 입에
달고 사는 이들일수록 다른 나라가 역사 침략을 할 때는 일제히 '묵언
수행'에 들어간다. 중국은 천안문 광장의 국가박물관에 진시황이 쌓
은 만리장성이 북한 평양까지 내려왔다는 지도를 게시하고 있다. 각

성 박물관도 마찬가지다. 그 의미는 무엇일까? 북한 강역이 중국의 식민지였다고 지도로 보여 준 것이다.

대한민국 국립중앙박물관은 2019년 '가야본성'이라는 특별 전시회를 개최했다. 그 연표에는 서기 369년에 "가야 7국(비사벌, 남가라, 탁국, 안라, 다라, 탁순, 가라)이 백제·왜 연합의 공격을 받았다"라고 써 놓고 그 근거로『서기』, 곧 일본 제국주의자들의 성서인『일본서기』를 써 놓았다.『일본서기』원문은 7국의 이름을 비자발比自㶱이라고 쓰고 있는데, 이를 경상도 창녕의 옛 이름인 비사벌比斯伐로 바꾸어 야마토왜가 369년부터 창녕 지역을 지배했다고 쓰고 있는 것이다. 일반 국민 누가 이런 사기술을 알아차리겠느냐는 배짱이다. 국립중앙박물관의 '가야본성'은 야마토왜가 369년에 가야를 점령하고 임나일본부를 설치했다고 주장하고 있는 것이다. 자국사에 대한 우호적 서술을 '국뽕' 운운하며 비판하던 이들은 이 대목에서도 '묵언 수행'으로 일관한다.

한 나라가 독립국가라고 말할 수 있으려면 두 가지 요소가 필요하다. 국민, 영토 같은 물질적 요소와 역사관 같은 정신적 요소다. 대한민국은 물질적 요소는 갖추었으나 정신적 요소는 갖추지 못했다. 한국은 아직 명실상부한 독립국가가 아니다.

진시황의 만리장성이 평양까지 내려왔다는 것은 물론 역사 조작이다. 야마토왜가 가야를 점령했다는 것도 역사 조작이다. 역사 침략을 당하는 나라가 역사 연구를 통해서 이를 반박할 때 이런 역사 조작은 극복된다. 그런데 한국 역사학계는 이런 역사 침략에 동조한다.

한국의 역사학계는 자국사를 침략자의 관점으로 바라보는 역사관

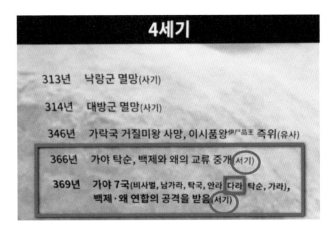

국립중앙박물관의 가야본성 전시회에서
『일본서기』의 비자발을 비사벌로 바꾸어 놓은 부분

에서 벗어나지 못했다. 고려·조선 강역은 압록강 북쪽 600~700여 리의 심양까지였고, 두만강 북쪽 700리의 공험진까지였다. 그러나 광복 이후 지금까지 우리 학생들은 고려 강역은 함경남도 원산만까지였다고 배우고 있다. 필자도 그렇게 배웠고, 지금 학생들도 그렇게 배우고 있다. 일본인 제국주의자들의 침략주의 관점으로 우리 역사를 보기 때문이다.

일본 제국주의가 한국을 점령하기 전까지 단군의 실존성을 부인한 학자는 이 땅에 없었다. 그런데 지금 이 나라 국사학계는 단군 가짜설을 이른바 정설定說로 여기고 있다. 국어사전은 정설에 대해 "일정한 결론에 도달하여 이미 확정되었거나 인정된 설"이라고 말하고 있다. 단군을 가짜로 본 것은 이마니시 류를 비롯한 일본인 제국주의 사학자들인데 한국 역사학계는 지금도 이마니시 류를 '위대한 스승'으로 추앙하고 있다.

중국 공산당의 집권 명분은 일본 제국주의와 싸웠다는 항일 전쟁에 있다. 그러나 만리장성이 평양까지 왔다는 역사 조작의 원산지는 일본 제국주의 침략 사관이다. 그나마 모택동이나 주은래는 "지금의 요동은 과거 한국 선조들의 땅이었다"라고 말했다. 그나마 제국주의를 반대하는 사회주의 이념의 순수성을 갖고 있었기 때문이다. 얼마 전 중국의 시진핑은 북한 땅은 물론 한국사는 중국사의 일부였다고 트럼프에게 말했다. 이 망언에 대한 한국 역사학계는 일제히 못 들은 체했다.

한국 역사학계는 두 사관에 뿌리를 두고 있다. 하나는 일본 제국주의 황국 사관이고, 다른 하나는 조선 후기 노론 사관이다. 노론의 마지막 당수가 이완용이라는 사실은 이 두 사관이 한 몸임을 말해 준다. 그래서 아직도 사도세자가 정신병 때문에 죽었다는 가해자, 즉 사도세자를 죽인 노론의 관점으로 이 사실을 서술한다. 한국 국사학계의 태두 이병도가 사육신 유응부를 김문기로 바꿔치기하려 한 것은 스승인 일본인 식민 사학자들로부터 배운 역사 조작 수법이 일상화되어 있기 때문이다.

조선 시대까지만 해도 역사는 선비들의 필수 학문이었다. 그러나 지금 대한민국에서 역사를 제대로 아는 정치가나 고위 관료를 찾기는 대단히 힘들다. 공부는 안 하면서 막연하게 한국 역사학자들이 한국을 위한 역사학을 할 것으로 믿고 막대한 국고를 지원한다. 한국 역사학자들에게 들어가는 국고의 상당 부분은 우리 영토를 빼앗으려는 외국에 갖다 바치는 용도로 전용된다.

한국 역사학자들의 이런 행태에 쾌재를 부르던 중국은 최근 우리 역사의 뿌리부터 뽑아 가려는 행태를 보이고 있다. 동이족의 역사를 조직적으로 중국사로 편입시키려 하고 있다. 신석기 동이족의 역사는 단군조선 이전의 역사이다. 동이족의 역사를 빼앗기면 나머지 역사는 자연히 중국사의 일부가 된다.

정치가와 고위 관료들은 대부분 자국사에 무지하고, 자국의 역사학자들이 조직적으로 자국사를 팔아먹는 이런 나라에서 우리 역사를 지키는 유일한 방법은 국민 한 사람 한 사람이 스스로 주체적 역사관으로 무장하는 길뿐이다. 구한말 일본 제국주의의 영토 침략은 "단군은 가짜", "가야는 임나일본부"라는 역사 침략으로부터 시작되었다. 그때 나라를 지키기 위해 분연히 떨쳐 일어났던 국민들이 의병과 동학 농민군 같은 민초들이었다. 지배층이 팔아먹은 역사와 나라를 민초들의 항쟁으로 되찾은 것이 이 나라의 역사다.

더 이상 상황이 심각해지기 전에 도둑맞은 역사를 되찾아 우리 역사의 본모습을 복원해야 한다. 그것이 이 나라와 이 민족의 미래를 보장할 수 있는 유일한 길일 것이다.

바른역사학술원총서 3

도둑맞은 한국사

초판 1쇄 발행 2025년 3월 7일
초판 2쇄 발행 2025년 3월 17일

지은이 이덕일
펴낸이 김선식

부사장 김은영
콘텐츠사업본부장 임보윤
책임편집 전두현 **책임마케터** 이고은
콘텐츠사업8팀장 전두현 **콘텐츠사업8팀** 김민경, 장종철, 임지원
마케팅2팀 이고은, 배한진, 양지환, 지석배
미디어홍보본부장 정명찬 **브랜드관리팀** 오수미, 김은지, 이소영, 박장미, 박주현, 서가을
뉴미디어팀 김민정, 고나연, 홍수경, 변승주
지식교양팀 이수인, 염아라, 석찬미, 김혜원, 이지연
편집관리팀 조세현, 김호주, 백설희 **저작권팀** 성민경, 이슬, 윤제희
재무관리팀 하미선, 임혜정, 이슬기, 김주영, 오지수
인사총무팀 강미숙, 이정환, 김혜진, 황종원
제작관리팀 이소현, 김소영, 김진경, 이지우
물류관리팀 김형기, 김선민, 주정훈, 김선진, 전태연, 양문현, 이민운
외부스태프 디자인 studio forb **본문** 장선혜

펴낸곳 다산북스 **출판등록** 2005년 12월 23일 제313-2005-00277호
주소 경기도 파주시 회동길 490 **전화** 02-702-1724 **팩스** 02-703-2219
이메일 dasanbooks@dasanbooks.com
홈페이지 www.dasan.group **블로그** blog.naver.com/dasan_books
종이 스마일몬스터피앤엠 **인쇄 및 제본** 정민문화사 **코팅 및 후가공** 평창피앤지

ISBN 979-11-306-6301-2 (03910)

다산북스(DASANBOOKS)는 독자 여러분의 책에 관한 아이디어와 원고 투고를 기쁜 마음으로 기다리고 있습니다.
책 출간을 원하는 아이디어가 있으신 분은 다산북스 홈페이지 '원고투고'란으로 간단한 개요와 취지, 연락처 등을 보내주세요.
머뭇거리지 말고 문을 두드리세요.